精编日本文学史

许译兮 编著

南开大学出版社
天 津

图书在版编目(CIP)数据

精编日本文学史：日文／许译兮编著．—天津：南开大学出版社，2015.4(2024.1重印)
ISBN 978-7-310-04783-3

Ⅰ.①精… Ⅱ.①许… Ⅲ.①日语－高等学校－教材②日本文学－文学史 Ⅳ.①H36

中国版本图书馆 CIP 数据核字(2015)第 068028 号

版权所有　侵权必究

精编日本文学史（日文版）
JINGBIAN RIBEN WENXUE SHI (RIWEN BAN)

南开大学出版社出版发行
出版人：刘文华
地址：天津市南开区卫津路94号　邮政编码：300071
营销部电话：(022)23508339　营销部传真：(022)23508542
https://nkup.nankai.edu.cn

天津泰宇印务有限公司印刷　全国各地新华书店经销
2015年4月第1版　2024年1月第5次印刷
210×148毫米　32开本　14.25印张　303千字
定价：49.00元

如遇图书印装质量问题,请与本社营销部联系调换,电话:(022)23508339

序

王健宜

　　文学乃记录社会发展、描摹时代变迁的重要资料。一部优秀的文学史不仅可以令人抚今追昔、遥想当年，更能让人们对于未来产生无限遐想和憧憬。《精编日本文学史》就是这样一部好书，几度捧读常常令我情不自禁掩卷长思，深感文学与历史的无穷魅力。

　　《精编日本文学史》脉络清晰、条理分明地阐述了日本自古代至当代的文学史。论述所及的历史年代，上至日本尚无文字的"上古时期"，下至当今21世纪的日本文坛，在并不太长的篇幅内比较系统地展现了日本文学发展历史的全貌，对于各个历史阶段的文学介绍繁简得当，主干与枝节之关系清晰明了。全书最后部分对于当代的一线作家、热门题材作品等专门做了介绍。我相信这些正是许多对日本文学有兴趣的人士、特别是青年读者所关注的。

　　本书不仅阐述了文学本身的发展，还注重论述了文学的发展与历史、社会、特定环境中的个人之关系。从宏观叙述每一阶段的社会、文学的发展历程入手，依据一定的历史环境，从政治、经济、文化各个方面说明特定时代出现的文学现象之前因后果。比如"奈良后期"、"平安初期"汉诗文的兴盛与政治的关系；"中古时期"和歌的兴隆与弘扬"国风文化"的关系；又比如，近代大众文学的发展与大正年间媒体发达的关系等。同时，从微观层面，本书也关注到作家个人状况与作品风格的关系。比如"中古日记文学"所反映的个人内在细腻情感与作者身份之关系，即那些作品的产生与其作

者均为生活在封闭的贵族社会的女性是密切相关的。

《精编日本文学史》在叙述过程中体现出文学发展历史的流动性，即每一个新时代都扬弃前一个时代的成果，同时呈现出新的发展。奈良后期的汉诗文成果促进了平安时代的汉诗文的繁荣，"中世文学"中的庶民化倾向已经为"近世庶民文学"的兴盛打下了基础。在流动发展的过程中，日本文学将外来文化融入本国文化风土、逐步形成了自身的特色。日本古代文学通过吸收中国文学的营养发展了本国文学，而近代以后又受到西方文学的深刻影响，左拉的自然主义在日本发展演变后形成了日本的自然主义。而乔伊斯、普鲁斯特、萨特等对近现代日本文学均产生过重要影响，日本作家恰恰是吸收了这些外来的营养，渐渐形成了自己的创作风格。

本书不仅是日本文学研究者和普通读者全面了解日本文学脉络的通史性读物，也是适用于大学本科生和研究生阶段日本文学专业学生的日本文学史课程教材。首先，本书易读、易懂。作者关注如何让纷繁的日本文学史井然有序地展现在读者面前。比如，"昭和时代"无产阶级文学发展脉络错综复杂，而作者在简明叙述了这一过程之后把重要事实归纳为简表加以说明，使原本难以把握的内容变得一目了然。为了直观地说明文学的历史演进过程，作者撷取了主要流派著名作家的代表作并附上中文翻译。为了传神地再现原文的风格，作者将古代文学译为类似文言的文体，将近代文学的拟古文译为文雅的现代文，而现代文学则译为通俗口语，诗歌按原文格律翻译。这样根据时代和作品分别处理，使阅读者可以很直观方便地了解不同时期不同流派的作家风格。而且，本书全文用日文编写，配有插图，专业词汇假名注音，特殊概念辅以注释，关键词汇加粗表示等等，如此这些都为应用于教学提供了便利。每章后附的"练习问题与研究课题"部分，既有总括又有分述，既有基础又有扩展，对于学生开阔思路、教师指导教

学都颇具实用性。

祝愿本书的出版发行能够为我国的日本文学研究尽微薄之力,期待学界同仁和广大读者对本书给予热情的关注和指导,是为序。

2014.5.18

前　言

　　日本文学作为世界文学的一个重要部分，在漫长的历史发展进程中形成了自己的特点。日本文学的历史是日本文学发生、发展的历史，也折射着日本文化的发展变迁。如何能够简明扼要、通俗易懂地介绍日本文学史是我一直思考的课题，《精编日本文学史》即是一个尝试。

　　本书涉及的时间跨度从上古时期一直到21世纪的当代日本文坛。在写作过程中力图把握以下三点：第一，文学的发展历史是流动的，每一个新时代都扬弃前一个时代的成果，同时呈现出新的发展。第二，文学史不是孤立的现象，与当时的社会背景，与包括宗教、伦理、艺术、语言等文化现象有着不可割裂的关联。第三，日本文学至19世纪中叶为止一直受到中国文化对日本的影响，自十九世纪末起又积极地向西方学习。而日本文学并非停留于简单地模仿，而是通过吸收外来文化形成了日本文学独特的东西。在写作过程中，每章首先介绍社会、文学的发展，然后按体裁分节叙述。选取了每个时期里有代表性的作家作品和文学事实，兼顾"面"的同时突出"点"。为使不同作家和流派的风格更加直观，除了突出介绍作家的代表作品之外还节选了一些名作名篇，并附上中文翻译。希望能够简明扼要地描摹出日本文学史发展的轨迹。

　　本书可以用作本科高年级学生和研究生文学史课程的教材。考虑到教学需要和学生水平，全书采用日文编写，以文字叙述配插图的形式，专业词和生僻词用假名注音，涉及日本历史文化知识的部分都做了注释，力求达到"好用"、"好学"的效果。每章后附有"练习问题与研究课题"部分。其中第一部分"复习要点"为基础性练

习，以填空的形式出现，涵盖每一章基础知识点。第一题总体概括本章最基本的知识点，第二题以下逐一分解，抽出每一个知识点进行梳理。题目设置顺序与正文对应，学习者可以自己通过该部分练习确认基础知识的掌握程度，清晰地梳理出文学史的脉络。第二部分"讨论问题"为扩展性练习。学习者可以自己通过阅读学习、查阅相关资料进行归纳总结，教师可以根据课时和班级情况组织安排课堂讨论、课后作业等。第三部分为"论文线索"。从本科论文的写作考虑，提供了一些论文写作的可能性、角度，希望帮助学生开阔思路。教师可以根据课时安排适当增减内容。

  本稿在写作过程中获得了多方面的支持。特别感谢南开大学外国语学院王健宜教授，在百忙之中抽出时间来为本稿作序。特别感谢天津师范大学外国语学院的外籍教师村山丰老师，他非常仔细地阅读了文稿并与我进行了多次探讨，连标点符号也不放过，认真严谨的态度是我学习的榜样。感谢天津师范大学津沽学院的高姗老师在图片搜集方面为我提供了帮助。在写作过程中参考了许多前辈的著作，感谢他们的辛勤劳动。周围的老师也经常对我施以援手。还有我的家人一直支持我的工作，也要衷心感谢他们。篇幅有限，不能一一尽数。由于本人水平所限，难免存在不足之处，期待各位读者提出宝贵的意见和建议。

编著者

2014 年 5 月

目　录

古典編 ……………………………………………………………… 1

 上代文学 …………………………………………………………… 1

  一、社会、文学の発展 ……………………………………………… 1

  二、記紀文学、地誌 ………………………………………………… 9

   （一）『古事記』 ……………………………………………………… 9

   （二）『日本書紀』 ………………………………………………… 13

   （三）『風土記』 …………………………………………………… 15

  三、詩歌文学 ………………………………………………………… 18

   （一）『万葉集』 …………………………………………………… 18

   （二）『懐風藻』 …………………………………………………… 30

  練習問題と研究課題 ………………………………………………… 33

 中古文学 …………………………………………………………… 37

  一、社会、文学の発展 …………………………………………… 37

  二、詩歌文学 ………………………………………………………… 44

   （一）『凌雲集』と漢詩文の隆盛 ………………………………… 44

   （二）『古今和歌集』と和歌の隆盛 ……………………………… 49

  三、物語文学 ………………………………………………………… 57

   （一）物語の出現——『竹取物語』と『伊勢物語』 …… 57

   （二）物語文学の集大成——『源氏物語』 ………………… 65

   （三）『源氏物語』以降 …………………………………………… 69

   （四）歴史物語 ……………………………………………………… 70

  四、日記・随筆文学 ………………………………………………… 73

   （一）『土佐日記』と日記文学 …………………………………… 73

   （二）随筆文学『枕草子』 ………………………………………… 78

五、説話文学……………………………………82
　　　（一）説話文学の流れ………………………82
　　　（二）説話文学の集大成——『今昔物語集』……84
　練習問題と研究課題…………………………………86
中世文学……………………………………………………92
　一、社会、文学の発展………………………………92
　二、詩歌文学…………………………………………99
　　　（一）和歌の発展と『新古今和歌集』………99
　　　（二）連歌・歌論・歌謡………………………108
　　　（三）五山文学（漢詩文）……………………111
　三、物語文学…………………………………………115
　　　（一）擬古物語……………………………………115
　　　（二）御伽草子……………………………………115
　　　（三）軍記物語の発展と『平家物語』………117
　　　（四）歴史物語……………………………………123
　四、説話文学…………………………………………124
　　　（一）『宇治拾遺物語』…………………………124
　　　（二）他の説話文学………………………………128
　五、日記・紀行・随筆………………………………129
　　　（一）日記……………………………………………129
　　　（二）紀行……………………………………………130
　　　（三）『方丈記』……………………………………131
　　　（四）『徒然草』……………………………………134
　六、劇文学……………………………………………137
　　　（一）能………………………………………………137
　　　（二）狂言……………………………………………140
　練習問題と研究課題…………………………………142
近世文学……………………………………………………147
　一、社会、文学の発展………………………………147
　二、詩歌文学…………………………………………152

（一）漢学と漢詩……………………………… 152
　　　（二）国学と和歌……………………………… 155
　　　（三）俳諧……………………………………… 162
　　　（四）狂歌・川柳・歌謡……………………… 176
　　三、小説…………………………………………… 180
　　　（一）浮世草子………………………………… 180
　　　（二）読本……………………………………… 185
　　　（三）滑稽本…………………………………… 194
　　　（四）人情本…………………………………… 196
　　四、劇文学………………………………………… 198
　　　（一）浄瑠璃…………………………………… 198
　　　（二）歌舞伎…………………………………… 200
　　　（三）話芸……………………………………… 203
　　練習問題と研究課題……………………………… 205

近現代編………………………………………………… 211
　近代文学（明治）…………………………………… 211
　　一、社会、文学の発展…………………………… 211
　　二、写実主義……………………………………… 222
　　　（一）概要……………………………………… 222
　　　（二）坪内逍遥と『小説神髄』……………… 222
　　　（三）二葉亭四迷と『浮雲』………………… 225
　　三、擬古典主義…………………………………… 228
　　　（一）概要……………………………………… 228
　　　（二）尾崎紅葉と硯友社……………………… 228
　　　（三）幸田露伴………………………………… 231
　　　（四）樋口一葉………………………………… 232
　　四、浪漫主義と森鴎外…………………………… 235
　　　（一）浪漫主義概要…………………………… 235
　　　（二）森鴎外…………………………………… 237

五、自然主義……………………………………242
　　　（一）概要…………………………………242
　　　（二）島崎藤村……………………………246
　　　（三）田山花袋……………………………249
　　六、夏目漱石…………………………………250
　　七、詩歌文学…………………………………256
　　　（一）俳句と短歌…………………………256
　　　（二）新体詩………………………………264
　　八、劇文学……………………………………266
　　　（一）演劇改良……………………………266
　　　（二）新派劇………………………………267
　　　（三）新劇…………………………………268
　　練習問題と研究課題…………………………269
近代文学（大正）…………………………………275
　一、社会、文学の発展………………………275
　二、耽美派……………………………………280
　　　（一）概要…………………………………280
　　　（二）永井荷風……………………………281
　　　（三）谷崎潤一郎…………………………282
　三、白樺派……………………………………287
　　　（一）概要…………………………………287
　　　（二）武者小路実篤………………………289
　　　（三）志賀直哉……………………………291
　　　（四）有島武郎……………………………294
　四、新思潮派…………………………………296
　　　（一）概要…………………………………296
　　　（二）芥川龍之介…………………………296
　五、大衆文学と私小説………………………299
　　　（一）大衆文学……………………………299
　　　（二）私小説………………………………302

六、詩歌文学……………………………………………… 304
　練習問題と研究課題……………………………………… 306
現代文学（昭和の戦前戦中）……………………………… 312
　一、社会、文学の発展…………………………………… 312
　二、プロレタリア文学…………………………………… 316
　　（一）概要……………………………………………… 316
　　（二）小林多喜二……………………………………… 320
　三、新感覚派……………………………………………… 322
　　（一）概要……………………………………………… 322
　　（二）横光利一………………………………………… 325
　　（三）川端康成………………………………………… 327
　　（四）新興芸術派と新心理主義……………………… 330
　四、「文芸復興」と転向文学……………………………… 333
　五、戦時下文学…………………………………………… 336
　　（一）概要……………………………………………… 336
　　（二）中島敦…………………………………………… 338
　練習問題と研究課題……………………………………… 341
現代文学（戦後経済復活）………………………………… 345
　一、社会、文学の発展…………………………………… 345
　二、民主主義文学………………………………………… 347
　　（一）概要……………………………………………… 347
　　（二）壺井栄…………………………………………… 348
　三、無頼派………………………………………………… 350
　　（一）概要……………………………………………… 350
　　（二）太宰治…………………………………………… 352
　四、戦後派………………………………………………… 356
　　（一）概要……………………………………………… 356
　　（二）三島由紀夫……………………………………… 362
　　（三）安部公房………………………………………… 366
　五、第三の新人…………………………………………… 369

（一）概要……………………………………………369
　　　（二）遠藤周作………………………………………371
　　六、中間小説……………………………………………374
　　　（一）概要……………………………………………374
　　　（二）井上靖…………………………………………376
　　　（三）松本清張………………………………………379
　　　（四）司馬遼太郎……………………………………381
　　練習問題と研究課題……………………………………385
現代文学（高度成長から）…………………………………391
　一、社会、文学の発展……………………………………391
　二、大江健三郎と同時代作家……………………………397
　　　（一）概要……………………………………………397
　　　（二）大江健三郎……………………………………400
　三、「人間として」………………………………………404
　四、「内向の世代」………………………………………408
　　　（一）概要……………………………………………408
　　　（二）古井由吉………………………………………411
　五、安定成長以降の作家…………………………………415
　　　（一）概要……………………………………………415
　　　（二）村上春樹………………………………………420
　　　（三）村上龍…………………………………………427
　　　（四）吉本ばなな（よしもとばなな）……………430
　　練習問題と研究課題……………………………………434

主要参考文献……………………………………………439

古典編

上代文学

一、社会、文学の発展

　上代文学は上古文学とも称され、太古時代日本文学の発生期から奈良時代末頃、すなわち794年平安朝遷都までの文学を指す。上代文学はおよそ**口承文学**と**記載文学**に分類できる。

口承文学

　口承文学とは、文字によらず、口頭のみで後世に伝えられる文学形態のことで、口承文芸とも言う。日本列島は数千年の先土器時代①を経て、縄文時代②に入った。縄文時代は石器、土器などの道具を使って狩猟と漁撈③という採集生活であったが、弥生時代④になり、水稲栽培の技術が日本に伝来して、生産力が大幅高まってきた。そのため、採集生活から農耕生活へ変化していき、人々の定住化、集団生活が促進された。したがって、共同体社会

---

　① 先土器時代：縄文時代に先行する日本列島の旧石器時代、主に打製石器を使う時代。
　② 縄文時代：1万2、3000年前から2300～2400年前まで。縄文土器が使用された時代を示す呼称。磨製石器を造る技術、土器の使用、狩猟採集経済、定住化した社会。世界史では中石器時代ないし新石器時代に相当する時代である。旧石器時代と縄文時代の違いは、土器の出現や竪穴住居の普及、貝塚の形などがあげられる。
　③ 漁撈：「漁労」とも書く。魚貝や海藻などの水産物をとること。
　④ 弥生時代：2300～2400年前から1700年前まで、即ち紀元前3世紀から紀元3世紀まで。名称は、1884年に東京府本郷向ヶ岡弥生町（現在の東京都文京区弥生）の貝塚で発見された土器が発見地に因み弥生式土器と呼ばれたことに由来する。

が形成され、小さな国も現れてきた。中国史上最初の日本関係の資料は、史書『三国志』の中の魏書「東夷」の条にある。その記載は通称「魏志倭人伝」といい、それによると、2世紀末、日本では邪馬台国①によって多くの国が統合された。3世紀半ば頃の邪馬台国の王について、「女王卑彌呼 事鬼道 能惑眾」という記載があることから、女王卑弥呼が祭祀を操って国を治める姿が窺える。共同の祭祀、生産、生活の中で、文学が芽生えた。

　日本文学の芽生えと思われる口承文学は、内容から主に三つの類に分けられる。一は祭祀の場で使われた呪文、呪言、呪詞。舞踊を伴うリズミカルな呪術的な言葉は口承文学の源流の一つとされている。二は神話、伝説。日本国の誕生を記録し、神や英雄の世界を作り出した。三は原始歌謡。日常生活や労作の中から生まれた素朴なもので、単純な詠嘆から韻律のある歌謡に発展し、喜怒哀楽を率直に表現した。その時はまだ文字表記を持たなかった時代だから、歌謡・神話などは、専門的な伝承者の**語部**などによって、口から口へと言い継がれ歌い継がれていった。

弥生時代稲作の模型

---

①　邪馬台国：所在地について北九州、畿内の二説がある。

縄文土器

大阪府堺市の大仙陵古墳

記載文学

　記載文学とは、文字で書き記された文学形態のことで、漢字の伝来によって成立したのである。古墳時代[①]の4世紀後半には、西日本の大和地方に強力な政権――「大和朝廷」が生まれ、次第に周りの小国を服従させ、5世紀ごろまでには東は東北地方の南部まで、西は九州、四国の南端を除く西日本全体を支配し、後に日本列島を統一した。この大和朝廷は朝鮮半島の百済と親交があり、中国の南朝にも使者を送って朝貢し、朝鮮半島統轄の封を受けた。この4、5世紀ごろ、朝鮮半島から中国の書籍、文物などが大量に伝わり、当然、書籍に使われた漢字も同時に伝わってきた。口承文学から記載文学への発展において、漢字の伝来は決定的な役割を果たした。漢字は日本文学を記録する最

---

① 古墳時代：4世紀ごろから6、7世紀まで、大和時代とほぼ同時期。4世紀になると、小国の王を葬（ほうむ）ったと思われる古墳が各地に作られるようになった。弥生時代の首長の墓が共同墓地（ぼち）にあったのに対して、古墳は単独の大きな墓で、弥生時代と著しく異なっている。

初の表記方式になり、日本人は異国の文字で自国の文学を忠実に記録する困難を乗り越えて「万葉仮名」①を作り出した。また、漢字は日本文字の誕生の模範手本にもなった。周知のように、平仮名も片仮名も漢字から敷衍されたものだ。それだけでなく、漢字で書かれた漢籍の内容も熱心に勉強され、当時日本の政治、経済、哲学、宗教、文学の各方面に多大な影響を及ぼした。

6世紀末の592年、推古天皇が即位した。この592年から710年平城京（今の奈良市あたり）遷都の時期を**飛鳥時代**といい、政治の中心地は飛鳥地方（今の奈良県高市郡明日香村大字にある）にあった。飛鳥時代の摂政、聖徳太子②が遣隋使、遣唐使を派遣して日本と隋唐の交流を大いに促進した。使者たちが中国から儒学・仏教の典籍を持ってくると同時に、中国の文化思想、政治制度などの知識ももたらしてきた。唐から帰ってきた留学生は、唐にならって中央集権的な律令国家を作り上げようと主張した。結局、日本は中国から律令制度を導入し、大化の改新③を通してそれを確立した。この時期の日本は中国から伝来した仏教などの

---

① 万葉仮名：漢字の表す意味とは関係なく、漢字の音や訓をかりて国語の音を表記するのに用いた漢字。万葉集に多く用いられているので、この名がある。字音によるものとして、阿米（アメ・天）、久尓（クニ・国）、許己呂（ココロ・心）などの類。1字1音節によるものから、後に平仮名、片仮名が発生した。

② 聖徳太子：飛鳥時代の593年から摂政を務めていた。そのとき、隋は既に589年に中国を統一した。

③ 大化の改新：中大兄皇子や朝臣の中臣鎌足（藤原鎌足）は645年に朝廷内で独裁的地位にあった蘇我氏一族を滅ぼした。そして、全国の土地と人民を国家のものとして、天皇を中心とする中央集権的国家の建設を目指した。この年、中国にならって年号を立て、大化元年としたので、これ以降の一連の改革を大化の改新という。

文化を積極的に受け入れ、優雅な飛鳥・白鳳文化を作り出した。**飛鳥文化**は飛鳥地方の寺を中心とする文化を指す。天皇や有力な豪族が飛鳥地方に集まって住み、自分の氏族の幸福を願うため、氏寺を建てた。これらの寺を中心とする文化を飛鳥文化という。中国の南北朝時代文化の影響を受け、日本美術の質は飛躍的に高まり、仏教文化が開花した。聖徳太子が建てた法隆寺は飛鳥時代の建築様式をよく示すもので、世界最古の木造建築である。同じ飛鳥時代に栄えた**白鳳文化**は天武朝を中心とする7世紀後半、大化の改新から平城京遷都までの文化で、初唐文化の影響を受けた建築、彫刻、絵画のほか、貴族社会における漢詩の隆盛や歌の発展も見られた。

法隆寺の五重塔と金堂

次の**奈良時代**[①]は大体、平城京すなわち奈良に都のあった時代

[①] 奈良時代：710年から794年までの84年間をいい、主に奈良を都にしたのは710年から784年の74年間を指す。奈良の都の公式の名称は平城京である。強まってきた寺社勢力からの脱却のため、784年に桓武天皇が山背国長岡の地に新たな都（長岡京）を造成したが、工事責任者の藤原種継が暗殺され、桓武天皇の弟早良親王が捕まる事態となって、794年に新しい都城を造成し、山背国を山城国と改め、新京を平安京と名づけて遷都した。この遷都をもって、奈良時代と呼称される時代は完全に終焉を遂げ、平安時代がはじまる。

で、天皇を中心とする政府がここにあったので、地名をとって時代の名称とした。奈良時代の日本人は絢爛たる天平(てんぴょう)文化を作った。天平文化は7世紀終わりごろから8世紀中ごろまでであるが、聖武(しょうむ)天皇在位の天平時代（729－749）に最盛期を迎えた貴族文化で、最盛期の唐文化や西域文化の影響を強く受け、国家保護のもとで仏教文化も栄えた。漢詩文が公的な文学としてますます重んじられ、和歌は日常的な表現手段として私的に詠まれるようになった。仏教美術、奈良文化の黄金(おうごん)時代とされ、東大寺の大仏などがその代表である。

東大寺の大仏

中国の文化を学ぶ一方、日本人は自国の文化も改めて見詰めるようになった。その中で、上代文学における最も重要な五つの文学作品『古事記(こじき)』、『日本書紀(にほんしょき)』、『風土記(ふどき)』、『万葉集(まんようしゅう)』、『懐風藻(かいふうそう)』が生まれた。8世紀初頭に編纂された『古事記』、『日本書紀』は国の歴史を体系化しようとする試みである一方、日本古代の国家神話、伝説、歌謡を集大成(しゅうたいせい)している。記紀の編纂には日本の国家意識の目覚めが窺える。同じ時期に編纂された『風土記』は、

地方の実情の調査を目的としたが、同時に文学的な意義も備えている。またこの時期に、口承文学から記載文学へと発展していくうちに、歌謡から発生した和歌も独自の発展を遂げ、日本最古の和歌集『万葉集』が編纂された。日本文学発生から古代国家確立まで数世紀の優れた和歌を集め、古代日本人の素朴な生活様子、思想、感情を伝えた。『万葉集』はそれ以降の和歌文学の発展に大いに影響を与えた。その一方で、中国文化を積極的に吸収(きゅうしゅう)しようという政策のもとで、この時期の漢詩文(かんしぶん)創作が最盛期(さいせいき)を迎え、宮廷を中心に、漢詩文がたくさん作られ、漢詩人が数多く出現した。最古の漢詩集『懐風藻』がその成果だ。この時代、中国の詩学の影響から和歌に対する批評意識も生まれ、772年に最初の歌学書(かがくしょ)『歌経標式(かきょうひょうしき)』が編修された。中国詩歌批評理論の「七傷八病説(しちしょうはちへいせつ)」を模倣し、和歌創作の「歌病7種、歌体3種」について論じた。

祭祀と文学

　上代の人々は自然界を畏怖(いふ)していた。自然界の変化や荒ぶる自然の脅威に対して非力であると感じ、「もの」に宿る霊(たましい)を恐れ敬(うやま)う信仰を持ち、農業の豊作、共同体の安全を願うために、人々は自然界にある超人間的な力を「神」として祭り始めた。それは今の日本社会に存在する数え切れない「祭り」の起源である。日本文学の原型もその中から誕生した。祭祀に関係する文学は祝詞(のりと)と宣命(せんみょう)である。

　祝詞(のりと)とは祭祀の言葉が洗練化されたものである。上代の日本に

は言霊(ことだま)信仰がある。つまり、声に出した言葉に霊的な力が宿る、それは現実の事象に対して何らかの影響を与えると信じられていた。特に、神を祭る重要な場に用いられた呪的(じゅてき)な言葉、即ち呪言(じゅごん)・呪詞(じゅし)が、日常の言葉と異なる霊力が宿り、神秘的な働きを持つものと考えられる。口に出して言い立てた言葉は事実として実現され、よい言葉や美しい言葉はよい結果（幸）をもたらし、悪い言葉は悪い結果（不幸）を招くという、「言（こと）」と「事（こと）」との統一性が信じられていたのである。こうした言葉に霊力が宿る信仰を言霊信仰と呼んでいる。要するに、祭祀の場で神様に特定の言葉を発すればそのとおりに実現できると信じられていた。原始的な共同体の社会から統一国家が形成されると、祭祀も国家的規模で行われることとなり、皇室の長久や国家の安泰、国民の幸福を祈るものとなっていた。祭祀の場で語られた呪言、呪詞はますます儀礼化され、洗練された文飾(ぶんしょく)の美しい言葉となった。いわゆる「神聖な詞章(ししょう)」で、普通の言葉と違って、韻律や繰り返しを持つ韻文で、音楽や舞踊に結びついて渾然としたものになった。共同体が統合され、小国からやがて統一国家が形成されていくうちに、その「神聖な詞章」も言葉表現として自立、洗練化されていき、「祝詞」として完成されたものである。

　現存する祝詞は、『延喜式(えんぎしき)』①に収められた27編、『台記(だいき)』別記に収められた1編のみである。祝詞は神話的な前半と祈祷的な後

---

　①　『延喜式』：905年藤原時平(ふじわらのときひら)などが勅を受けて撰進した法典。『台記』：藤原頼長(ふじわらのよりなが)の日記（1136－1155）。

半に分かれており、後者が祝詞の中心をなしている。表現は韻律の美を重んじ、列挙・反復・対句などが多用され、厳粛・荘重的（そうちょう）な文章であるが、その反面、形式性・類型性も著しい。

宣命（せんみょう）とは、元来、天皇が神の命（みこと）を受けて、政（まつりごと）をするために、人々に述べ伝える言葉である。平安時代に入ると、漢文体のものを「詔勅（しょうちょく）」と呼ぶのに対し、和文体のものを「宣命」と呼ぶようになった。即位・改元（かいげん）・立后（りっこう）など国家の大事件に際して、天皇または巫女（みこ）・神主（かんぬし）などが神々と人々を結ぶ役目をうけもち、神の意志を伝えるものであるが、政治的意図が見られる。

祝詞と宣命の表記法は所謂「**宣命書き**（せんみょうが）」である。ほぼ日本語の語順ですべて漢字で表記されているが、体言や用言の語幹などを大書（たいしょ）し、用言の語尾・助動詞・助詞を一字一音の万葉仮名で小さく書き分けている。和漢混交文のさきがけをなしている。

二、記紀文学、地誌

（一）『古事記』

1．成立と編者

現存する**日本最古の典籍**。712 年成立。編者は**太安万侶**（おおのやすまろ）、奈良時代の名高い学者。711 年元明天皇（げんめい）の命を受け、舎人[①]の稗田阿礼（ひえだのあれ）（とねり）の読み習った帝紀、本辞（ほんじ）（ひつろく）を筆録して、翌年に『古事記』（こじき）の編纂を終えた。

天武天皇の時、皇室の系譜を記した帝紀と皇室や民間に伝わる

---

① 舎人：天皇ほか貴人の雑務や護衛の任に当たる下級官僚。

神話を記した本辞（旧辞とも言う）の誤りを正すため、これらの書類を比較整理して稗田阿礼に読み習わせた。稗田阿礼について、性別や生没年など不詳。「年是廿八　為人聰明　度目誦口　拂耳勒心」と『古事記』序文にある。途中で天武天皇が亡くなって、完成に至らず、後に元明天皇が太安万侶に命じて選録させたのは『古事記』である。

2. 構成と内容

序文のほか、上、中、下の全3巻に分かれ、神話伝説、歌謡、天皇系譜史からなる。

上巻（序、神話）は神話、説話を記した。数々の神が生まれ、天地開闢から初代の神武天皇に至る神代の物語で、伊邪那岐命と伊邪那美命の兄妹が結婚して日本国土を生んだ話や、天皇の祖先、天照大御神の誕生などが記される。天皇を神と結びつけることで権力の正統性を強調することを意図した。

中巻は神話と歴史事件の並存。神武東征、崇神天皇と垂仁天皇の祭政一致制度の確立や出雲大社の建設、倭建命の熊襲、蝦夷①討伐、神功皇后の新羅遠征などがある。初代の神武天皇から第15代応神天皇までの神話・説話だが、第2代から第9代の8人は実在しないと言われ、系譜があるのみで実績が書かれておらず②、欠史八代と言う。一部は在位期間が異常に長く、80年や100年以上のもある。また初代の神武天皇は、第10代の崇神天皇をモ

---

① 熊襲：九州南部の種族で、大和朝廷に反抗した。蝦夷：北陸・関東北部から北海道にかけて居住した人々。

② 『日本書紀』も同様にこの8人の天皇の記述がない。

デルとして造形されたと見られる。おそらく朝廷は自国の威信のために歴史を古くさせようとして工夫したのだろうと思われる。

下巻(げかん)は歴史事件の記録。皇室の系譜や天皇の伝記から皇族の逸話(仁徳(にんとく)天皇の恋物語、軽太子(かるのたいし)の悲話など)がある。第16代仁徳天皇から第33代推古天皇まで現実の18代の天皇を描くが、24代から33代の10人は系譜だけで実績はない[①]から、欠史十代(けっしじゅうだい)という。

3. 編纂目的

序文により、

「朕聞諸家之所 帝紀及本辭 既違正實 多加虛偽 當今之時 不改其失 未經幾年 其旨欲滅 斯乃邦家經緯 王化之鴻基焉 故惟撰録帝紀 討舊辭 削偽定實 欲流後葉」

と詔勅(しょうちょく)した記載がある。

当時、皇室の系譜を記した帝紀と皇室や民間に伝わる神話を記した本辞(旧辞とも言う)があったが、誤りなどが見られるので、天武天皇は天皇の系統を明らかにし、天皇中心の国家の伝承として相応しいものを後世に伝えようとして、これらの書物を比較整理して稗田阿礼に読み習わせた。即ち、日本国内において天皇の権威を強め、天皇支配の正統性を歴史的に証明し、合理化しようという目的があった。

4. 特徴と価値

現存する日本最古の典籍として価値が高い。神と人間の共通の世界が描かれ、日本国内において天皇支配の正統性を明確にしよ

---

① 『日本書紀』には記載がある。

うという意図から各代天皇の系譜、実績を記載させる一方、登場人物としての神も人間も鮮明な個性と強烈な好悪を持ち、人間的なドラマも展開される。古代日本人の素朴な感情を表現した歌謡も収録されている。神話伝説、歌謡、天皇系譜など多彩の内容を持ち、日本の政治、歴史、宗教、文学など各方面の形成、発展を研究するための重要な文献である。

　文学史における意義だけ考えても、詩歌、散文、小説など各文学の源と言えよう。

　①まず書式を打ち立てた。『古事記』には序文があり、上・中・下の3巻に分かれ、様式として整えられている。この様式は後世の文学にも使用されている。

　②次に、文字使用の範例を示した。当時の日本の使用文字はすべて漢字だった。序文は正式な漢文だが、それ以外は漢字の音と訓を混ぜ合わせた変体漢文、いわば変則的な文法の漢文を主としながら、古代漢語、万葉仮名①も同時に使っている。これらの形式は後代の文学にいずれも使用されている。

　③ついで、後世の文学ジャンルを育（はぐく）んだ。神話伝説、歌謡、天皇系譜など多彩な内容と叙事、抒情（じょじょう）の手法の豊富さから、後世の説話、物語などに大いに影響を与えた。特に『古事記』に収録された113首の歌謡は、形式としてわりと自由だが、5音句と7音句が最も多く、後世の57調の基礎を築いた。

---

　① 例えば、「若草」は「和加久佐」、「大和は」は「夜麻登波」とする。

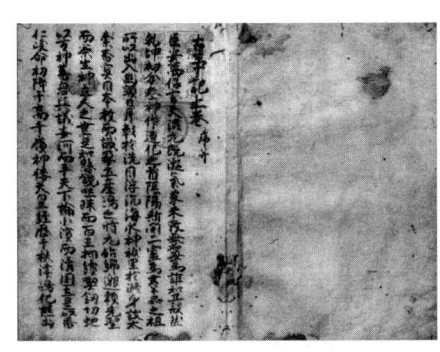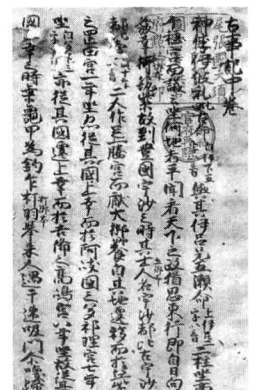

『古事記』の上巻と中巻

（二）『日本書紀』

1. 成立と編者

日本最初の勅撰史書。720年成立。編者の**舎人親王**（とねりしんのう）は天武天皇の皇子、720年元正天皇の詔を受けて、太安万侶らとともに編集した『日本書紀』（にほんしょき）を完成させ、奉上した。

2. 構成と内容

神代から第41代持統（じとう）天皇までを漢文を使って編年体で記した。全30巻と系図1巻からなるが、系図は散逸している。巻1・2の「神代紀」は主に神話、伝説で、『古事記』の記載と重なっているが、書き直し・簡略化・削除されたりするものがあり、中国の儒家（じゅか）史観の影響が窺える。巻3から巻30は神武天皇から持統天皇まで41代の「天皇紀」で、基本的には1代1巻だが、2、3代で1巻、1代で2巻であったりするのもあり、「欠史八代」を1巻にする「八代紀」もある。政治、軍事、外交の事件を記した。中国の史書典

籍をはじめ、外国の文献を用い、客観的、多角的に執筆されている。内容は仏教の伝来や白村江の戦いなどを含み、天皇の事跡や国家発展の史実に重点をおいて記述され、史書としての体裁を強く出している。

3. 編纂目的

中国などの諸外国に対抗できる日本正史を作り、対外的（主に中国）に日本の立場を明確に示そうとする「対外宣伝」を目的にする。漢文で書かれたのも、当時の漢文が国際標準語であることを意識しているからである。

4. 特徴と価値

①『日本書紀』は日本最初の勅撰史書として、日本正史の創作規範を打ち立てた。『古事記』に多く書かれた神話伝説を簡略化・削除した一方、日本と朝鮮、中国の間の事件、重要人物についての記述は『古事記』にはないものだ。そのため、史書としての性格が『古事記』より強い。『日本書紀』は日本歴史を体系化する六国史①の初めに置かれる。日本歴史を体系化する契機となった。この後、中国史書などの外国史を参考にして作られた正史が次々と編纂された。

②『日本書紀』の編纂は中国史書の影響を大きく受けた。純粋な漢文で書かれ、年代順に編纂されている以外、編纂するに当たって『史記』、『漢書』、『後漢書』など、多くの漢籍を参考した。

---

① 六国史：奈良朝から平安朝にかけて編纂された官撰の六部の国史。『日本書紀』(720)、『続日本紀』(797)、『日本後紀』(840)、『続日本後紀』(869)、『日本文徳天皇実録』(879)、『日本三代実録』(901) 六部をつなげば、神代から光孝天皇（在位 884－887）まで、一貫した古代史となる。いずれも漢文体、編年体で統一されている。

それは体裁だけでなく、言葉遣いを見てもわかる。

③また、史書としての性格が強いが、128の歌謡は万葉仮名で書かれ、文学的な要素も含まれている。

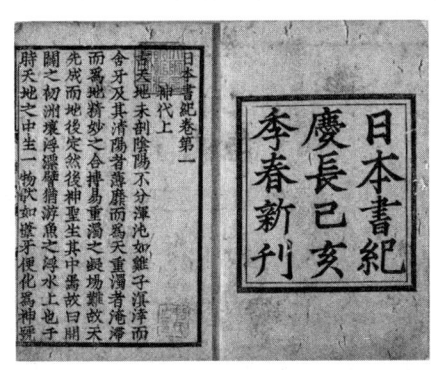

『日本書紀』

5．記紀の比較

記紀比較表

	古事記	日本書紀
成立・編者	712・太安万侶(おおのやすまろ)	720・舎人親王(とねりしんのう)ら
表記	変体漢文を主とする。語り物的叙述。	純粋な漢文。客観的、論理的な叙述が主。
内容	神代〜推古天皇（554〜628）	神代〜持統天皇（645〜702）
神代(じんだい)の比重	全3巻のうち1巻以上	全30巻のうち2巻
目的と特色	①国内的／皇室中心の国家統一を図る。②神話、伝承と歴史事件をともに記述した語り物。③文学性に富んだ書籍	①対外的／日本の威信を示すことが目的。②史実を客観的な記録により重点を置く。③文学的要素も含む編年体史書。
外国文献	なし	多用

（三）『風土記』

1．成立と編者

日本最初の地誌。天皇の詔により各国が編纂してそれぞれ天皇

に献上したもので、総称して『風土記』というが、具体的な成立年代は不明。元明天皇が『古事記』成立翌年の713年に六十余の諸国①に地誌の編纂を命じたが、後に朝廷に集められ、公布されたのである。

　現存しているのは、出雲（島根県）、播磨（兵庫県）、肥前（佐賀県と長崎県の一部）、常陸（茨城県）、豊後（大分県）の五カ国のみである。しかも完本は出雲のみで、ほかの四つは一部欠損している。出雲の『風土記』の正式名称は『出雲国風土記』であり、勅命が下ってから20年後の733年に完成し、聖武天皇に奏上された。この風土記は冒頭に「総記」があり、次に各郡ごとの記述がある。産物や神社などについても非常に詳細な記述がなされている。

2. 構成と内容

　『続日本紀』により、記すべき項目として、天皇から五つが提示された。

　「畿内七道諸國　郡郷名著好字　其郡内所生銀　銅　彩色　草木　禽獸　魚蟲等物　具錄色目　及土地沃瘠　山川原野名號所由　又古老相傳舊聞軼事　載史籍言上」

　即ち、①郡郷の名前、よい意味の漢字を使って表すこと、②郡内の産物の名品、③土地が肥えているかどうか、④山、川、原野の名前、およびその由来、⑤老人が語り伝える伝説、という内容が

---

①　国：日本は律令制を参考して地方行政区分を設置していた。これを令制国といい、明治時代初期までの地方行政の基本単位だった。

要求される。

『風土記』に記された伝説の中で一番有名なのは『出雲国風土記』の「国引(くにびき)神話」である。八束水臣津野命(やつかみずおみつぬのみこと)は出雲の国は小さいため、他の国から土地を引っ張ってきて継ぎ足そうと考えた。そして外国の土地に大きな網をかけ、「国来国来(くにこくにこ)」と言いながら引っ張ってきて、現在の島根半島を作ったという。この神話は『古事記』と『日本書紀』には載っていない。『風土記』に記されたほかの神話伝説も『万葉集』などの書籍に同じように記され、かつ『風土記』の出自と記されているので、当時大いに読まれたとわかる。

『出雲国風土記』

3. 編纂目的

編纂の勅命が『古事記』成立の翌年に下ったことからも窺えるが、国家統一を目指す天皇が諸国の状況を把握しようと意図したのである。

4. 特徴と価値

①日本最初の地誌として、その創作モデルを示した。
②漢文または変体漢文などが使われ、記述は文学性が濃い。

③各地方の民間説話、習俗、歌謡などを記し、記紀にはない神話や伝説が現れたこととなった。各地方の状況や人々の生活、思想が紹介され、豊かな地方色に満ち溢れ、史料的価値も認められる。

　④各国の役人が編纂したもので、一人の編者によって統一的に編まれたものではない。

三、詩歌文学

(一)『万葉集』

1. 成立と編者

『万葉集(まんようしゅう)』は現存する**日本最古の和歌集**で、古代歌謡を受けて成立したものである。

　古代歌謡は『古事記』、『日本書紀』に多く収録される。『古事記』には113首、『日本書紀』には128首だが、重複約50首なので合わせて約200首、「**記紀歌謡**」という。独立編纂の歌集ではないが、今まで最古の和歌群と言えよう。「記紀歌謡」の内容は古代人生活の全般、恋愛・祭祀(さいし)・労働・酒宴・儀式などにわたっており、一番多いのは恋の歌である。明るく素朴で、激しい感情が表現されている。表現上、連想を豊かにするために、枕詞(まくらことば)①や序詞(じょことば)②などを用い、反復や対句を多用し、韻律美を添えている。定型の歌はまだ

---

　① 枕詞:和歌で、特定の語の上にかかって修飾または口調(くちょう)を整えるのに用いる言葉。働きは序詞に似るが、5音以下で慣用的な用法である点に特徴がある。

　② 序詞:和歌で、ある語句を導き出すために前置きとして述べる言葉。枕詞と同じ働きをするが、4音・5音などの1句から成る枕詞とは異なり、2句ないし4句にわたる。

少ないが、片歌(かたうた)・旋頭歌(せどうか)・短歌(たんか)・長歌(ちょうか)などの形で後に発達する歌体(かたい)の原型を見ることができる。最古の和歌群として、記紀歌謡は当然、後世歌謡に影響を与えている。内容・風格・技巧・審美などの面において、後世の歌に影響を与えた。

　共同体生活の中から生まれた古代歌謡は、共同体が変質し、統一国家が形成していく中で、その面貌も変っていく。国家の担い手である貴族たちは、昔の集団生活と異なる都市生活を営(いとな)み、個人意志が感じられるようになった。集団性から切り離されて個的なものへの自覚の中に個人として自覚的に歌を詠む性格が強められ、新しい歌が生み出された。歌の表現が洗練され、五音・七音の音数が固定し、歌体が定型され整備されていく。それらの歌を収録したのが『万葉集』である。定型歌を完成させたほかに、古代歌謡の明るく素朴な風格を継承し、恋の歌が一番多い特徴も受け継いだ。

　『万葉集』は複数の編者によって編纂されていき、最終的には大伴家持(おおとものやかもち)（717？－785）①が20巻に編集したとされている。成立年代は不明であるが、先行歌集②を資料として、8世紀初頭、すなわち奈良時代初期から歌が集められ、完成は8世紀後半ごろと推測される。

---

　① 大伴家持：奈良時代万葉歌人、大伴旅人(おおとものたびと)の子。地方、中央の諸官を歴任したが、政治的には不遇の生涯であった。歌は優美、繊細を基調とし、優れた技巧と叙情性を示し、万葉末期を代表する。『万葉集』中、歌数最も多く、470余首を残して全体歌数の1割を超えている。
　② 先行歌集には『古歌集(こかしゅう)』、『柿本人麻呂歌集(かきのもとのひとまろかしゅう)』などがある。

古典編

2. 構成と内容

『万葉集』という名前の意味について、「葉」は「言葉」、「葉」は草木の「葉」すなわち歌の喩えなど、いくつかの説があるが、「葉」を「代(世)」として、万代にまで末長く伝わる歌集の意味を込めたとする説がいちばん有力である。

『万葉集』の歌はほとんど定型歌。全20巻、約4500首。①短歌が約4200首と大多数を占め、他には長歌が約260首、旋頭歌(せどうか)が約60首、極少数の仏足石歌(ぶっそくせきか)などもある。②表現様式からは、恋の感情を自然のものに例えて表現する寄物陳思(きぶつちんし)、感情を直接的に表現する正述心緒(せいじゅつしんちょ)、季節の風物を詠む詠物歌(えいぶつか)、自分の思いをものに託して表現する譬喩歌(ひゆか)がある。

部立ては巻によっては違うが、相聞(そうもん)、挽歌(ばんか)、雑歌(ぞうか)に大別される。相聞は約1700首、挽歌は約200首、雑歌は約1550首である。「相聞」の意味は消息、感情の交流。恋愛の歌が多いが、親子兄弟贈答、自分の述懐(じゅっかい)の歌もある。挽歌は棺を載せた車を引く時の歌。死者を弔(とむら)う歌。雑歌は相聞・挽歌を除く、行幸(ぎょうこう)・旅・宴会などの歌。ほかには、東歌(あずまうた)、防人歌(さきもりのうた)も特筆(とくひつ)に値する。東歌は関東地方を中心とする地域の民謡、恋の歌が多い。防人歌は実に東歌の一種で、「防人」とは政府によって海防の守備に徴発された農民。ほとんど東国(とうごく)地方より徴発され、九州各地に派遣され、海防

---

① 『万葉集』目録に4560首と記するが、他には写本の異本にもとづく数え方もあり、4515、4496、4530などいろいろな説がある。

② 短歌:57577の形。長歌:5757…577、普通その後に反歌(はんか)が伴う。旋頭歌:頭句に戻る歌、577577。仏足石歌:仏足石の傍に立てた歌碑に記する歌、575777。

の守備に当てられる。過酷な条件の下、家族肉親との愛別離苦（あいべつりく）が溢れている歌が詠まれる。

3. 時期区分と歌風変遷

第1期　舒明（じょめい）天皇期（629－641）〜672（壬申（じんしん）の乱①）

中央集権体制が確立される時期で、古代歌謡の集団性から個性的な創作歌（かとき）への過渡期の歌（記紀歌謡の叙事（じょじ）性から抒情（じょじょう）性へ発展する時期。また、定型歌の形成期）。情感に溢れ、素朴さ、素直（すなお）さ、明るさ、おおらかさに特徴がある。万葉歌風の発生期、初期万葉という。舒明（じょめい）天皇、天智（てんじ）天皇、天武（てんむ）天皇、額田王（ぬかたのおおきみ）など**皇室の歌人**が活躍した。

舒明天皇の歌

❖大和には　群山（むらやま）あれど　とりよろふ　天（あま）の香具山（かぐやま）　登りたち　国見（くにみ）をすれば　国原（くにはら）は　煙（けぶり）立ち立つ　海原（うなはら）は　鴎（かまめ）たち立つ　うまし国ぞ　蜻蛉島（あきづしま）　大和の国は

（現代語訳）

大和には多くの山々があるが、中でも立派に足り整った天の香具山よ。その山に登り立って国見をすると、国土には炊事の煙がしきりに立ち、海には鴎がしきりに飛び回っている。美しい国よ（蜻蛉島＝枕詞）大和の国は。

（中国語訳）

---

① 天智（てんじ）天皇死後、長子の大友皇子（おおとものおうじ）を擁する近江朝廷に対し、吉野にこもっていた皇弟の大海人皇子（おおあまのおうじ）（天武（てんむ）天皇）が672年の夏に起こした反乱。1ヶ月の激戦の後、大友は自殺、大海人は即位し、天皇中心の政治を固め始めた。律令制が確立する端緒（たんしょ）となった。

古典編

我之大和国，山丘岭峦何其多，其中最灵秀，天降香具山峨峨。会当凌绝顶，瞻我大和之山河。茫茫有青野，缕缕炊烟生袅娜，洋洋有碧海，群鸥回旋舞婀娜。美哉妙哉壮哉，我之秋津洲，我之大和丰饶国！

額田王①の歌

♣あかねさす　紫(むらさきの)野行き　標(しめの)野行き　野守(のもり)は見ずや　君が袖振る

（現代語訳）

（あかねさす＝枕詞）紫草の生える野を、狩場の標(しめ)を張った御料地(ごりょうち)を行きながら、あなたが袖を振って合図をするのを、番人が見咎(みとが)めないでしょうか。

（中国語訳）

　　紫草暗留香，结绳四方围禁地，侍驾行猎场。如何不避守人目，真情流露君袖扬。

第2期　672（壬申の乱）〜710（平城京遷都(へいじょうきょう)②）

飛鳥・藤原京(ふじわらきょう)時代にあたる。律令体制が整備され、持統(じとう)・文武(もんむ)両天皇を中心とする藤原京③（694－710）の最盛期にあたる。文学意識が高まり、宮廷歌人である専門歌人が活躍した時期を中心

---

① 額田王：万葉初期で最も優れた女性歌人。大海人皇子と結婚し夫婦円満だが、大海人の兄、天智天皇に奪われ、寵愛を受けた。

② 710年には平城京（奈良市）に都を移した。これから都が京都に移るまで約80年間を奈良時代という。奈良時代は律令国家の最盛期であった。

③ 藤原京：694年（持統天皇8年）から710年（元明天皇の和銅3年）の平城遷都までの3代16年間の都。大和三山に囲まれた、現在の橿原(かしはら)市にあった。唐の都を模倣した最初のもの。

とする歌である。和歌には、題材も拡大し、力強さ・重厚さが加わり、枕詞・序詞・対句などの表現技巧が発達し、長歌・短歌の形式の完成も見られる。万葉調の完成期、万葉時代の黄金期である。専門的な宮廷歌人としての柿本人麻呂は、絢爛たる修辞を多用し、雄大な構想と荘重な調べにのせて、重厚、壮大、格調高い長歌をたくさん残し、長歌の様式を完成させた。作品は半分挽歌で悲劇的な歌風。『万葉集』最大な歌人と評価され、後世に歌聖と称された。ほかにも大伯皇女・高市黒人・志貴皇子などがいる。

柿本人麻呂像
（奈良県宇陀市阿騎野・人麻呂公園）

柿本人麻呂の長歌

♣近江の荒れたる都①を過ぎし時に、柿本朝臣人麻呂の作れる歌

玉襷　畝火の山の　かし原の　日知の御代ゆ　生れましし

---

① 近江の荒れたる都：現滋賀県にあたる。天智天皇が667年ここに遷都したが、壬申の乱でこの都が廃絶した。

神のことごと　つがの木の　いやつぎつぎに　天(あま)の下　知らしめししを　天(そら)にみつ　大和(やまと)を置きて　あをによし　奈良山を越え　いかさまに　思ほしめせか　天離(あまざか)る　夷(ひな)にはあれど　石走(いはばし)る　淡海の国の　楽波(ささなみ)の　大津の宮に　天の下　知らしめしけむ　天皇(すめろき)の　神の尊(みこと)の　大宮は　此処と聞けども　大殿は　此処と言えども　春草の　繁く生ひたる　霞(かすみ)立ち　春日霧(き)れる　ももしきの　大宮処　見れば悲しも

（現代語訳）

　（玉襷＝枕詞）畝傍山のふもと、かし原の地に都した天皇の御代からずっとお生まれになり続けた現人神(あらひとがみ)のすべてが、つがの木のように次々と天下を統治なさったのだが、その大和を後にして、（あをによし＝枕詞）奈良山を越え、どのようなご配慮からか、都を離れた田舎ではあるが、近江の国のささなみの地の大津の宮に天下をお治めになったという天皇の、大宮はここだと聞くが、大殿はここだというが、春草がいたずらに生い茂り、霞に春の日差しもかすんで、この大宮の跡を見ると、悲しいことだなあ。

（中国語訳）

　　　　渺渺云外天，苍天之下畝傍山，茫茫栎树原，日神降下神皇祖，统治大和天，世世代代从此延，治国坚如磐，千年万年如铁杉，神功昌而盛，斗转星移不曾变。不知为何缘，背向大和之宫苑，不顾路途远，翻越崎岖奈良山，不知为何缘，御上御心何所念，临此荒僻原，飞石流沙遍砾地，遥遥离神天。近江夷地小国偏，乐浪地荒蛮，神君御驾此处驻，大津起宫苑，矗立皇都巍如山，日神之后裔，

天尊威光此地现。巍巍大宫苑，人言曾经此地建，凛凛御皇殿，人言曾经此地安。但看春草长，萋萋绵延连长天，春霞平地起，春日朦胧雾霭边，萧瑟人阑珊，昔时大津旧宫苑，悲从中来徒伤感。

近江大津宮錦織遺跡（滋賀県大津市）

第3期　710（平城京遷都）〜733（天平5年、山上憶良没年）

　平城京遷都から聖武天皇（724－749在位）の天平5年までの約20年間。奈良時代の前期にあたり、律令国家として確立・安定し、『古事記』・『日本書紀』が編纂された。仏教・儒教・老荘思想など大陸の思想や文化が取り入れられ、それぞれの個性的な歌境を持つ歌人が多く登場した。歌の内容・主題・技巧も多元的になった。叙景歌に優れた山部赤人は、絵画的な宮廷歌人で、柿本人麻呂とともに歌聖と称される。漢籍・仏典の知識に詳しい大伴旅人は風流の世界に遊んでいた。山上憶良は社会の苦悩、家族愛、子供や病気、貧乏など人生を主題とするが、高橋虫麻呂はよく歌に伝説を取り入れる歌人である。

山部赤人像（歌川国芳画）　　大伴旅人歌碑（九州国立博物館）

山部赤人の歌

♣田子の浦ゆ　打ち出て見れば　真白にそ　富士の高嶺に　雪は降りける

（現代語訳）

　田子の浦を通って富士山が見えるところまで出てみると、富士山の高いところは真っ白になっている。今でも雪は降り続いているのだ。

（中国語訳）

　　路経田子浦，古来勝境不一般，遥望富士山。絶頂衣白如纨素，其上霏霏雪犹见。

大伴旅人の歌（『酒を讃むる歌十三首』から）

♣生まるれば　遂にも死ぬる　ものにあれば　今生なる間は楽しくを有らな

（現代語訳）

この世に生れれば結局は死んでしまうのだから、この世に生きている間は楽しく過ごしたいものだ。

（中国語訳）

　　人生此世上，终究一死无可逃，世事勘破了。何不趁有今朝醉，自在快活乐逍遥。

山上憶良の歌（『貧窮問答歌(ひんきゅうもんどうか)』の一部）

♣ 天地(あめつち)は　広しといへど　吾が為は　狭(さ)くやなりぬる　日月(ひつき)は　明(あか)しといへど　吾が為は　照りや給はむ　人皆か　吾のみや然る

（現代語訳）

天地は広いというが、私にとっては狭くなってしまったのだろうか。太陽や月は明るく照り輝いて恩恵を与えて下さるとはいうが、私のためには照ってはくださらないのだろうか。他の人も皆そうなのだろうか、それとも私だけなのだろうか。

（中国語訳）

　　人说天地大，无人不在青天下，因何独于我，天地之间一何狭。人说日月明，慈光普照遍天下，因何独于我，日月不把光辉洒。难道人皆苦，抑或独我抛天涯？

第4期　734（天平6年）～759（天平宝字(ほうじ)3年）

天平文化の極点に達した時期で、東大寺の造営、大仏開眼に代表される天平文化の爛熟期にあたる一方、政治の行き詰まりや不安が生じた。その反映として、和歌は繊細的・感傷的・退廃(たいはい)的な

古典編

傾向が現れ、実感を率直に表現する力強さを失った。万葉時代の衰退期とも言える。贈答用の相聞歌が最も多く、長歌が衰（おとろ）え、日常の私的な歌として短歌が隆盛（りゅうせい）した。歌風は優美であるとともに理知的・技巧的になり、次第に平安期の古今歌風に近づいていく。角度を変えていえば、日本文学の全体的特徴を決める重大な変化とも言えよう。代表的歌人は大伴家持（おおとものやかもち）であり、470以上の歌が収録され、『万葉集』の中で最多である。そのほか、湯原王（ゆはらのおおきみ）・笠郎女（かさのいらつめ）などがいる。

大伴家持像
（富山県高岡市高岡駅前広場）

大伴家持の歌

♣春の野に　霞たなびき　うら悲し　この夕影に　鶯鳴くも

（現代語訳）

春の野に霞たなびいて、なんとなく悲しい。この夕方の光の中で、鶯が鳴いていることよ。

（中国語訳）

春野自朦胧，烟轻霞笼去斜横，焉得不伤情。日暮黄昏流光影，哀啭声声有啼莺。

4. 東歌と防人歌

『万葉集』の中にもう一つの見逃せない側面は、当時の政府によって収録された、無名の民衆たちが率直な感動の心で詠んだ歌である。特に東歌と防人歌が異彩を放っている。遠く離れた東国の民衆が恋と労働を歌った東歌（約230首）は東国方言で生活に密着した素朴な感情に溢れている。防人歌（約80首）は故郷を離れ北九州の守備を命じられた兵士たち、あるいはその家族が作った歌で、家族との別れの悲しさ、旅の苦しさを率直に詠んだものが多い。

東歌

✤多麻川に　曝す手作り　さらさらに　何そこの児の　ここだ愛しき

（現代語訳）

多摩川に曝す手作りの布のように、さらにさらにどうしてこの子がこれほどいとしいのだろう。

（中国語訳）

漂布多摩川，纤手织就水中浣，色丽如娇颜。不知痴小谁家女，如何教人不生怜。

防人歌

✤父母が　頭かき撫で　幸くあれて　いひし言葉ぜ　忘れかねつる

古典編

29

（現代語訳）

父母が頭を撫でて無事平穏であれよといった言葉が忘れられない。

（中国語訳）

爷娘抚发边，但愿此去儿无事，千万保平安。慈心拳拳不能忘，言之切切在眼前。

4. 特徴と価値

日本最古の和歌集として後世文学へ深い影響を及ぼし、歌体・歌調・内容分類などの面において後世に範例を示している。

①全部万葉仮名で表記する。

②収録されている歌数が厖大である。全20巻、約4500首。

③収録されている歌は4世紀から8世紀後半まで幅が広い。記された最古の歌は第16代仁徳(にんとく)天皇の皇后の歌であるが、歌の大部分は第34代舒明(じょめい)天皇（629-641）の時期からのもの、つまり7世紀前半から8世紀中ごろまでの150年間に作られたものである。

④歌の作者も幅広い。大部分は天皇、皇族、貴族などの上流階級であるが、無名の庶民歌も収録されている。

⑤題材・歌風多様、豊富である。後世の和歌集と比べての全体的に真摯で素朴、率直な表現を取っている。

（二）『懐風藻』

1. 成立と編者

現存最古の漢詩集として『懐風藻(かいふうそう)』から古代日本人の漢詩文への愛好が窺える。

古代日本において「詩」と「歌」はまったく違ったものである。「歌」は「和歌」、即ち「日本の歌」で、「倭歌」と表記してもいい。「詩」は「漢詩」、中国語で作った詩のことをいう。漢詩を作る人は詩人といい、和歌を作る人は歌人といい、混同できない概念である。

漢詩はかつて日本詩歌史において重要な地位を占め、皇族、重臣の欠かせない文章技能とされていた。日本が中国の漢詩文（かんしぶん）への関心を高めたのは天智天皇（てんじてんのう）（在位668－671）の頃からだ。当時、日本は大化改新をやって隋の律令制を摂取したため、漢詩文の知識や創作も官人にとって重要であった。天皇も漢詩文を愛好し、創作を奨励（しょうれい）した。こうして漢詩は伝統的な和歌に対して公的な性質を帯びるようになった。このような背景の下で漢詩文が数多く編集された。

当時の漢詩文集として現存するのは『懐風藻』だけで、751年成立。編者未詳だが、大友皇子（おおとものおうじ）の曾孫（ひまご）にあたる**淡海三船**（おうみのみふね）とする説が有力である。

2. 構成と内容

天智（てんじ）朝から約80年間にわたる64人の作品、約120編を作者別、年代順に収録する。詩風は中国の六朝（りくちょう）①を真似ている。五言詩は六朝で発達したから、『懐風藻』の詩体も五言詩が大部分である。宮廷の宴席や遊覧の詩が多く、恋などの個人感情を吐露したもの

---

① 六朝：後漢の滅亡から隋の統一までの間の、呉・東晋・宋・斉・梁・陳の六つの王朝の総称である。江南地域に発展した。五字の句で詩を作る五言詩は、後漢から作られ六朝時代に発達した。一方の七言詩は六朝末から徐々に作られ、唐の時代に次第に隆盛（りゅうせい）していく。

は2首だけで極めて少ない。

詩風は大きく前期と後期に分かれる。前期には『文選』、『玉台新詠集』、『芸文類聚』など、六朝の詩体の模倣が顕著である。作品は技巧的・形式を重んじて作品の中には創造性に欠け、模倣に終わっているものもあるが、経書や老荘思想から着想を得ている詩も多い。後期にはそれに加えて『王勃集』、『賓王集』など初唐詩の影響が著しい。

大友皇子の詩

侍宴

皇明光日月

帝德載天地

三才並泰昌

萬國表臣義

3. 編纂目的

書名の「懐風」はその序文に書かれたように「余撰此文意者　為将不忘先哲遺風　故以懐風名之云爾」、つまり「古い詠風を懐かしむ」という意味で、「藻」は美しい詩文を示す。

4. 特徴と価値

①現存最古の漢詩集として中国文化の直接的影響が窺える。言葉においても詩風においても、中国六朝、初唐の影響が著しい。日本人が漢詩を公的な文学として認識し、創作に励み、編纂した意義は大きいと言える。

②作者は天皇をはじめ、皇子、貴族、僧侶などで、庶民がいない。漢詩文は上流社会の文学としての性格を示した。

　③漢詩文と和歌の連結も見られる。『懐風藻』作者64人のうち、18人が『万葉集』にも和歌を残している。漢詩人が同時に歌人として活躍するケースも相当あるのがわかり、漢詩文は和歌の世界にも浸透していると言えよう。

　④『懐風藻』は平安時代の漢詩文の繁栄にもつながっている。漢詩は後に平安初期に更に隆盛していくこととなり、三大勅撰漢詩集も作られた。

練習問題と研究課題
一、復習ポイント

　1. 漢字が伝来するまで文字を持たなかった日本人は、口述で文学を伝えてきた。これは＿＿＿＿＿文学という。漢字の伝来により成立した文学は＿＿＿＿＿文学という。前者は＿＿＿＿＿、＿＿＿＿＿、＿＿＿＿＿と三分類でき、専門的な伝承者＿＿＿＿＿によって伝えられていった。後者には日本の歴史や神話を記録した＿＿＿＿＿、＿＿＿＿＿、地誌の＿＿＿＿＿があり、人々の素朴な感情を歌った和歌は＿＿＿＿＿に集められた。漢詩文尊重の風潮の中で最古の漢詩集＿＿＿＿＿が生まれた。

　2. 『古事記』は712年に＿＿＿＿＿によって献上され、内容は神代における天地の始まりから＿＿＿＿＿の時代までいろい

ろな出来事、神話、伝説を収録している。また、数多くの_____＿＿＿を含んでいる。

　3.『日本書紀』は_____らの撰で、720年に完成した。神代から持統天皇の時代までを扱う。文体は_____で、年代順に編纂され、史書としての体裁を強く出している。

　4.奈良時代に地方の文化風土や地勢等を国ごとに記録編纂して天皇に献上させた報告書、すなわち官撰の地誌は_____という。現存しているのは五カ国のみで、完本は_____である。

　5.日本現存する最古の和歌集は『万葉集』で、歌の数は_____＿＿＿余首あり、内容上から_____、_____、_____の三大部類になっている。歌体は主に_____、_____、_____の三種に区別されている。

　6.『万葉集』の歌風は歌を作った時期により4期に分けられる。第1期は万葉歌風の発生期で、_____、_____などの皇室歌人が活躍した。第2期は宮廷歌人である専門歌人が活躍した時期で、万葉時代の黄金期とも言われる。この時期の_____は『万葉集』最大な歌人と評価され、後世に歌聖と称された。第3期は歌の歌風・内容・主題・技巧のいずれも多元化の時期で、叙景歌に優れ、絵画的な歌を詠む宮廷歌人_____、漢籍・仏典の知識に詳しい、風流の世界に遊んだ_____、_____を主題とする山上憶良、_____を歌に取り入れる高橋虫麻呂などが代表的な歌人である。第4期は万葉時代の衰退期とも言え、代表的な歌人_____は、『万葉集』の中で収録す

る歌が最多の歌人である。

7．現存最古の漢詩集は＿＿＿＿＿で、詩風は＿＿＿＿＿の模倣が顕著である。

二、検討問題

1．飛鳥・白鳳文化について簡潔に説明しなさい。

2．天平文化について簡潔に説明しなさい。

3．『古事記』の成立と主な内容を百字以内でまとめなさい。その性格と文学性を簡単に論じなさい。

4．内容・目的・特徴などの面から『日本書紀』と『古事記』を比較してください。

5．『風土記』の内容の概略について述べなさい。その編纂目的、資料的価値について述べなさい。

6．『万葉集』の成立、歌体を述べなさい。その歌風変遷を四期に分けて説明しなさい。

7．『万葉集』の特徴、文学的意義を述べなさい。

8．「万葉仮名」について説明しなさい。

9．『懐風藻』の内容・文学的意義について述べなさい。

10．『懐風藻』が編纂された当時の漢詩文と和歌の関係について述べなさい。

11．言霊信仰について説明しなさい。

三、論文作成の手がかり

❋『古事記』と日本文化（恥の文化、共同体主義、母系社会の源流）

❋『古事記』と中国文化（『古事記』に使う中日表現様式の比較、神話舞台の構築から見る中国文化の投影）

❋『日本書紀』研究（古代日本の自国意識、日本の漢文訓読）

❋『古事記』と『日本書紀』の比較、総合検討（「記紀」の文学的特徴の比較、「記紀」神話から見る日本政治思想の源流）

❋『万葉集』研究（『万葉集』から見る日本古代文化、『万葉集』と中国詩文の関係、『詩経』との比較）

❋『懐風藻』から見る和歌と漢文学の関係

中古文学

一、社会、文学の発展

　中古文学とは中古時代の文学のことである。794年平安遷都から1192年鎌倉幕府開設までの約400年間を中古と呼び、政治史における**平安時代**に相当すると考えるのが一般的で、藤原氏を中心とする貴族が政治と文化を担ったことから**王朝時代**ともいう。

　藤原氏などの貴族や僧侶が政権をめぐる争いを避けるため、桓武（かんむ）天皇は寺院勢力の強い奈良を離れ、794年、都を平安京（京都市）に移した。平安文学は美しい平安京の新しい環境の中に形成されていた。京都の三方には山となだらかな山峰が連なり、東に高野川（たかのがわ）、加茂川（かもがわ）、西に大堰川（おおいがわ）、桂川（かつらがわ）、開けた南の平野（ひら）を潤し、重要な交通路になった。地理的条件に恵まれ、青竜（せいりゅう）・白虎（びゃっこ）・朱雀（すざく）・玄武（げんぶ）の四神相応（しじんそうおう）の地と称される。なお四季をめぐって展開する風物は、宮中（きゅうちゅう）・社寺（しゃじ）とともに人々の繊細な季節感を育（はぐく）んでいった。広い庭園を配した遊宴に相応しい貴族の寝殿造りの邸宅（ていたく）は、平安文学の情趣（じょうしゅ）の傾向を培（つちか）った。この環境の中で成長してきた文学は4期に分けられている。

平安京復元模型

平安時代貴族女子正装（十二単）
（高田装束研究所復元製作）

平安時代貴族男子文官装束
（高田装束研究所復元製作）

第1期　漢詩文の隆盛（平安遷都から9世紀中ごろまでの約60年間）

　奈良時代後期から、藤原氏を中心とする宮廷の貴族の間で、漢詩文が公的な文学として和歌を圧倒した。平安遷都以来の平安初期、唐風(からふう・とうふう)文化を摂取しようとする意欲はいっそう高まり、この時期に伝来された『白氏文集(はくしもんじゅう)』①などの中国作品は広く読まれていた。帰朝した遣唐使を中心とした識者は漢詩文と唐風文化を大いに宣伝した。日本の律令国家体制は、まったく中国の体制を模範として整備されたものであり、「漢才(からざえ・かんさい)」即ち漢籍の知識や漢詩文の作成能力が、政治的・社会的実力の根幹になって

---

① 『白氏文集』:「文集」は「ぶんしゅう」とも読む。

いて、漢詩文の知識こそ宮廷貴族の立場にとっての必須(ひっす)条件で、官吏の道の栄達につながる。儒教的な王道・善政の理想世界を現出しようとする「文章経国思想(もんじょうけいこく)」が受け入れられ、日本の支配者は自覚的に中国文化に親しんでいて、平安初期の平城(へぜい)・嵯峨(さが)・淳和(じゅんな)三天皇はいずれも漢詩文を愛好された。この時期、宮廷社会では漢詩文が盛んに作られ、いわゆる「**唐風謳歌時代**」という漢詩文の全盛期を現出し、『**凌雲集**(りょううんしゅう)』、『**文華秀麗集**(ぶんかしゅうれいしゅう)』、『**経国集**(けいこくしゅう)』の三大勅撰集が編集される。その反面、和歌の地位が低く、「私的な場」の文学となった。日本本土文学の衰退から、この時期は文学史上「**国風暗黒時代**」とも言われる。

第2期　仮名文学の開花（9世紀中ごろから10世紀中ごろまでの約100年間）

9世紀中ごろから、日本の社会状況は変わり始めた。

まず、**摂関政治**の始まりである。日本は唐を模範として律令国家制度を整備し、天皇を中心に政治を行ってきたが、藤原氏(ふじわらし)①が代々大きな力をもってきた。仁明天皇(にんみょう)（在位833－850）の9世紀中ごろの時代に、藤原良房(よしふさ)が天皇家の外戚(け)として政治に影響を与えるようになったので、9世紀の後半ごろから、勢力が一層大きくなった。これは漢詩文の教養が仕官につながる局面に衝撃を与えた。

それに、この時期、中国との関係も変化した。模範として存在する中国の情勢が変わり、8世紀半ばごろ安史の乱が起こってか

---

① 藤原氏は大化の改新で政権を勝ち取った貴族の中臣鎌足(なかとみのかまたり)の子孫である。

ら唐は衰退に向かい、907年に滅びたが、その直前の9世紀末の894年、唐の衰退を理由として、日本は遣唐使を停止した。それ以来、貴族社会の中で中国規範から離脱する雰囲気が現れ、漢詩文隆盛の状況は変化し始め、自国の文化を振興する動きが現出した。**遣唐使の廃止**は国風文化を促進したとも言えよう。

さらに、**仮名文字**の発明・普及も文学の発展を促した。万葉仮名で使われた漢字の草書体が簡略化して草仮名(そうがな)が作られ、これが更に簡略化されて平仮名になった。主に女性が用いたので「女手(おんなで)」と呼ばれた。平仮名は9世紀後半から歌の表記に用いられるようになって、また宮廷貴族文化の発展の中で普及された。要するに、万葉仮名の使用を通して「平仮名」を作り出したのだ。これによって万葉仮名における漢字表記の煩雑(はんざつ)さから脱却することができ、細やかな感情を自由に表現するのが可能となった。当然、文学の発展の中で仮名の地位も上昇した。仮名が公的な文書に初登場するのは『古今和歌集』の仮名序である。それまでは平仮名の文章は漢文より一段低いものとして捉えられているが、国風文化の栄える中で、平仮名の地位も漢文と並んだのである。

平安中後期に繁栄した「**国風文化**」がこの時期に形成された。まず和歌文学の発展。「歌合(うたあわ)せ」が頻繁に行われ、かつての漢詩文と同じように公的に詠まれ、主流的な地位になった。この中で、10世紀初頭、初めての勅撰和歌集**『古今和歌集』**が編纂された。和歌のほかに、散文文学としての物語と日記も発展を遂げました。最も注目されるのは物語文学である。物語は「作り物語」(伝奇物

語とも言う）と「歌物語」の両形態がある。『竹取物語』は民間の伝承を取り入れ、作り物語の祖であり、『伊勢物語』は貴族社会の歌語りに発した歌物語の始めである。日記文学も出現した。それまでの日記は漢文による公的な記録という表現形式しか持たなかったが、男性貴族である紀貫之（きのつらゆき）が女性を装って仮名で個人の心情を綴（つづ）った『土佐日記（とさにっき）』を発表した。『土佐日記』は日記文学の可能性を開き、後の女性日記文学に大きく影響した。

第3期　宮廷女流文学の繁栄（10世紀中ごろから11世紀中ごろまでの約120年間）

　宮廷女流文学の繁栄の背景は**摂関政治**の最盛期である。藤原良房一門の藤原氏は次々と自家の娘を入内（じゅだい）させ、后妃とし、その子を天皇として、皇室との結びつきを強めた。藤原氏は天皇の幼少期または女帝の時に政治を行う摂政（せっしょう）となり、天皇が成人しても天皇に代わって政務を行う関白（かんぱく）となり、こうして政治の実権を握ることになる。これは「摂関政治」という言葉の由来である。藤原氏がもっとも栄えたのは、11世紀の藤原道長（ふじわらのみちなが）の時期で、藤原道長が5人の娘を入内させ、3人を中宮となし「一家立三后（いっかりつさんこう）」と驚嘆された。そして3人の天皇の外祖父（がいそふ）となって、摂関政治体制で栄華（えいが）の絶頂を極めた。

　后妃の教養を高めるために、中流貴族出身、才能のある女房が要求されるので、女流文学の繁栄が促進された。この時期、漢詩文は既に、平安中期以降からの門閥（もんばつ）重視によって出世という現実的効用がなくなった。したがって漢詩文への関心も薄れ、文化の面で宮廷を中心に女流文学が栄え、平安時代は最盛期を迎える。

女性作家の創作は仮名文学を大きく発展させた。

『蜻蛉日記』は自分内面の真実を告白し、心の中の感情を自由に表現する女性文学の方法を試み始めた。この表現方法は『和泉式部日記』、『紫式部日記』、『更級日記』などの日記文学に継承された。この時期、女性文学の頂点に達したのは紫式部の『源氏物語』である。『源氏物語』は作り物語、歌物語、日記、和歌を統合し、広大な虚構世界を創造した。虚構の中に摂関政治を背景とする宮廷貴族社会の人物像を描いて人間社会の真実を表現した。『枕草子』は、独自の美意識から物事に理知的な美を見出し、軽快な筆致で思いを綴る日本文学初の随筆である。この時期はいわゆる女房文学の時代と言ってよい。

第4期　中世への胎動と移行（11世紀後半から12世紀までの約110年間）

この時期、藤原氏の勢いが衰え、政権が上皇による院政と新興の武士階級出身の平氏へと移り、王朝文化も衰退していき、庶民文化の台頭が見える。

藤原氏の栄華は11世紀の末になると、藤原氏に反対する天皇や貴族の活動と地方での武士の台頭によって崩れていった。11世紀半ばに天皇になった御三条天皇は藤原氏を外戚としなかったこともあって、藤原氏の勢力を抑えようとし、次の白河天皇もその方針を受け継いだ。1086年、天皇の位を譲って上皇となり、自邸に政府を設けて政治を行った。当時、上皇の居所を院と呼んだので、上皇の行った政治を「**院政**」という。院政が

行われた結果、天皇は皇太子同様の地位に下がり、摂政・関白も自ずから実権を失った。院政では、これまで藤原氏に抑えられていた中流貴族が院の役人や国史として重用され、平氏などの武士も院の武装力として使われた。武士が中央の政治に関わる機会が多くなって、中世社会で武士が政治舞台に活躍する伏線(ふくせん)を敷かれた。この時期、院は鎌倉幕府創立までの約100年間、政治の実権を握っていたことから「院政時代」という。

　この時期、一般に王朝文化の爛熟期と退廃期(たいはい)と称するが、中世に向かう新たな胎動期という前向きの姿も見失ってはいけない。『源氏物語』以降、物語文学の創作はだんだん元来の勢いを失い、多くの作者が『源氏物語』に触発されて『夜の寝覚(よるのねざめ)』、『狭衣物語(さごろもものがたり)』、『浜松中納言物語(はままつちゅうなごん)』、『堤中納言物語(つつみちゅうなごん)』などの物語を書いたが、『源氏物語』を超えるものは生まれなかった。一方、院政の開始と武士階級の台頭の中で貴族は自らの没落を意識し、かつての栄華(えいが)を回顧して『栄華物語』や『大鏡(おおかがみ)』などの**歴史物語**を著(あらわ)した。同時に、文学の題材は宮廷から庶民や武士社会の伝承を取り入れた。数多くの**説話**集が編纂され、代表的な『**今昔物語集**』は貴族、庶民、武士の物語、伝説を広く収集した。今様(いまよう)・法文歌(ほうもんのうた)を集めた歌謡集『梁塵秘抄(りょうじんひしょう)』などが現れた。日本文学の今後の可能性を示唆(しさ)し、新しい時代の到来を予感させている。

二、詩歌文学

(一)『凌雲集』と漢詩文の隆盛

1. 背景

　奈良時代後期の漢詩文が公的な文学として認識される伝統を受け継いで、平安時代初期はさらに、唐風文化を摂取しようとしている。それに、中国の「文章経国思想」をも受け入れ、漢詩文の学習・研究は政治の運営に役立つとされた。漢詩文は貴族の必須教養として、仕官の道に進む要件となった。それに加えて平安初期の平城・嵯峨・淳和三天皇は漢詩文を愛好され、宮廷社会では漢詩文が盛んに作られている。唐風謳歌の時代を迎えた。この中で、『凌雲集』(814)、『文華秀麗集』(818)、『経国集』(827)の三勅撰集が相次いで編集された。いずれも中唐期の華麗な詩風の影響を受け、前代に優勢であった五言詩から、七言律詩・七言絶句の近代詩風に移っている。

2.『凌雲集』

成立と編者

　嵯峨天皇の勅命による**日本初の勅撰漢詩集**で、814年、**小野岑守**らによって編纂された。正式名は『凌雲新集』だが、『凌雲集』と呼ぶのが一般的だ。

構成と内容

　782年から814年の間の詩人23人、詩90首を収録した。のちに1人1首が加えられたので、現存する『凌雲集』では24人、91首となっている。最初は平城上皇で、次に嵯峨天皇、その次に

嵯峨天皇の皇太弟の大伴親王が続き、以降は上位から下位の貴族である。漢詩の影響で格調正しく華麗な作品が多い。

嵯峨天皇の漢詩

秋日入深山

曆覽那逢節序悲

深山忽感宋生詞

牛天極嶂煙氣入

暗地幽溪日影遲

聽裏清猿啼古木

望前寒雁雜涼颸

炎氛盛夏風猶冷

況□高秋落照時

編纂目的

序文の冒頭には、詩文と国家の深い関わりを説く。「臣岑守言 魏文帝有曰 文者經國之大業 不朽之盛事 年壽有時而盡 榮樂止乎其身 信哉」

詩文の学習・研究は政治の運営に役立つという。この政治思想を「文章経国思想」といい、嵯峨天皇の時代に最重要視された。

特徴と価値

①嵯峨天皇の勅命による日本初の勅撰漢詩集として、漢詩文の隆盛と地位を示した。

②作者は天皇、皇族、貴族で、依然として漢詩文の上流社会の文学としての性格を示した。

③中国文化の直接影響が窺える。中唐期の華麗な詩風の影響を受け、前代に優勢であった五言詩から七言律詩・七言絶句の近代詩風に移り、内容から見ても前代より中国文学への理解がより深くなったことがわかる。

④前代の、漢詩文が公的な文学として栄えることから「文章経国思想」へ発展し、政治面の効用を目的として漢詩文の創作に励むことになった。政治面における中国の影響も反映している。

嵯峨天皇像

3. 三大勅撰漢詩集

勅撰三集

漢詩集	成立	編者	巻数	作者・詩の数	勅命した天皇
凌雲集	814	小野岑守ら（おののみねもり）	1	23人・90首	嵯峨
文華秀麗集	818	藤原冬嗣ら（ふじわらのふゆつぐ）	3	28人・140余首	嵯峨
経国集	827	良岑安世ら（よしみねのやすよ）	20	178人・1000編余	淳和

巻数、作者数、作品数において規模(きぼ)が拡大していくのがわかる。嵯峨天皇の作が、三集の中ではいずれも最多である。

前二者は、嵯峨天皇とその近臣(きんしん)による唱和(しょうわ)を中心にして、宮廷社会における唐風文化の真髄を見せると同時に、君臣間の緊密な関係をアピールする。後者は政治上の文章を主として、「漢才」

が国づくりや国の経営に役立っていることを訴える。全体から見れば「文章経国思想」を貫いている。

4. 勅撰三集以降

　漢詩文は、平安初期の隆盛が過ぎても完全に歴史舞台から消えたのではない。平安前期の**菅原道真**(すがわらのみちざね)（845－903）は、漢詩人・歌人・学者として活躍した。貴族・学者の家に生まれ、幼くして家学に従い、充実した家庭教育を受け、官僚となって、宇多天皇(うだ)の信任を得て異例の出世を遂げ、右大臣(うだいじん)に至る。和魂漢才(わこんかんさい)の方針を持ち出し、遣唐使の廃止を建議し、日本全土で漢文化の影響を弱めて日本民族文化を振興することを主張した。しかし早い出世が周囲の反感を呼び、藤原時平(ふじわらのときひら)の陰謀(いんぼう)により太宰府(だざいふ)（今の福岡県中部）に流され、客死(かくし)した。『菅家文草(かんけぶんそう)』・『菅家後集(かんけこうしゅう)』・『新撰(しんせん)万葉集』・『類聚国史(るいじゅうこくし)』が伝わる。亡くなった以降、天神(てんじん)として祀られる一方、学問・文学の神様として後世の学者・詩人及び学問を追求する人々から尊崇(そんすう)されるようになった。その生涯の栄光と挫折(ざせつ)は嵯峨朝以来の「文章経国」思想、学者による政治中枢(ちゅうすう)への参加の終焉(しゅうえん)を意味していた。それは逆に、学者たちが自らを「博士家(はかせけ)」として専門家・特権化させることにもなった。

　流刑された後の『菅家後集(かんけこうしゅう)』には、悲しみ、愁傷、望郷の思いが描かれている。

『菅家後集』から
不出門
一從謫落在柴荊
萬死競競跼蹐情

都府樓纔看瓦色
観音寺只聽鐘聲
中懷好逐孤雲去
外物相逢滿月迎
此地雖身無檢繋
何為寸步出門行

　平安中期は、漢詩文の発展は二つの時期に分けられる。一つは村上天皇（946－967在位）を中心とし、嵯峨朝の再現ともいえる君臣和楽（くんしんわらく）のエピソードを続けたが、政治の実権はすでに藤原氏に握られている。もう一つは一条天皇（986－1011在位）の時代、即ち『源氏物語』、『枕草子』などの女流文学が隆盛を極めた時代である。

菅原道真像
（茨城県境町大字伏木の大照院蔵）

この二つの時代に、詩人と歌人、詩と歌の交流が盛んになり、お互いに刺激を与えて新たな展開を見せるようになる。漢詩文の代表作としては、藤原明衡（ふじわらあきひら）によって編纂され、11世紀半ばに成立した『本朝文粋』（ほんちょうもんずい）（1058－1064）がよく知られている。

　中期以降、漢詩文の主流は菅原・大江両家に固定され、詩文の教養と官人栄達の相互関係が更に薄らいでいった。いわば文章経国の理念（けいがいか）が形骸化した。一方で、仮名文字の発達や遣唐使の廃止は国風文化の再認識を象徴しており、今まで重視された漢詩文は

次第に衰退していった。いわば漢詩文が和歌への転換期でもあった。平安時代最後の総集『本朝無題詩』(1162－1164前後)が詩人の人生や社会に対する感懐の心情を表した。

(二)『古今和歌集』と和歌の隆盛

1.『古今和歌集』(こきんわかしゅう)

成立と編者

　平安時代初期において、宮廷や貴族社会は中国文化の影響がいまだに強く、和歌は私的に細々(ほそぼそ)と詠まれるのみであった。摂関政治が漢詩文への衝撃、遣唐使停止、仮名の発明・普及の中で、9世紀末ごろ、和歌の地位が次第に上がる。和歌には双方の文学の交流が見られるようになる。『新撰万葉集』(菅原道真(すがわらのみちざね)・893)は和歌と漢詩訳を配置し、『句題和歌』(大江千里(おおえのちさと)・894)は漢詩の句に題して和歌を詠んでいる。自国の文化を振興しようという雰囲気の中で、醍醐(だいご)天皇が勅撰和歌集を発案するのも自然な流れである。

　『古今和歌集』は日本**最初の勅撰和歌集**として、905年に完成した。当時の代表歌人である**紀貫之**(きのつらゆき)・**紀友則**(きのとものり)（紀貫之の従兄、編纂途中で死去)・**壬生忠岑**(みぶのただみね)・**凡河内躬恒**(おしこうちのみつね)の4人が撰者(せんじゃ)となる。略して『古今集』とも言う。「古」は『万葉集』から後の時代を、「今」は撰者たちの時代を指している。

構成と内容

　全20巻。1100余の歌。基本的には短歌。①序文と和歌の二部分に分かれている。

---

① 長歌5首、旋頭歌4首以外はすべて短歌という説がある。

仮名で書かれて「仮名序」(紀貫之)と漢字で書かれた「真名序」(紀淑望①)が付されている。内容に多少差異があって、特に仮名序は流麗かつ平明な文章で和歌の本質や性格・分類を述べ、歌聖の柿本人麻呂と山部赤人を称賛している。また六歌仙についても評している。②ここで紀貫之は、和歌が漢詩文と対等の文学であることを主張している。この仮名序は日本文学史上**最初の本格的歌学論**③（文学論）として史的意義も高い。

『古今和歌集』（元永本）仮名序の部分。
12世紀の書写で国宝と指定されている。

---

① 紀淑望：平安中期の儒者、歌人。
② 紀貫之は六歌仙について称賛ではなく批評している。例えば僧正については「真実味がない」、業平は「言葉が足りない」、小町は「趣があるようで弱い」としている。
③ 日本最初の歌学論は奈良時代後期、藤原浜成によって編纂された『歌経標式』(772)である。『古今集』仮名序に先立つ歌論として、後世の歌論・歌学に影響を及ぼした。

紀貫之の墓（滋賀県大津市裳立山）

　内容分類は十三部立て、春・夏・秋・冬・恋のほかに、老齢を祝う歌「賀」、官人の地方赴任に際しての送別歌「離別」、官人の旅中の歌「羈旅」、物の名称を隠し題として読み込んだ歌「物名」、人の死を悲しむ歌「哀傷」、老齢や無常を嘆く歌「雑」、長歌・旋頭歌・俳諧歌「雑体」、そのほかの儀式歌「大歌所御歌」に分かれる。それ以降の勅撰集の模範となった。『古今和歌集』には、四季と恋の歌が全体の7割を占めている。

時期区分と歌風変遷

歌風は3期に分けられている。

第1期　読み人知らず時代

　平安初期の850年までの作と思われる。該当する歌は全体の4割に及ぶ。『万葉集』の歌風を継承し、素朴な表現で素直に心情の吐露が見られる。『万葉集』に使われた五七調[1]が多い。『万葉集』

---

[1] 万葉集の歌は五七調、五音句と七音句が意味的に続く。短歌だと、二句切れか四句切れになる。57／577か5757／7の形になる。『古今和歌集』は七五調で、第2句と第3句が緊密に続き、初句切れか三句切れになる。5／7577か575／77の形になる。『古今集』以降の勅撰集も七五調。

から過渡的な歌風を示している。

詠み人知らず

♣山桜　我が見にくれば　春霞　峰にもをにも　立ち隠しつつ

（現代語訳）

自分が山桜を見に来ると、春霞が峰にも尾にも広がって、桜を見せてくれない。

（中国語訳）

　　那家山櫻花，只我一来要见它，霭霭生春霞，遮了绝顶遮山麓，遮住不叫我见它。

第2期　六歌仙時代

六歌仙が活躍した850年から890年ごろにあたる。古今集歌風の確立しつつある段階で、七五調が優勢となり、縁語・掛詞・見立て①などの技巧的な歌が目立つ。

六歌仙のうち、喜撰法師、文屋康秀、大友黒主は詳細不明。僧正遍照は僧侶としても功績をあげ、逸話も多い。在原業平は『伊勢物語』でも知られ、歌人としての評価も高い。小野小町は古代屈指の女流歌人、昔から絶世の美女とされ、生涯は伝説に包まれてきたが、出自、閲歴、生没年などの一切は謎。

小野小町の歌

♣花の色は　うつりにけりな　いたづらに　わが身世にふる　ながめせしまに

---

① 縁語：その言葉と意味上の縁のあり、照応により表現効果を増す言葉。例えば「雪」と「消ゆ」。掛詞：同じ音で意味の異なる語を用いて、二様の意味を含ませるもの。見立て：対象を他のものになぞらえて表現するもの。

(現代語訳)

　美しかった花の色は空しく褪せてしまった。長雨が降り続けている間に。私の容色も衰えてしまった。空しく世を過ごして物思いにふけっていた間に。

(中国語訳)

　　长雨也凄凄，雨中樱花颜色移，惆怅春归矣。空自凝眸不消恨，容随樱花减色去。

　「花の色」は自身の容色をなぞらえている。「ふる」は「降る」と「経る」の掛詞。「ながめ」は「長雨」と「眺め」の掛詞。

伝小野小町墓
(京都府綴喜郡井手町)

第3期　撰者の時代

　890年から905年ごろまで、選者たちが活躍した時期。古今歌風の完成期。縁語・掛詞・見立て・比喩・擬人法などの修辞が多用され、観念的・理知的で、技巧が洗練されている。七五調が用いられ、三句切れも多くなり、優美繊細な「たをやめぶり」(女性

風）①を築いた。この歌風は後世に大きな影響を与えた。

紀友則の歌

♣ひさかたの　光のどけき　春の日に　しづこころなく　花の散るらむ

（現代語訳）

大空の光がのどかな春の日に、どうして落ち着いた心もなく、桜の花は散っていくのだろうか。

（中国語訳）

　　暖日春意浓，明媚万物沐春情。樱花无心享，轻身宛转舞飘零，缘何落去太匆匆？

「ひさかたの」は枕詞。「心」のないはずの桜を「心」のある人に比して「どうして落ち着いた心もなく」と聞いた。擬人法を使用する。

特徴と価値

①日本最初の勅撰和歌集として、分類などにおいて後の勅撰和歌集（八代集）の規範となった。

②表現は繊細かつ洗練され、知的な技巧を伴う。和歌の新風を確立し、後世に影響した。

③国風文化を発展させる意識のもとでの和歌の隆盛を反映した。

---

① たをやめぶり：女性的で優美繊細な歌風。『万葉集』の「ますらをぶり」（男性風）に対し、主として『古今和歌集』以降の勅撰和歌集に広く見られる詠みぶりをいう。

2. 三代集と八代集

『古今和歌集』(905)が編纂してからも『後選和歌集』(951)、『拾遺和歌集』(1005−1007)のような勅撰和歌集が編纂されるようになり、以上の三集を「三代集」と呼ぶ。後に『後拾遺和歌集』(1086)も編まれ、それ以降、歌人の自覚とともに和歌に対する批評意識も深まり、多くの歌論書・歌学書を生んだ。『金葉和歌集』(1124)、『詞花和歌集』(1151)を経て、『千載和歌集』(1187)は中世的理念の形成に先駆けるものであった。『新古今和歌集』(1205)の成立によって、新古今調が誕生することになった。万葉調、古今調と並んで日本三大歌風の一つになった。「三代集」に『後拾遺和歌集』から『新古今和歌集』の五種を加えて「八代集」が完成され、和歌の隆盛を示していた。

3. 私家集・歌論・歌謡

私家集

古今時代以降に出た歌人は私家集を数多く作った。私家集は古くは家集、家の集ともいい、個人または一家の和歌をまとめて収めたものである。代表として挙げられるのは『和泉式部集』(和泉式部)、『曾丹集』(曾禰好忠)、『長秋詠藻』(藤原俊成[①])、『山家集』(西行法師)がある。

歌論

奈良時代末期、漢詩文隆盛の中で、中国詩学を適用した『歌経標式』(772・藤原浜成)が書かれた。平安中期、紀貫之の『古今

[①] 藤原俊成：名は「としなり」ともいう。

和歌集』の仮名序は、歌を「心」（感動）と「詞」（表現）に分け、歌全体の印象を「様」（体）として捉えようという主張である。『古今和歌集』がもたらした和歌隆盛の中で、和歌についての知識や秀歌の規範が求められ、歌論・歌学も隆盛になって、いろいろな歌学書が書かれた。この時期の歌論書では、『和歌体十種』(945)、『俊頼髄脳』(1113)、『綺語抄』(1107－1116)、『新撰髄脳』(11世紀初頭)、『和歌九品』(11世紀初頭)、『袋草紙』(1156－1159)、『歌学初学抄』（平安後期）、『古来風体抄』（初撰本1197、再撰本1201）などがある。

歌謡

その時代に流行した歌謡は、神前歌舞に用いられた神楽歌・東遊歌・催馬楽・風俗歌のような遊宴歌謡、漢詩や歌を歌う朗詠、今様をはじめとする雑芸などがある。

・神楽歌

神楽は神遊の意で、神事に用いる歌舞で、その歌詞を神楽歌という。

・東遊歌

東舞ともいう。遊とは音楽の意味であって、優美な大和舞に対して、勇壮な東国の舞に伴う民謡風の歌謡である。

・催馬楽

名前について、馬を催す楽と、外来の楽曲の名から転じたものという説があるが、確かではない。主として、近畿地方の民謡であったもの（素朴な恋愛の歌・滑稽風刺の歌・庶民の生活感情を

歌ったもの）が、貴族社会に入り、遊宴に用いられ、即ち、民謡や流行した歌謡を雅楽(ががく)に組み入れるものである。

・風俗歌

催馬楽や神楽歌にならなかった一首の歌謡。もともとは地方土俗の歌の意味で、民謡・里謡(りよう)と同意。

以上の遊宴歌謡を近世学者は「四譜(よんふ)」と呼んだ。

・朗詠(ろうえい)

元来は漢詩を朗詠することであったが、平安期から、一定の曲風をつけて楽器の伴奏(ばんそう)も加えて、和歌も歌うようになった。『和漢朗詠集』（1012・藤原公任）が撰進された。

・今様(いまよう)

平安時代末期から流行。神楽歌や催馬楽といった古様として用いられたもので、当代風、新しい歌謡の意味で、庶民の間でも盛んに歌われ、宮中でも用いられた。『梁塵秘抄(りょうじんひしょう)』（1179ごろ・後白河法皇(ごしらかわほうおう)）が編纂された。

三、物語文学

（一）物語の出現――『竹取物語』と『伊勢物語』

上代において、数多くの古代神話・伝説が『古事記』、『日本書紀』に記され、「公」的な伝承の権威を与えられたが、更に多くの神話・伝説は民間で伝えられ、平安時代初期になって、中国の史書・小説類の影響を受けて漢文で筆録されていた。それから、仮名文字が発明・普及されたことから自由で細やかな表現が可能となり、筆録されたものが仮名で書き直されるようになった。即ち、

漢文筆録の昔からの伝承をもとにして、新しい文学形式──「物語」が生まれた。

　早期の物語文学は、「作り物語」(伝奇物語)と「歌物語」に大別される。「作り物語」は、現実社会と違った虚構世界のことが書かれ、創作者の想像によって生まれた伝奇的な物語である。『竹取物語』は現存する最古の物語で、空想的・伝奇的・ロマン的な性格が濃いが、その系統を引いた『宇津保物語』、『落窪物語』などは徐々に写実的描写を強めていく。「歌物語」は発生時期において「作り物語」と大差はないが、和歌の発展と密接しているのが特徴だ。和歌が宮廷文学として成長していくとともに、和歌の地位が大いに上がり、和歌と関係あることも次第に注目されるようになった。私家集が編纂され、和歌を詠うことに関係することを記録し始め、「歌がたり」、「歌説話」の流行がもたらされた。それを基にして、「歌物語」という新しい文学形式が生まれた。『伊勢物語』をはじめ、和歌を中心とし、歌にまつわる物語を母胎としているもので、抒情的な世界を作り上げている。その系統に『大和物語』、『平中物語』などがある。

1.『竹取物語』

成立と作者

　現存する最古の物語で、作者・成立とも不詳。成立は平安初期の9世紀後半と推定される。元々口承文学として伝えられたものが、『後漢書』、『白氏文集』など中国から伝わった漢籍の影響を受け、漢文の形で完成され、後に平仮名で書き改めたと考えられ

ている。漢文や民間伝承の知識が物語りに生かされていることから、作者は男性の知識人と考えられる。

構成と内容

三部から構成される。

第1部　かぐや姫の生い立ち

竹細工作りの老人が竹の中で小さい女の子を見つけ、家に連れて育てた。3ヶ月で美しい女性に成長した。

第2部　5人の貴公子と帝(みかど)の求婚

かぐや姫は5人の貴公子から求婚された。かぐや姫は結婚の条件として、入手不可能な贈り物を彼らに要求した。貴公子たちは偽物を持ってきたりしたが、見透かされ、拒否されてしまう。帝(みかど)も「宮仕えに来てほしい」と遠まわしにプロポーズするが、断れてしまう。

求婚者への難題

貴公子名	要求された贈り物
石作皇子	天竺の仏の御石の鉢
車持皇子	蓬莱の玉の枝
右大臣阿部御主人	火鼠の皮衣
大納言大伴御行	龍の頸の五色の玉
中納言石上麻呂	燕の子安貝

第3部　かぐや姫の昇天

3年が経ったころ、かぐや姫は老夫婦に「自分は月の世界の人間で、次の8月15日の満月の夜、月から迎えが来る。」と打ち明

ける。帝が兵士を遣わしてそれを止めようとしたが、阻止できなくてかぐや姫は月に帰っていく。

冒頭

今は昔、竹取の翁といふものありけり。野山にまじりて竹をとりつつ、よろづのことに使ひける。名をば、さぬきの造(みやつこ)となむ言ひける。その竹の中に、もと光る竹なむ一筋ありける。あやしがりて寄りて見るに、筒の中光たり。それを見れば、三寸ばかりなる人、いとうつくしうてゐたり。翁言ふやう、「我、朝ごと夕ごとに見る竹の中におはするにて、知りぬ。子となり給ふべき人なめり」とて、手にうち入れて家へ持ちて来ぬ。妻の嫗(めおうな)に預けて養はす。うつくしきことかぎりなし。いと幼ければ籠(こ)に入れて養ふ。

(現代語訳)

今となっては昔のこと、竹取りの翁という者がいた。野山に入って竹を取っては、さまざまなことに使っていた。名前はさぬきの造といった。ある日、その竹の中に、根元が光っている竹が一本あった。不思議に思って近寄ってみると、竹の筒の中から光っている。その筒の中を見ると、三寸くらいのとても美しい人が坐っている。じいさんが言うには、「私が毎朝毎晩見る竹の中にいらっしゃるので分かった。きっと私の子になるべきはずの人なのだろう」と思い、手のひらに入れて家へ持ち帰った。彼の妻であるばあさんに預けて育てた。かわいらしいことこの上ない。とても小さいので、かごに入れて育てた。

（中国語訳）

　昔日有一伐竹老翁，名为赞岐造，常入山林伐竹以做诸物。一日，又入山中伐竹，忽见一竹根部发亮，翁讶异，近前视之，竹筒之中光辉闪烁。窥其内，只见一三寸小人坐于其中，甚美。老翁喜道："我朝夕与竹为伴，汝既生竹中，当为我子。"于是托于掌中，携之还家，交予老妻抚养。此女妍丽可爱，妙不可言。因其身形娇小，便置于篮中抚育。

特徴と価値

　①日本現存最古の物語。『源氏物語』にも「物語の出で来はじめの祖(おや)」と評されている。10世紀の『大和物語』、『宇津保物語』や11世紀の『栄華物語』、『狭衣物語』などにも言及が見られる。

　②仮名文字による物語文学の最初の作品。文体は漢文の訓読文体の口調が散見され、仮名で綴られている。最初期の仮名散文のあり方が考えられる。

　③中国の古典と古くからの伝説を巧みに融合させ、漢籍・伝説から物語への転換を実現した。中国四川省西部にもそっくりの物語「斑竹姑娘」があるから、原典は漢籍に関係あると考えられる。一方、その背景に、日本民間伝説のいくつかの類型が含まれている。たとえば「小さい子談」、「貧者致富談」、「求婚難題説話」、「白鳥処女説話（白鳥伝説）」、「羽衣伝説」、「天女女房談」などがある。

　④贋物を見透かされて拒否された求婚者はいずれも実在する人物であることから、現実の世俗社会に対する冷静な観察と鋭い風

刺を表した。

⑤幻想的な世界を背景として展開しているが、人間の世界、感情も表現されている。新しい創作精神が見られる。

幼子を見つける竹取の翁
（土佐広通、土佐広澄・画）

2.『伊勢物語』

成立と作者

作者は不明。原型の『伊勢物語』が書かれたのは9世紀終わりごろ、以降複数の作者の手を経て、何回かにわたって書き継がれて、10世紀の半ばごろ、現在の形になった。

構成と内容

在原業平（ありわらのなりひら）の歌とそれにまつわる物語が中心であった。全125段で、書き出しのほとんどは「昔、男ありけり」で始まる。各段に一首以上の和歌を配し、計209首を収める。男女の恋愛にまつわる話が多い。

主人公の具体的な名前はないが、第51代平城天皇の孫、六歌仙の一人の在原業平だと考えられている。貴族出身で、恋愛の情趣

を理解する男性の理想像として書かれた。第1段は元服で、最後の125段は死で終わっている。業平の一代記を描いたものとして認識されているが、実話ではない。

第1段

昔、男初冠(うひかうぶり)して、奈良の京、春日の里に、しるよしして、狩にいにけり。その里に、いとなまめいたる女はらから住みけり。この男かいま見てけり。思ほえず、古里にいとはしたなくてありければ、心地まどひけり。男の、着たりける狩衣(かりぎぬ)の裾を切りて、歌を書きてやる。その男、しのぶずりの狩衣をなむ着たりける。

　春日野の　若紫の　すり衣　しのぶの乱れ　かぎりしられず

となむ老ひつきていひやりける。

(現代語訳)

昔、ある男が元服して、奈良の都の春日の里に領地がある関係で、狩に出かけた。その里にたいそう優美な姉妹が住んでいた。男は、この女性たちを物の隙間から覗き見した。思いかげずも、荒れ果てた旧都に似つかわしくない様子だったので、男の心は乱れた。男は、着ていた狩装束(かりしょうぞく)の裾を切って、それに歌を書いて贈った。男は、しのぶずり①の狩衣(かりぎぬ)を着ていた。

「春日野の若紫草で染めたすり衣の模様のように、私の忍心の乱れは、限りも知れないほどです。」

と、大人ぶって詠んで贈った。

---

① しのぶずり：忍摺り。シノブの茎や葉の色素を布にすりつけて表したねじれたような模様。また、そのすり模様の衣服。

（中国語訳）

　　昔时，一男子初行冠礼。因于旧都奈良春日之乡有领地，某日前去狩猎。彼处住着一对姊妹。男子于缝隙处窥得姊妹俩容姿，只见明媚娇丽，竟与这荒废旧都毫不相称，大出意料之外，禁不住意荡神摇，于是截了忍染乱纹的猎衣下摆，作歌以赠。歌为：

　　奈良春日原，紫草新萌清芬溢，撷来染衣衫。私心暗慕把卿恋，心如忍染花纹乱。

　　歌意甚通人情旨趣。

特徴と価値

①最初期のかな散文として注目される。

②中古の物語文学の変遷に大きな影響を与えた。人物の内面描写を重視しているので、物語文学の抒情性、内面性の形成に貢献した。

③洗練された感覚を持ち、「**みやび**」①の文学として親しまれる。

④時代を通じて人々の関心を集めている。中世以降にもいくつかの作品が『伊勢物語』に因んでいる。中世の能作品『井筒(いづつ)』、『杜若(かきつばた)』も、近世の浮世草子『好色一代男(こうしょくいちだいおとこ)』、近代小説『たけくらべ』もそうであることから後世への影響が大きい。②

---

① みやび：宮廷風・都会風で優美で上品、特に恋愛の情趣や人情に通じること。

② 世阿弥の自信作『井筒』および今春禅竹(こんぱるぜんちく)作と推測される『杜若』はいずれも『伊勢物語』を典拠として作られたものである。井原西鶴作の『好色一代男』は一人の男と数多くの女性との恋の遍歴を描き、樋口一葉作の『たけくらべ』の題名は『伊勢物語』23段の和歌に因む。

『伊勢物語』
(慶長刊・関西大学図書館蔵)

(二) 物語文学の集大成——『源氏物語』

1. 成立と作者

　日本**最古の長編小説**。平安中期の11世紀前半、平安女流文学最盛期の成果として『源氏物語』が生まれた。「作り物語」と「歌物語」の二種類を融合(ゆうごう)し、さらに日記文学の伝統も引き継いで、中国文学、特に白居易の詩文の教養も生かして成り立たせたものである。

　作者の**紫式部**は36歌仙の一人で、平安時代女流文学を代表する文学者。『源氏物語』のほかに『紫式部日記』、家集『紫式部集』などがある。古典文学代表的な作品であるが、作品と作者の情報について確定できないものも多い。紫式部の生没年は未詳だが、970年－1015年という説がある。本名も不明、藤原香子[①]という説がある。宮仕えして藤式部と呼ばれたことがわかる。「藤」は藤

---

① ここの「香子」は「かおりこ」、「たかこ」、「こうし」などの読み方が可能となる。

原氏の出自、「式部」は父藤原為時の官位に由来している。後に紫式部と呼ばれる「紫」は、女房名の「藤」との縁故、または作品の理想的な女性像「紫(むらさき)の上(うえ)」から取られたと言われている。紫式部は藤原氏の中等貴族の家に生まれ、父為時は当時の文学者、漢学者。父方にも母方にも勅命和歌集の歌人が多く、紫式部も勅撰集に60余首が入集している。紫式部は幼少ごろから父より漢詩文、和歌、音楽などの教育を受けてきた。999年藤原宣孝(のぶたか)と結婚、一女を生んだが、1001年夫と死別してから執筆し始めたと推定されている。人生の寂しさも創作の内面的動力となったと言えよう。1005年、一条天皇の中宮彰子(藤原道長の長女)に仕えはじめ、彰子に『白氏文集』などを講釈していた。豊かな学識が一条天皇、彰子、藤原道長などに高く評価された。同時に、宮中生活も自ら体験した。豊かな教養、人生の苦悩、宮廷生活の体験は創作の源となった。『源氏物語』の成立は入内してからの1005年以降と推定される。

2. 構成と内容

貴族社会を舞台にして、主人公光源氏(ひかるげんじ)の生涯を中心に、子の薫(かおる)、孫の匂宮(におうのみや)までの74年間を描く大長編物語。登場人物300人を超え、帝も4代に渡って描かれる。800首の和歌を配している。

全54帖(じょう)、それぞれ名がつけられている。全体は3部分に分かれている。

第1部

1帖「桐壺(きりつぼ)」から33帖「藤裏葉(ふじのうらば)」まで。光源氏の誕生から様々な恋を遍歴して太上天皇(だいじょう・だじょうてんのう)に準ずる位にまで進む人生の前半を描く。亡き母(身分の低い桐壺更衣(こうい))に似た帝の女御(にょうご)藤壺との許されぬ恋、理想の女性紫(むらさき)の上(うえ)との愛、夕顔と明石の上との交渉、須磨(すま)流しなどを経て権勢と富貴(ふうき)の頂点に達する。

第2部

34帖「若菜上」から41帖「幻」まで。晩年に迎えた正妻、女三宮(おんなさんのみや)と柏木(かしわぎ)との密通、その子薫の誕生により、若き日の乱倫の因果応報(いんがおうほう)による罪の苦悩が渦巻く。最愛の人紫の上の死、光源氏自身も不安と苦悩の中に世を去っていく。

第3部

42帖「匂宮(におうのみや)」から54帖「夢浮橋(ゆめのうきはし)」まで。「宇治十帖」ともいう。光源氏の死後、宇治(京都府南部の市)を舞台に、薫や匂宮など源氏の子孫と姫君たちや浮舟(うきふね)との悲恋を描く。愛の不毛、人間不信、人間存在の不条理へと、問題を更に深刻にしている。

冒頭

いづれの御時(おほんとき)にか、女御(にょうご)、更衣(かうい)あまたさぶらひたまひけるなかに、いと、やむごとなき際(きは)にはあらぬが、すぐれて時めきたまふありけり。初めより「われは」と、思ひあがりたまへる御かたがた、めざましきものに貶(おとし)め嫉(そね)みたまふ。おなじほど、それより下郎(げらふ)の更衣たちは、まして、やすからず。

(現代語訳)

いずれの帝の御世であったろうか、女御や更衣[①]が大勢お仕えされていた中に、それほど高貴な身分ではないものの、格別に帝の寵愛を受けていらっしゃる方がいた。入内したはじめから、私こそはと自負なさっていた女御の方々は、気に食わないものとして軽蔑したりねたんだりなさった。同じ身分またはそれより下位の更衣たちは、いっそう心安くない。

(中国語訳)

　不知是哪一朝天皇治世年間的事了，彼时皇宫内院之中女御、更衣众多如云，其中有一位更衣，虽出身不高，却尤蒙圣上恩宠。那些入宮时自命不凡的女御便心中妒恨，将她视做了眼中钉。而与她身份相当抑或身份愈低的更衣，一个个也益发地不自在起来。

3. 特徴と価値

①日本最古の長編小説、日本古典文学の最高傑作とされる。また世界最古の長編小説と呼ばれることも多い。

②内外の先行文学を受け、漢詩文や和歌、物語、日記文学などの流れを融合して集大成したもの。

③全体を貫いた美意識「**もののあわれ**」[②]は優美、繊細、哀愁を織り込むもので、それ以降の日本文学理念と後世文学創作に大きな影響を与えた。

④雄大な構想、周到かつ緊密な組み立て、虚構の物語の中で人

---

① 女御、更衣：皇后、中宮につぐ女官。女御は更衣の上に位した。
② もののあわれ：人の心がある対象にふれる時に湧き出る自然的・調和的感動。

間の真実に迫る。日本中古社会の人間模様、人生の真実、女性の悲運、貴族社会の盛衰の本質を追及しながら、物語文学として完成された。

紫式部像
（福井県越前市紫式部公園）

『源氏物語画帖』より「若紫」。（土佐光起筆）飼っていた雀の子を逃がしてしまった幼い紫の上と、柴垣から隙見する源氏。

（三）『源氏物語』以降

　『源氏物語』が誕生してからの平安後期、その世界に憧れ、多くの物語が書かれた。『夜の寝覚』[①]は女性主人公の視点から恋の苦悩が描かれる。『浜松中納言物語』は主人公の恋を日本と唐を舞台にして描き、輪廻転生の思想が含まれ、浪漫的、神秘的に書かれる。『狭衣物語』も主人公狭衣が永遠の女性源氏の宮への遂げられない恋に悩みつつも帝位に就く物語、「宇治十帖」を連想させる。しかし、この中で『源氏物語』と並ぶものは生まれなかった。

---

① 『夜の寝覚』：『夜半の寝覚』、『寝覚物語』、『寝覚』とも称する。

一筆に値するのは、長編物語が創作されると同時に、短編物語も出現した。平安末期から鎌倉初期にかけて成立した『堤中納言物語』は「虫愛づる姫君」などの10編からなっている短編物語集で、鋭い才気や感覚をきらめかせ、奇抜な趣向を凝らした人生の断面を描いている。全体的に見れば、貴族社会の衰退に伴い、物語文学も衰微していくと言えよう。

（四）歴史物語

1. 背景

平安末期には、藤原氏を中心とする貴族階層が次第に権勢を失い、政権が院に移っていく中で、武士が勢力を増していく。没落の運命を感じた貴族は過去を振り返る中で、歴史物語[①]が生まれた。史実を扱うものだが、六国史のような史書と違って、物語と同じく優美な和文体を用いている。大体扱う世界が宮廷や貴族社会に限られている。懐古的な態度、あるいは批判的な態度が見られる。その代表作として、『栄華物語』と『大鏡』がある。

2.『栄華物語』（『栄花物語』）

成立と作者

最初の歴史物語。正編の成立は1028-1037、続編は1092以降。作者未詳。正編は36歌仙の一人、赤染衛門とする説が有力、続編は出羽弁、周防内侍とする説がある。いずれも藤原の系統の家に仕えている女房と推定される。

---

① 歴史物語：この用語自身は明治末期の芳賀矢一から使用されたもので、昭和期になって普及された。

構成と内容

全40巻。59代宇多(うだ)天皇時代の889年から73代堀河(ほりかわ)天皇時代の1092年約200年間の歴史。編年体で物語風に記述している。

正編は1巻から30巻まで。藤原道長が権力争いに勝ち、栄華を極め、病に倒れるまでを描く。続編は31巻から40巻まで、宮廷生活、行事、女房の服飾など事実の列挙に終始しており、物語性が乏しい。

特徴と価値

①最初の歴史物語として、和文で歴史物語を書くという新しい文学分野を切り開いた。

②58代光孝天皇まで書いた六国史を引き継ぎ、59代宇多天皇から記している。

③歴史の真実より人間の感情表現を重視した優雅な文章。『源氏物語』の影響が窺える。たとえば、『源氏物語』のように美しい巻名が付けられている。①

④藤原道長を賞賛した記述が多い。源平二氏の政治動向にふれていない。批判性が乏しい。

3.『大鏡(おおかがみ)』

成立と作者

次に生まれた歴史物語。書名は「歴史を明らかに映り出す優れた鏡」の意。12世紀初めごろ成立。作者未詳。「藤原系」と「源

---

① 『栄華物語』にも1巻「月の宴」、3巻「みはてぬ夢」、11巻「つぼみ花」などの題がある。

氏系」説がある。

構成と内容

「序」、「帝紀」、「摂関・大臣列伝」、「藤氏物語」、「昔物語」の5部構成。文徳天皇時代の850年から後一条天皇の1025年まで14代、176年間の歴史を紀伝体で記し、中心は藤原道長の栄華だが、摂関政治に関する批判的な態度がしばしば見られる。時点は1025年、場所は雲林院という寺院に設定し、二人に老翁を登場させ、若侍及び他の聴衆を前に昔語りをする戯曲的な構成で物語を進めている。この時期は藤原道長の最盛期にあたるが、寺院に設定したのは、世俗秩序に縛られることなく、自由に歴史を語る場所に物語を展開させる意図からである。

特徴と価値

①『大鏡』は「鏡物」の最高傑作として、王朝歴史物語の中心で、構成と文体は同じ平安末期の、後に出来た『今鏡』、中世の『水鏡』、『増鏡』①などに影響を与える。

②「序」、「帝紀」、「列伝」があることから『史記』など中国正史への模倣が窺える。

③内面の抒情より事件展開の叙述を重んじるところは中世「軍記物語」の先駆けでもある。

④和文調の中に、漢文調を生かした簡潔で力強い文体で表現される。男性的な特徴が見える。

---

① 合わせて「四鏡」という。

四、日記・随筆文学

（一）『土佐日記』と日記文学

　日記は古来、公務の記録として使われ、男性が漢字で日常の覚え書きとして書いてきた。10世紀の初めに歌合せを記録する日記も現れたが、同様に私的なものではなく、内面の世界や私的な感情を表さない。それまでと違い、中古時期の日記の内容は主人公の経験した事実と密接にかかわり、人間の内面を表現するものである。内面世界から個人の人生を反映する道を開いたと言えよう。平安時期、日記の作者のほとんどは女性である。貴族社会の閉鎖的世界に暮らし、関心は自分自身または身の回りの生活現実だけである。作品は自分の内面情感、審美情趣が窺える**自照性文学**と言える。

1.『土佐日記(とさにっき)』

成立と作者

　最初の和文日記文学。紀行日記。935年頃成立。**紀貫之**の晩年の作。土佐（四国の高知県）から京に戻る旅を記した。女性に仮託し、「女手」の仮名文字で私的な感情を記(しる)した。

構成と内容

　土佐守(とさのかみ)の任期を終えて、934年12月21日土佐を出発し、京都の自邸(じてい)に着くまでの55日間をつづった旅日記で、日によって長短はある。土佐で亡くした娘への哀慕(あいぼ)、日を追って感じる船旅の不安、珍しい風景、帰京の喜びを記し、和歌も挟んだ。日を追って記した紀行文のようだが、帰京してから旅の筆録をもとにして創

作したものである。

冒頭

男もすなる日記（にき）といふものを、女もしてみむとて、するなり。それの年の、十二月（しはす）の、二十日（はつか）あまり一日（ひとひ）の日の、戌（いぬ）の時に門出（かどで）す。そのよし、いささかに、ものに書きつく。

（現代語訳）

男の人も漢文で書くと聞いている日記というものを、女の私も仮名文で書いてみようと、書き記す。その年の十二月二十一日の午後8時ごろに出発することになった。そのときの様子をいささか書き付ける。

（中国語訳）

　　世上男子所作之日記，我一女子之身亦愿试为，乃作此稿。是年十二月二十一日，午后八时启程，其情形聊为记之。

特徴と価値

①女性に仮託するのは、当時、男性は仮名文字を和歌以外で使わないのが普通だった。紀貫之は、感情を表すには仮名文字のほうが適しているので、男子官僚としての立場を離脱し、自由に私的な感情を告白しようとしたものである。

②和文日記文学のはじめとして[①]、簡潔平明に、ユーモアと機知で世間を表現し、新しいジャンルを切り開いた作品として文学史上大きな意義を持っている。後の女流日記文学の隆盛を促した。

---

① 当時、仮名日記もあったが、公的な立場から書かれたものではなかった。

③仮名散文の初期作品として、個人の内面に注目し、深く凝視することが後の『源氏物語』などの女流文学に大いに影響を与えた。

『土佐日記』(前田育徳会蔵)

2.『蜻蛉日記(かげろうにっき)』

成立と作者

日記は974年で終わるから、完成は974年以降の数年間と推定される。作者は藤原道綱母(ふじわらのみちつなのはは)。平安中期歌人。中古36歌仙の一人で生没年不詳。書名は自身の果かなさを寿命の極めて短い蜻蛉に例えた。

構成と内容

上・中・下の三巻からなる。藤原兼家(かねいえ)(道長の父)の求婚から書き始め、二十一年間の苦悩に満ちた婚姻生活を回想しながら綴られた。作者は強い自意識を持って、一夫多妻(いっぷたさい)の制度の中で、夫に裏切られた女性の内面の苦しみと傷、また夫の愛を諦めた自分が一子道綱へ示す愛情などを切なく綴った。冒頭に「世の中

に多かる古物語の端など見れば、世に多かるそらごとだにあり。」と書いてあるように、虚構を否定して人生の真実を描くのを求める。

特徴と価値

①「私家集」から敷衍したもので、初めの部分は贈答歌を主としたが、散文傾向が次第に強まった。和歌から出発したが、和歌を超えた世界を作り出した。

②従来の物語の虚構について批判し、個人の実際生活体験を記録して人生の真実を追究する態度を示した。

③女性が書いた自伝体日記としては、緻密な心理描写は斬新なもので、後の女流日記文学及び『源氏物語』などの女流文学に大きな影響を与えた。

3.『和泉式部日記』

1007年ごろ成立。作者は和泉式部。平安中期歌人。

和泉式部と敦道親王との贈答歌を中心に、敦道親王と10ヶ月の恋愛生活が描かれた。自身を第三人称にして、物語風に微妙な心理・恋愛の心情や愛のはかなさが抒情的に表現されている。

4.『紫式部日記』

1010年ごろ成立。作者は紫式部。

作者は中宮彰子に仕えた宮廷生活を詳細に記録した。彰子の出産、華麗な行事を克明に描きながら、それに同化できない作者の精神状態が凝視されている。日記の後半は「消息文」といい、同時代の女流作家（女房）に対する批評もあるが、自分の内面に

も鋭く言及し、内面省察（ないめんせいさつ）にも特徴がある。

紫式部の人物寸評（すんぴょう）

♣ 和泉式部といふ人こそ、おもしろう書きかはしける。（中略）はづかしげの歌詠みやとはおぼえはべらず。

♣ 清少納言こそ、したり顔にいみじうはべりける人。さばかりさかしだち、真名書きちらしてはべるほども、よく見ればまだいとらぬこと多かり。

（現代語訳）

和泉式部は、趣深い手紙のやり取りをしたが、恥ずかしく思うほどの歌を詠んだ覚えはない。

清少納言は、いつも高慢な顔つきをして、偉そうにしている。利口ぶって漢字を書き散らしているが、よく見ればまだ不十分な点が多い。

（中国語訳）

和泉式部此人，书信虽有情趣，（略）却未见有令人自愧不如之歌。

清少纳言此人，自视甚高，为人傲慢。虽能信手挥豪书写汉字，然细审之，不足之处甚多。

5.『更級（さらしな）日記』

日記の日付は1059年で終わっているので、成立はその後の数年と推定されている。作者は菅原孝標女（すがわらのたかすえのむすめ）。学問の神と言われる菅原道真の玄孫（げんそん）に当たり、また母の姉は『蜻蛉日記』の作者の藤原道綱母である。

作者が晩年を迎え、夫との死別を機に、自分の人生を振り返って記述したものである。十三で上総(かずさ)(千葉県)からの上京に始まり、物語世界への憧れ、宮仕え(みやづかえ)、結婚、夫との死別、信仰の世界への傾斜など、浪漫的な女性が現実の中で挫折(ざせつ)し、ついに信仰の世界に魂の安らぎを求めるに至るまでの四十年間が描かれている。現実の中に夢と幻がしきりに交錯(こうさく)しているのが特徴である。

(二)随筆文学『枕草子』

日記と同時期に、自己を内省(ないせい)する自照性を保ちながら、宮廷文化を背景に、時間や場所形式にとらわれなく、自然や人事について趣を自由自在に語る新しい文学形態として、随筆が登場した。それは日本最初の随筆、『枕草子(まくらのそうし)』である。

1. 成立と作者

日本最初の随筆。成立は11世紀初頭の1000年－1017年と推定される。作者は**清少納言**(せいしょうなごん)。平安中期の女流随筆家、歌人。平安時代女流文学の代表的な存在で紫式部と併称される。本名不明だが、「清」は「清原氏」から、「少納言」は親族の役職名から採ったものと推定される。

「枕」の意味は諸説があるが、手控え、身辺雑記の類を指すという。

2. 構成と内容

長短300余の章段からなる。内容は三つに分類される。

日記的な章段
　宮仕え中の見聞を記したもので、「香炉峰の雪」の段など中宮定子を中心とする宮中の様子を描き出している。

類聚的な章段（ものづくし）
　「山は」、「鳥は」のような書き出しを持つ章段と、「めでたきもの」、「すさまじきもの」など共通の心情語によって一括する章段で、題材・主題を最初に明確にし、連想される事柄を書き綴ったもの。

随想的な章段
　日記や類聚に該当しない章段。冒頭の「春はあけぼの」の段のように、自然や人事に対する自由な感想を述べる。

冒頭
　春は曙。やうやうしろくなりゆくやまぎは、すこしあかりて、紫だちたる雲のほそくたなびきたる。
　夏は夜。月のころはさらなり。闇もなほ、蛍のおほく飛び違ひたる。また、ただ一つ二つなど、ほのかにうち光りて行くもをかし。雨など降るもをかし。
　秋は夕暮れ。夕日のさして山の端(は)いと近うなりたるに、烏の、寝どころへ行くとて、三つ四つ、二つ三つなど飛び急ぐさへあはれなり。まいて、雁などのつらねたるが、いと小さく見ゆるは、いとをかし。　日入り果てて、風の音、虫の音など、はた言ふべきにあらず。
　冬はつとめて。雪の降りたるは言ふべきにもあらず、霜のいと

白きも、またさらでもいと寒きに、火など急ぎおこして、炭持てわたるも、いとつきづきし。昼になりて、ぬるくゆるびもていけば、火桶(ひおけ)の火も白き灰がちになりてわろし。

（現代語訳）

春は曙がいい。次第に白んでいくと、山際の空が少し明るくなって、紫がかった雲が細くたなびいているのがいい。

夏は夜。月が出ている時は言うまでもない。闇夜であっても、ほたるが多く飛び交じっているのはいい。ほんの一、二匹などが、ほのかに少し光って飛んでいくのも趣がある。そんな夜には、雨など降っても風情がある。

秋は夕暮れ。夕日がさして山の端にとても近くなっている頃に、烏がねぐらへ行こうと、三羽四羽、二羽三羽などと飛び急ぐのさえ、しみじみとした情緒がある。まして雁などが連なって、とても小さく見えるのは実に趣がある。日が入りきって、風の音、虫の音などが聞こえるのは、やはり何とも言えないものだ。

冬は早朝。雪が降ったのは言うまでもない。霜がたいそう白いのも、またそうでなくても、とても寒い朝に、火などを急いでおこして、炭を持ち運ぶのも冬の朝に似つかわしい。昼になり、寒さがだんだん緩んでいくと、火桶(ひおけ)の炭も白い灰が目立ってきて感じが悪い。

（中国語訳）

　　春天是破晓最妙。东方渐渐发白，山际的天色些微地明亮起来，微紫的轻云细细地横曳着，甚有清趣。

夏天是夜晚最妙。有月的时候自不必说，就是暗夜，萤火虫到处乱飞着，那般清趣也是无限的。有时一只两只，亮着微光飞去，亦是有趣。连下雨亦有风情。

秋天是黄昏最妙。夕阳渐渐近了山际，寒鸦急着归巢，或三四只，或两三只，振翅疾飞而去，甚是动人。更有那雁行成阵，渐远渐小，也是极有清趣的。等到日落西山，那风声、虫声，听去益发妙不可言。

冬天是清晨最妙。落雪的日子自不必言，有时下了洁白的霜，又有时连霜亦没有，只是寒气彻骨，看人赶紧地生了火，端着炭盆匆匆走过，极得严冬清晨之趣。待到午时寒气渐退，火盆里的炭发了白，便无趣得紧了。

3. 特徴と価値

①日本最初の随筆として①、後世の随筆文学の先駆けとなった。

②作者の卓抜な感受性や観察力、才気が溢れ、感覚美の世界を簡潔、新鮮な文体で作り上げ、作者の美感覚を示した。

③対象を知的な目で「をかし」②ととらえ、鋭く新鮮な感覚や感受性が溢れている。深く人生の深奥(しんおう)まで省察されていた『源氏物語』の「もののあわれ」と対比されることが多い。

---

① 当時まだ「随筆」という名前がなかった。随筆と称せられる著作は室町時代の一条(いちじょう)兼良(ねら)『東斎(とうさい)随筆』が最初であるが、これは先行の諸書から事実談や伝説を引用し分類したもので、一般にいわれる随筆とは異趣である。近世の漢学者・国学者らによって文芸の一分野として盛行したが、近代に入って、ことに大正期以後、西欧で発達したエッセイに対応する文学形態として意識されるに至り、文学史のなかにその系譜がたどられるようになった。

② をかし：中古時代から見られる言葉である。対象を客観的かつ知的に見て、興ありと思う明るい快適な感情を主とすることば。

清少納言
(『枕草子』絵巻・鎌倉時代)

五、説話文学

(一) 説話文学の流れ

1. 仏教説話と『日本霊異記(にほんりょういき)』

仏教が奈良時代後半に広がった。社会の停滞や混乱が広まる中、信仰を勧め、仏による救済を確信させるための説話が数多く語られ、仏教説話と呼ばれる。①

『日本霊異記(にほんりょういき)』

成立と編者

平安初期の『日本霊異記(にほんりょういき)』は**日本最初の説話集**。成立年未詳。弘仁年間の 810 年－824 年の間とされる。薬師寺(やくしじ)の僧景戒(けいかい)が編集した。正式には『日本国現報善悪霊異記(げんぽうぜんあくりょういき)』という。中国の説話集『冥報記(めいほうき)』(唐) などに触発されて編集したと思われる。

---

① 説話集、説話物語、説話文学は何れも近代の言い方で、その当時には用例がなかった。

構成と内容

上巻（35話）、中巻（42話）、下巻（39話）、合計116話で、登場人物は皇族、貴族、高僧、乞食僧、庶民と非常に幅広い。奈良朝の説話が多く、説話の大部分は因果応報（いんがおうほう）に関係する。作者の意図は人々に善行（ぜんこう）を進め、悪行（あくぎょう）を戒めるところにあった。

特徴と価値

①文体は変体漢文。

②後代の説話集の源流となる。平安後期の最大の説話集『今昔物語集』は70話以上を『日本霊異記』から引用している。『日本霊異記』（にほんりょういき）以降の仏教説話集が平安中期の和文による『三宝絵詞』（さんぼうえことば）①（984）、平安末期の『打聞集』（うちぎきしゅう）（1134年以前）として現存している。

2. 世俗説話

一方、平安時代の後期になると、貴族社会が衰え、地方武士、庶民社会の伸張が目立ち、新鮮で活力に富んだ題材を提供するようになった。物語に行き詰まった知識階層は、逸話や伝説や巷説（こうせつ）などの聞き書きに興味を持ちはじめ、院政期になってこの傾向が一層強まった。11世紀に編纂された散逸説話集『宇治大納言物語』②がこの性格を持っている。

やがて12世紀前期に入って、仏教説話、世俗説話の集大成『今

---

① 『三宝絵詞』：『三宝絵』ともいう。
② 『宇治大納言物語』：鎌倉時代に成立した『宇治拾遺物語』の序文によると、インド・中国・日本に伝わる種々の説話を雑纂形式に集成した説話集と推測される。

昔物語集』が生まれた。

（二）説話文学の集大成——『今昔物語集』

1. 成立と編者

現存最大の説話集。成立年も編者も不詳。12世紀前半と推定される。『源氏物語』以降、物語の行き詰まりの中から『源氏物語』と違う作品が期待され、優美、高雅以外の、生き生きとして民衆生活の表現が期待されている。文学上の要求に適応したものとして、『今昔物語集』が生まれた。

2. 内容と構成

31巻。説話1000余。天竺（インド）、震旦（中国）、本朝（日本）に分かれている。

内容からは仏教説話と世俗説話に分かれる。仏教説話は仏教の成立から各国への伝来・流布の過程を描くもので、哲学理論的なものではなく、霊験記、発心談、因縁談が語られている。世俗説話は多様な人間模様を描くもので、登場人物は天皇、貴族、僧侶、武士、庶民、盗賊など多岐に渡る。

第29段・18話

今ハ昔、摂津ノ国ノ辺ヨリ盗セムガ為ニ京ニ上ケル男ノ、日ノ未ダ明カリケレバ、羅城門ノ下ニ立隠レテ立テリケルニ、朱雀ノ方ニ人重ク行ケレバ、人ノ静マルマデト思テ、門ノ下ニ待立テリケルニ、山城ノ方ヨリ人供ノ数来タル音ノシケレバ、其レニ不見エジト思テ、門ノ上層ニ和ラキツキ登タリケルニ、見レバ、火ホノカニ燃シタリ。

(現代語訳)

今は昔のこと、摂津の国の近くから盗みをしようと思って上京した男が、日がまだ明るかったので、羅城門の下に隠れて立っていると、朱雀大路(すざくおおじ)の方は、まだ人がたくさん行き交(ゆか)うので、人通(ひとどお)りが静まるまでと思って、また門の下で待っていたところ、山城の方から大勢の人がやってくる音がしたので、それらに見られまいとして、門の二階にそっと登って見ると、火がほのかにともっていた。

(中国語訳)

　昔日，有一摂津国一帯的男子进京欲为盗，因天色尚明，匿于罗城门之下。朱雀大街上行人尚多，男子于门下只待人声平静方好举动。此时，自山城方向来了一众人等，男子不欲使人见，遂登上门楼。但见门楼之上一点微光闪烁。

　この話を基に芥川龍之介は短編小説『羅生門』を書いたのである。

3. 特徴と価値

①収録する説話の数が多く、内容が多彩で文学性が濃い。日本文学史上最大の説話集として価値が高い。

②叙述上、「今ハ昔」で始まり、「…トナム語リ伝ヘタルトヤ」で終わるというところから強い統一性が窺える。漢字に小さく書いた片仮名を付した「宣命書き」で書かれ、「片仮名宣命体」とも

古典編

言われる。和漢混交文①の先駆けとされる。

　③自然風物や内面感情ではなく、外面世界、人と人の関係、人と人の闘争に関心を持つ。広大な叙事世界への道を開いた。

　④表現が簡潔素朴で当時の口語や俗語も入れて、「野生の美しさ」を持つと評価される。

　⑤芥川龍之介や谷崎潤一郎などの近代作家にも大きな影響を与えている。

練習問題と研究課題

一、復習ポイント

1. 平安初期、漢詩文隆盛の中で、三大勅撰漢詩集＿＿＿＿＿＿、＿＿＿＿＿＿、＿＿＿＿＿＿が生まれた。遣唐使中断してから漢詩文隆盛の状況が変化し始め、仮名文学が開花した。10世紀初頭、初めての勅撰和歌集＿＿＿＿＿＿が編纂され、物語の両形態、＿＿＿＿＿＿と＿＿＿＿＿＿も出現し、それぞれの代表作は＿＿＿＿＿＿、＿＿＿＿＿＿だった。男性が女性を装って綴った＿＿＿＿＿＿は後の女流日記文学に大いに影響した。摂関政治以来、仮名で綴った宮廷女流文学の繁栄が促進され、＿＿＿＿＿＿、＿＿＿＿＿＿、＿＿＿＿＿＿などの女流日記文学が作られた。この時期、紫式部の＿＿＿＿＿＿は伝奇物語、歌物語、日記、和歌を統合し、虚構の中に人間社会の真実を表現した。＿＿＿＿＿＿は

---

① 和漢混交文：「和漢混淆文」とも書く。文語文の文体の一つ。和文と漢文訓読文との両方の要素が混合した文章。漢字に仮名をまぜて表記し、和文の柔らかさと漢文訓読文の力強さ・簡潔さとが一体となって表現効果を上げている。現在の日本語の表記体系の元となる文体である。

日本文学初の随筆である。摂関政治が衰えて政権は院、武士に移り、王朝文化の爛熟期・衰退期に入ってから、＿＿＿＿＿、＿＿＿＿＿、＿＿＿＿＿などの物語が作られたが、物語文学は衰退していった。過去の栄華を回顧して＿＿＿＿＿物語が著された。庶民や武士を題材にした説話集も多く編纂された。代表的なのは＿＿＿＿＿である。

2.『凌雲集』は814年に＿＿＿＿＿の命により編纂された日本初の勅撰漢詩集。＿＿＿＿＿らによって編纂された。漢詩文は、平安初期の隆盛が過ぎても完全に歴史舞台から消えたのではない。平安前期に漢詩人・歌人・学者として活躍した＿＿＿＿＿は、亡くなった以降も学問・文学の神様として後世の人々から尊崇されていた。

3.『古今和歌集』は略して＿＿＿＿＿とも言う。全＿＿＿巻、所収の歌々の数は約＿＿＿＿首、時代別にみると、＿＿＿＿＿、＿＿＿＿＿、＿＿＿＿＿の3期に分けられる。撰者の一人ともなる＿＿＿＿＿は、仮名序の中で、和歌は漢詩文と対等の文学であることを主張している。作者のうち、＿＿＿＿＿は古代屈指の女性歌人である。

4. ＿＿＿＿＿は日本最古の物語で、＿＿＿＿＿、＿＿＿＿＿、＿＿＿＿＿の三部から成っている。

5.『伊勢物語』は＿＿＿＿＿の歌を中心に語る小編の物語から成っていて、後世にもいくつかの作品、例えば＿＿＿＿＿、＿＿＿＿＿が『伊勢物語』から翻案されている。

6.『源氏物語』は全＿＿＿帖で、主人公＿＿＿＿＿の生涯を中心に、平安時代の貴族社会を描いた。全体を貫いた美意識＿＿＿＿＿は、後世の日本文学に大いに影響した。『源氏物語』以降

古典編

87

も_____、_____など多くの物語が書かれた。

7. 平安末期に生まれた_____は最初の歴史物語として、_____で歴史物語を書く新しい文学分野を切り開いた。次に生まれた_____は中国正史への模倣が窺える。「鏡物」の最高傑作として、同じ平安末期の_____、中世の_____、_____に影響を与える。

8. 男性官吏である_____が女性に仮託して作った『土佐日記』は、_____文字で私的な感情を記して、新しいジャンルを開いた。この表現方法は後の女性日記文学に継承された。_____が書いた『蜻蛉日記』と_____が書いた『更級日記』のほかに、名高い女性作家の紫式部、和泉式部も日記文学を残した。

9. _____の手によって作成された_____は日本最初の随筆で、対象を知的な目で_____と捉える美意識が現れる。

10. 説話文学は_____説話と_____説話に分けられる。日本最初の説話集は_____の文体で書かれた_____で、_____初期に成立した。唐の『冥報記』などに触発されて編集したと思われ、後代説話集の源流になる。

11. 説話文学を集大成した_____は成立時期_____ごろで、約_____の説話を収録した。叙述上の統一性も窺え、日本文学史上最大の説話集として価値が高い。

二、検討問題

1.「唐風謳歌時代」について簡潔に説明しなさい。

2.『凌雲集』の成立、編纂目的、特徴について述べなさい。

3.「日本最初の歌学論」と「日本最初の本格的な歌学論」につ

いて説明しなさい。

4.『古今和歌集』の成立、編纂背景を述べなさい。

5.『古今和歌集』の内容、歌風の移り変わりについて述べなさい。

6. 最初の物語系譜は大別して「作り物語」（伝奇物語ともいう）と「歌物語」に分けられる。それぞれの定義を説明して代表作を挙げなさい。

7.『竹取物語』の成立背景、概略、特徴と後世への影響について述べなさい。

8.『伊勢物語』の内容と文学史的意義を述べなさい。

9.『源氏物語』に見られる内外の先行文学の影響を簡潔に述べなさい。

（参考：例えば、『竹取物語』の虚構性、『伊勢物語』の歌と物語の融合、『宇津保物語』の写実性、日記文学の内面描写、『長恨歌』および他の白居易の詩文の引用などに見る中国文学の影響）

10.『源氏物語』の作者、成立、内容、後世への影響を簡潔に述べなさい。

11. 歴史物語と六国史などの歴史書籍との相違点を説明しなさい。

12.『栄華物語』と『大鏡』を比較して説明しなさい。

13.『土佐日記』以前の日記の内容・形式について述べなさい。

14.『土佐日記』の文学史的意義を述べなさい。

15.『土佐日記』以降の日記文学を説明しなさい。

16.『枕草子』の作者、成立、内容を説明しなさい。

17.『枕草子』と『源氏物語』を美意識（「もののあわれ」と「をかし」）、文学史的意義などの面から比べて説明しなさい。

18．中古時期の説話文学の内容分類を説明しなさい。

19．『今昔物語集』の特徴を述べなさい。

20．平安時代の女流文学繁栄の背景を考察しなさい
（参考：摂関政治、仮名文字、漢文化、作者の生涯）

21．文学史の知識に基づいて中古時期までの平仮名の変遷を述べなさい。

（参考：漢字の伝来――漢字を表音文字として用いる万葉仮名――万葉仮名の草書体が簡略化されて作った草仮名(そうがな)――さらに簡略されて作った平仮名「女手(おんなで)」――最初期の平仮名作品『竹取物語』――公的な文章に初登場する『古今和歌集』の仮名序――物語、日記文学の繁栄――国風文化の発展と平仮名の作用及び平仮名の地位変化。）

三、論文作成の手がかり

✤「勅撰三集」研究（詩風・美意識の考察、『懐風藻』から「勅撰三集」に見る漢詩の変遷）

✤菅原道真の人生と詩風の変遷

✤『古今和歌集』研究（真名序と仮名序の検討、隠喩などの修辞手段の意義と日本人の発想様式、恋歌・離別歌・四季風物の歌の中日比較）

✤『竹取物語』研究（中国の伝説「斑竹姑娘」との比較、「嫦娥奔月」との比較、漢籍との関係）

✤『伊勢物語』研究（みやび、漢籍との関係）

✤『源氏物語』研究（主題、もののあわれ、和歌、翻訳）

✤『源氏物語』と白居易（「桐壺」巻と『長恨歌』の関係、白居易の思想・詩文との関係）

✤『源氏物語』と『紅楼夢』（社会背景、作者の生涯、創作過程、

芸術思想、「好色」観の比較、美意識の比較、女性像の比較）

✣『土佐日記』研究（社会風刺の主題、国風文化高揚における意義）

✣『蜻蛉日記』研究（『源氏物語』との関係、中国文学との関係）

✣平安時代の女流日記文学（誕生、内容、芸術的特徴、後世への影響、中国文学との関係）

✣『枕草子』（をかし、「もののあわれ」との比較、白居易の思想・詩文との関係）

✣説話文学における漢籍の受容（『日本霊異記』と『今昔物語集』を中心に）

中世文学

一、社会、文学の発展

　中世という時期は、1192年鎌倉幕府の成立から近世前の安土・桃山時代までをいう。政治的には、武家による支配を特徴としており、武家政権の支配の開始によってそれまでの貴族政治と区別し、武家による強力な中央政府の未成立によって、近世と区別される。

　平安末期、平氏が藤原氏に代わって政治の実権を握ったが、院、貴族、寺社（じしゃ）の反感を買い、全国の武士たちの不満も高まった。源平合戦（げんぺいがっせん）が行われ、平氏が滅ぼされた。この間、源頼朝は鎌倉を本拠（ほんきょ）として関東で勢力を固めた。平氏を滅ぼ（ほろ）すと、1185年、全国各地に守護、地頭（じとう）を置くことを朝廷に認めさせた。1192年、源頼朝は征夷大将軍（せいいたいしょうぐん）に任ぜられ、鎌倉に幕府を開いた。この源頼朝を頭とする武士の政権は鎌倉幕府と呼ばれる。

　1192年、源頼朝が征夷大将軍（せいいたいしょうぐん）に任ぜられてから1333年鎌倉幕府が滅亡（めつぼう）するまでの約140年間を**鎌倉時代**という。自分と主従関係を結んだ御家人との間に「御恩（ごおん）」、「奉公（ほうこう）」の絆で結ばれ、武士利益の確保で武士を集めて政権を固めようとした。

　鎌倉幕府の支配は、関東を中心とする東国では極めて強固であったが、近畿地方以西（いせい）の西日本ではまだ朝廷や貴族が公領や荘園を押さえていたので、実際上は二重政権の状態にあり、幕府の支配はまだ確立していなかった。蒙古襲来（もうこしゅうらい）や北条氏の独裁

や武士家内部の家督相続などの問題によって、幕府の衰えが見られるようになった。それを見て、後醍醐天皇(ごだいごてんのう)を中心とする一部の貴族たちは武力で幕府を打倒しようとした。さらに、有力な御家人(ごけにん)、足利尊氏(あしかがたかうじ)らが幕府に反旗を翻し、1333年鎌倉幕府を滅ぼした。

鎌倉武士の姿（京都市風俗博物館）

　後醍醐天皇は親政で「建武(けんむ)の中興(ちゅうこう)」を行ったが、やがて1336年、足利尊氏によって京都を占領され、倒された。足利尊氏は京都で別の天皇を擁立し、征夷大将軍に任ぜられ、幕府政治を復活させた。この幕府は1573年まで存在したので、1336年から1573年の約240年間を**室町時代**[①]という。

　1336年－1392年、つまり室町幕府初期の約60年間、後醍醐天

[①] 室町時代：「室町」という名称は、1378年、足利義満(あしかがよしみつ)が京都北小路室町（京都市上京(かみぎょう)区）に新邸、いわゆる「花の御所」を造営し、以後そこが室町殿とよばれて幕府の拠点となったことによる。

皇と一部貴族が吉野（奈良県南部の山地）に逃れて打ち立てた「南朝」と足利尊氏の立てた「北朝」とが共存した時期なので、南北朝時代と呼ぶ。1392年、三代将軍足利義満は南北朝の合体を実現させ、全国を統一した。

室町幕府の仕組みは鎌倉幕府に習ったものだが、地方には守護が置かれるほか、関東には鎌倉府、東北や九州にはそれぞれ探題が置かれた。室町時代の幕府は、もう鎌倉時代の幕府から地方に派遣された守護と違い、守護大名となって地方に割拠し、足利氏との主従関係を持たなかった。幕府が事実上支配していたのは、近畿地方を中心とした、九州を除く西日本であった。有力な守護大名、細川氏と山名氏が激しく対立し、それに将軍家や管領家の相続争いもからんで、1467－1477年応仁の乱が起こった。多くの守護大名が東軍（細川側）と西軍（山名側）に分かれて戦いに加わり、京都を中心にして11年間も戦った。この頃から室町幕府が滅亡する1573年までを**戦国時代**と呼ぶ。

戦国時代の長い争乱の間に、近隣の大名との激烈な戦いや領国内の下克上の動きを経て、16世紀半ばごろになると、小数の強力な戦国大名が地方的な統一を成し遂げた。かれらのなかには、さらに全国統一を目指す者もあった。まず、織田信長は1568年京都に上り、1573年将軍足利義昭を追放し、室町幕府を滅ぼした。中部の武田氏と戦い、一向一揆を弾圧して天下統一を進めているが、中国地方の毛利氏を討つため出陣しようとして京都の本能寺に泊まっていたところ、家臣の明智光秀の反乱にあって殺さ

れた。「敵は本能寺にあり」という諺はここから生まれた。毛利氏との対陣中だった豊臣秀吉がこれを聞いて、すばやく講和して京に引き返し、明智光秀を打ち滅ぼした。そして信長の事業を受け継ぎ、天下統一を成し遂げ、1585年には関白に、翌年には太政大臣①に任ぜられ、「天下様」と呼ばれた。検地と刀狩を実行し、キリスト教禁止、朝鮮侵略を行っているうちに病死した。近世までのこの信長、秀吉の時代を**織豊時代**という。文化を代表するものは安土城（滋賀県）、大坂城、伏見城（京都に建てられ、後に桃山城とも呼ばれた）などの城郭建築で、この時代を**安土・桃山時代**とも言う。

織田信長像
(1583－1590年頃作成。イエズス会の画家ジョバンニ・ニコラオによるものとされる。)

豊臣秀吉像
（狩野光信筆　高台寺蔵）

① 太政大臣：「だじょうだいじん」とも呼ぶ。太政大臣は律令制で八省諸司および諸国を総管し、国政を総括する最高官職。

大坂城天守閣（大阪市）

中世は日本歴史上の重大な転換期で、貴族の没落、武士階級の台頭、庶民社会の成長が特徴として見られる。武士によって立てられた新秩序は次第に政治、経済などの社会各面に浸透して行き、封建社会の確立期でもある。この時期、各分野で日本伝統文化財となるたくさんのものが創られた。信貴山縁起、伴大納言絵詞などの絵巻物、彫刻家運慶の彫刻、千利休の茶道、雪舟の水墨画など、今でも親しまれているものが多くある。

中世は文学においても重大な転換期で、新旧文学、宮廷貴族的な「王朝美」と地方、庶民の「粗野、卑俗、野性」の対立と融合が見られる。仏教の普及は文学にも影響を及ぼし、庶民意識の成長も目立っている。幽玄・有心など日本の伝統的な文学概念もこの時期に形成されている。この時期の文学は、「王朝への憧れ」、「現実の思考」、「庶民化傾向」という三大傾向の並存が見られる。

王朝への憧れ

政治上権力を失った貴族は文学において重要な地位を占めてい

る。武士、庶民は本格的な自分の階級の文学を形成していないので、まだ貴族の伝統文学に憧れ、模倣している。この「王朝への憧れ」の雰囲気の中で、和歌の伝統が受け継がれ、中世初期の『新古今和歌集』は編纂された。宮廷生活を背景とした「女房日記」は依然として作られ、『建礼門院右京大夫集』、『とはずがたり』などがある。平安時代の物語を模倣した「擬古物語」も数多く作られた。世阿弥を代表とした「能」に現れた幻想的な「幽玄」の世界も、王朝美への憧れを現出している。

現実の思考

　源平の争いから戦国の世まで、不安定な現実の中で、歴史に注目する動きが起こった。戦乱に基づいた『平家物語』、『太平記』などの「軍記物語」が生まれ、史論に関わった『愚管抄』、『神皇正統記』などもあった。一方、不安に満ちた現実のなかで仏教が浸透し、極楽浄土への憧れも促した。仏教説話集が繰り返し編纂され、仏教文学も多く書かれた。多くの人々の教化を図る必要から、法然・親鸞・明恵・道元・日蓮・一遍などの高僧が現れ、浄土宗以降の新興仏教の開祖として、情熱のこもった表現で各自の宗教的信念を述べる。よく知られているのは法然の『選択本願念仏集』①や親鸞の『歎異抄』などがある。また、出家、遁世の形で現実を逃れる人も増え、無常観に基づいた『方丈記』、『徒然草』のような優れた「隠者文学」も

---

①『選択本願念仏集』:「選択」は「せんじゃく」とも読む。

古典編

生まれた。

庶民化傾向

　中世時期は庶民階層の成長期で、文学の地方化・庶民化の傾向も目立っている。地方・庶民社会が変わりつつある世相は常に新鮮なイメージが与えられ、世相の変化を描く物語は説話集の編纂対象となる。その代表作は『宇治拾遺物語』である。鎌倉時代以後、地方豪族である武家が台頭するに及んで、文化もまた社会的、地域的に拡散することになる。南北朝の動乱、応仁の乱はそれに拍車をかけ、京都の貴族、専門家たちが戦乱を逃れるための地方移動は地方文化水準の向上をもたらした。文芸の世界にあっても作者と享受者層の裾野が広がったことによって、質の変化と多様化を招来した。この中で、連歌などの様式が文学の地方移動とともに完成される。一般庶民の芸術としての能と狂言は武将、貴族にも好まれる。「御伽草子」の登場人物や扱う世界も平安時代の貴族社会の物語と比べて変化に富んでいる。「小歌」の世界も庶民の息が感じられる。『平家物語』は琵琶の伴奏に伴って大衆に語って楽しんでもらうもので、必然的に一般庶民の好みを考えなければならない。ほかの軍記物語にも同じような傾向が見える。これらはいずれも文学創作と受容において庶民階層の影響力が見られ、近世庶民文芸の振興にもつながった。

二、詩歌文学

(一) 和歌の発展と『新古今和歌集』

1. 成立と作者

　中世の和歌は、大体藤原家（俊成(しゅんぜい)・定家(ていか)①とその子孫）を中心にして行われていた。公家は政治の実権を失ったが、文学の担(にな)い手としての力は十分持ち合わせている。平安末期、『千載和歌集』の編者、藤原俊成によって主導された和歌の新しい動きは、その子定家らの新進(しんしん)歌人によって続けて推進された。一方、鎌倉幕府に強い抵抗意識を持っていた後鳥羽院(ごとばいん)は、武家に対する朝廷の優位性を示そうとして、また、伝統的な貴族文化の古(いにしえ)を復興しようとして、積極的に和歌を奨励した。こうした動向の中で、貴族を中心として和歌は隆盛を極め、大規模な歌合せが次々と催された。こうした気運の中で、勅撰の『新古今和歌集』が編纂された。

　中世の和歌集の代表作としての『新古今和歌集』は 1205 年に成立した。後鳥羽院が 1201 年に、藤原定家(ふじわらのていか)、源通具(みなもとのみちとも)、藤原有家(ふじわらのありいえ)②、藤原家隆(ふじわらのいえたか)、藤原雅経(ふじわらのまさつね)③、寂蓮(じゃくれん)に命じて 1205 年に呈上されたが、後鳥羽院の手によってまた切り継ぎ、つまり削除・追加が行われた。

2. 構成と内容

　全 20 巻。約 2000 首。『万葉集』の歌は収められているが、『古

---

① 俊成、定家：それぞれ「としなり」、「さだいえ」とも読む。
② 藤原有家：六条有家(ろくじょうありいえ)ともいう。
③ 藤原雅経：飛鳥井雅経(あすかいまさつね)ともいう。

今和歌集』以降の勅撰集に入った歌は載せず、新古今時代の歌人の歌が中心を占める。巻頭に仮名序、巻尾に真名序を付し、春、夏、秋、冬、賀、哀傷、離別、羈旅、恋、雑、神祇、釈教に分類され、すべて短歌形式の歌で、長歌・旋頭歌などの雑体は含まない。歌調は『古今集』を引き継ぎ七五調で、修辞法は『古今集』以来の修辞のほかに、「**体言止め**(たいげんどめ)」と「**本歌取り**(ほんかどり)」を主な技巧とする。体言止めは最後の句を名詞で終わらせる技巧で、述部がそれより前にある「倒置法」と、述部が省略されて補って考える「省略法」とがあり、余韻や余情を生じさせる効果がある。本歌取りは有名な古歌を連想させてイメージを豊かにして、余情を深める技巧。本歌というのはもとの歌。代表歌人は西行(さいぎょう)の作が最も多く、以下慈円(じえん)、藤原良経(ふじわらのよしつね)、藤原俊成、式子内親王(しょくしない)・藤原定家、藤原家隆、寂蓮、後鳥羽院などがいる。

西行の歌

❖心なき　身にもあはれは　知られけり　鴫(しぎ)立つ沢の　秋の夕暮れ

（現代語訳）

俗世間から離れた私のような身であっても、この情景のしみじみとした趣が自然に感じられるよ。鴫が飛び立つ沢の秋の夕暮れ時よ。

（中国語訳）

　　幽景动人处，本已悲喜不由物，也自生情愫。一湾清泓栖鹬鸟，振翅纷飞秋日暮。

この歌は体言止めの修辞法を使っている。

西行法師像
（和歌山県紀の川市）

藤原良経の歌

♣きりぎりす　鳴くや霜夜の　さむしろに　衣かたしき　一人かも寝む

（現代語訳）

こおろぎが鳴いている、こんな霜の降る寒い夜に、寒々としたむしろの上に衣の片袖を自分で敷いて、独りさびしく寝るのだろうか。

（中国語訳）

　秋夜冷凄凄，寒霜降下蟋蟀语，更觉人声寂。卧室无人铺共袖，寂寞独眠一片衣。

「さむしろ」は「寒し」の掛詞。当時、男女が同衾（どうきん）する場合は、互いの衣の袖を重ねて寝たことから、「衣かたしき」は一人寝のこと、人恋しさの表現。この歌は本歌取りの修辞法を使う。本歌は

「さむしろに衣かたしき今宵(こよひ)もや我を待つらむ宇治の橋姫」(『古今和歌集』)、「あしひきの　山鳥の尾のしだり尾の長長し夜を一人かも寝む」(『拾遺和歌集』)などがある。

3．特徴と価値

①中世の和歌集の代表作。新古今調と呼ばれる歌風が生まれた。俊成の提唱した「余情(よじょう・よせい)」、「幽玄(ゆうげん)」を推し進め、定家は「妖艶(ようえん)」、「有心(うしん)」①の歌境を切り開いた。

②表現と修辞法においての継承と発展。古今時代の七五調を受け継いで初句切れ・三句切れの表現が使われ、従来の掛詞・縁語などの技巧が縦(じゅうおう)横に駆使されると同時に、新古今時代の特徴として、本歌(ほんか)取り、体言止めの修辞法が重視されている。

③時代の転換期に成立した。院政という政治形態の下、新興勢力の武士の台頭の前にはもはや昔日の栄華は望みえず、その名の示すごとく、懐古、復古の基盤のうえに、『古今集』とその時代の復活を夢みての撰集であった。

④中世歌人の共感を呼び、二条派の歌風を形成したのみならず、連歌師からも共感賛美の念が寄せられた。近世では万葉主義、古今主義、新古今主義という三大和歌思潮の一つを形成し、本居宣長(もとおりのりなが)から重んじられた。近代においても北原白秋(きたはらはくしゅう)などの歌人に影響を及ぼした。

---

① 余情：言葉で直接には表現されないが、言外に感じられる、繊細微妙なしみじみとした情趣のこと。幽玄：言外に漂う奥深い情趣美をいうが、時代や人によって異なる。和歌では、藤原俊成は、美しい気品を備え、しみじみとした情趣を漂う余情を幽玄とする。妖艶：華やかさの中に寂しさを漂わす美しさ。有心：心と言葉が統一して、妖艶さを表現すること。

万葉調・古今調・新古今調

歌集名	成立・編者	巻数・歌数・歌体	歌風
『万葉集』	奈良時代8世紀後半 大伴家持ら	20巻、約4500首 五七調（二句、四句切れ） 短歌・長歌・旋頭歌・仏足石歌など	現実的・直観的（主情性） ますらをぶり（男性風）
『古今和歌集』	平安初期 905年 紀貫之ら	20巻、約1100首 七五調（三句切れ） 短歌（基本的）・長歌・旋頭歌	観念的・技巧的（理知性） たをやめぶり（女性風）
『新古今和歌集』	鎌倉初期 1205年 藤原定家ら	20巻、約2000首 七五調（初句、三句切れ） 短歌	幻想的・余情的（象徴性） 妖艶・有心・余情・幽玄

　『新古今和歌集』の成立後、歌壇は大きく変わった。『新古今和歌集』の唱えた唯美的な世界は、同時代の和歌や後の連歌、近代短歌にまで甚大な影響を与えているが、その後の歌壇と歌人の間には、この無比の美的な競いについて反省ともいう現象が現れる。定家撰進の『新勅撰和歌集』は、新古今集の唯美的妖艶な歌風と変わり、平淡・典雅な歌風となる。これが以降の勅撰集の基本的な傾向となる。この『新勅撰和歌集』から最後の『新続古今和歌集』までの十三勅撰集を「十三代集」[①]と呼ぶ。十三代集と前代の八代集をあわせて二十一代集という。この過程において、形式を偏重する和歌の世界は、次第に独創性・新鮮さを失ってゆく。

---

① 十三代集は、『新勅撰和歌集』(1235)、『続後撰和歌集』(1251)、『続古今和歌集』(1265)、『続拾遺和歌集』(1278)、『新後撰和歌集』(1303)、『玉葉和歌集』(1313)、『続千載和歌集』(1320)、『続後拾遺和歌集』(1326)、『風雅和歌集』(1349)、『新千載和歌集』(1359)、『新拾遺和歌集』(1364)、『新後拾遺和歌集』(1384)、『新続古今和歌集』(1439)である。

和歌の支持者としての後鳥羽院もやがて気楽な連歌に関心を傾かせ、歌壇は往年の活気を失ってしまった。やがて『新続古今和歌集』を最後に、勅撰集は絶えてしまう。

4. 私家集

勅撰和歌集が次々と編纂される同時に登場したのは、現実の感動をそのままに歌い、異彩を放っている私家集である。特に有名なのは、藤原定家撰の『百人一首』と源実朝の『金槐和歌集』である。

『百人一首』

1235年頃成立。**藤原定家**が選んだ「百人一首」をもとにしてできたと考えられる。『小倉山荘色紙和歌』ともいう。天智天皇（7世紀）から順徳院（13世紀初頭）まで600年の間に百人の歌人の秀歌を一首ずつ収めている。分類は春、夏、秋、冬、雑、雑秋、恋、離別、羇旅となって、勅撰和歌集の例に従っている。成立してから和歌教科書に相当する存在になり、江戸時代の初期には、歌がるたとして庶民に普及した。のち、これを模倣したものが多く、様々な百人一首が出たので、区別のため、定家撰のを『小倉百人一首』ともいうが、通常『百人一首』を言えば定家撰の『百人一首』を指す。

持統天皇の歌

♣春過ぎて　夏来にけらし　白妙の　衣ほすてふ　天の香具山

（現代語訳）

春は過ぎ去って、夏がやって来たようだなあ。夏になれば真っ

白な神の衣を乾すという、天の香具山に（ほら、あのように衣がひるがえっているよ）。

（中国語訳）
　　春逝初夏天，人说林间晾白衫，素袂迎风展。远望白衣葱郁掩，天降神来香具山。

万葉原歌は「白妙の衣ほしたり」（白い着物が干してある）だが、定家は「てふ」（という）と改作して、原歌を伝聞世界に置き、現実の事象と重なることで、余情のある一首を作り上げている。

周防内侍（すおうのないし）の歌
　❖春の夜の　夢ばかりなる　手枕（たまくら）に　かひなくたたむ　名（な）こそ惜（を）しけれ

（現代語訳）
短い春の夜の夢のように、あなたの手枕をお借りしてうたたねの夢を結んだだけのことで、その甲斐もなく浮名が立つのは残念でございます。

（中国語訳）
　　小寐无香枕，若借君臂为依靠，一饷春梦暂，难免虚名枉自担，叫人惜哉一声叹。

この歌を作った周防内侍は平安後期歌人、貴族出身で宮廷に仕える女性。歌の詞書におもしろいエピソードが紹介されている。旧暦2月ごろのある夜、今の季節で言えば春だが、宮中の二条院で皇族や貴族、またそこに勤めている女性など大勢の人が集まって、みんな寝ないで座って雑談、おしゃべりをしているところ、

周防内侍がどこかに寄りかかって臥して、「ちょっと休みたいなあ。枕ないかなあ。」と独り言を言ったが、ある貴族の男が簾の下から腕を差し入れてきた。「これを枕にしたらどうですか」と。それに対して周防内侍が詠んだのはこの歌だ。

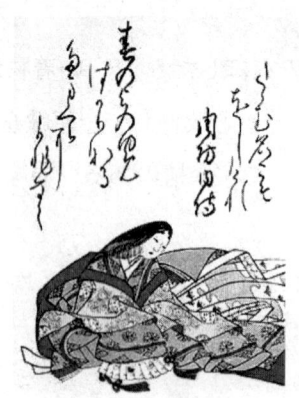

周防内侍像
（大日本国風会編小倉百人一首）

『金槐和歌集』

1213年末。源実朝（1192－1219、在職1203－1219）、鎌倉幕府の第三代将軍。父は源頼朝、母は北条政子。12歳の時、兄頼家が追放された後を継いで将軍となる。将軍でありながら北条氏の執権によって政治の面から遠ざけられていた。和歌や蹴鞠などを愛し、京風の生活、京文化を好んだ。13歳ごろから作歌をはじめ、18歳で定家に入門し、歌作に励み、22歳で自分の和歌集を持った。朝廷から好意的に扱われ、右大臣にも任命されたが、この右大臣就任のため鶴岡八幡宮（神奈川県鎌倉市）に参

拝し、拝賀の式典を終えたところ、兄頼家の子公暁(くぎょう)に暗殺された。28歳の時であった。

鶴岡八幡宮

『金槐和歌集』の「金」は「鎌倉」の鎌の字の「かねへん」を表し、「槐」には「大臣」という意味があることから、別名『鎌倉の右大臣の家集』とも呼ばれている。分類は春、夏、秋、冬、賀、恋、雑となっている。新古今風の歌も多く残したが、万葉集的な写実詠に力強く若い感情を加味した万葉調が独特である。ほかにも武人の棟梁の立場から詠んだもの、自己の暗い宿命を見つめる歌など多様である。

万葉調の叙景歌

♣箱根路を　わが越えくれば　伊豆の海や　沖の小島に　波のよるみゆ

（現代語訳）

箱根の山道を越えてはるばるやってくると、目下に広い伊豆の

海が開け、その沖合の小島に波が白々と寄せているのが見えることだ。作者の位置を示し、次に全体の景色を描き、遠くの一点に絞って描写している。「逢坂を打ち出て見れば近江の海白ゆふ花に浪たちわたる」(『万葉集』)の構想によっている。

（中国語訳）

　　箱根山路远，历尽崎岖到伊豆，碧海无际蓝。遥见青波浮小岛，浪花簇簇拍岸边。

暗い宿命を見つめる歌

♣「まな板という物の上に雁をあらぬさまにして置たるを見て」

　　あはれなり　雲井のよそに　行く雁も　かかる姿に　なりぬと思へば

（現代語訳）

　　まな板に載せられた雁の毛をむしった姿を見て、生きていれば雲の向こうまで飛んで行ける雁でさえ、こんな姿になったら、哀れとしか言いようがない。

（中国語訳）

　　"见俎上置雁，情状惨不忍睹"

　　悲情不胜堪，也曾振翅风云起，逍遥千里雁，哪望如今失羽翅，俎上好做腹中餐。

（二）連歌・歌論・歌謡

1. 連歌

連歌(れんが)は中世に流行したもので、和歌の上(かみ)の句（575）と下(しも)の句（77）を別の人が詠み、そのつなげ型を楽しむ文芸。

古くは『古事記』（倭建命と翁）、『万葉集』（尼と大伴家持）にも見られる。平安中期から『拾遺和歌集』に撰入され、ついで『金葉和歌集』には初めて連歌の部が設けられた。最初は短連歌が専ら行われたが、平安末期には五十韻、百韻と長大化していき、長連歌（鎖連歌）が行われるようになった。

　鎌倉初期には、和歌の余興として連歌の会が開かれ、滑稽を主とする無心派と和歌の情趣を主とする有心派に分かれたが、やがて有心派は大勢を制し、中心となってゆく。鎌倉後期には、武士・僧侶・庶民に広まり、花下連歌という娯楽が生まれ、連歌を職とする連歌師も出てきた。

　南北朝に入ると、連歌の盛んになる状況の中で、二条良基（1320－1388）は最初の連歌集『菟玖波集』（1356）を編纂し、『応安新式』（1372）で連歌規則を訂正し、連歌論の『筑波問答』（1357－1372）も作成した。二条良基によって、和歌と並ぶ文芸としての連歌の地位が確立された。

　南北朝以降、連歌はさらに広く流行して完成期に入った。すぐれた連歌作者が数多く現れた。中には、心敬（1406－1475）は『ささめごと』（1463）などの連歌論書を書いて和歌・連歌・仏道の調和による幽玄を唱えた。その連歌を最後に完成させたのは宗祇（1421－1502）で、半生を東西諸国の行脚に過ごし、到る所に連歌を普及させた。「幽玄」、「有心」を理想とし、連歌論書、連歌選集を作成した。後鳥羽院の霊を慰めるために弟子とともに作った「水無瀬三吟百韻」は連歌百韻の最高傑作とされ、連歌の模範

古典編

109

となった。

2. 俳諧連歌

俳諧とは「おどけ」、「たわむれ」を意味する言葉で、俳諧連歌はもともと連歌会(れんがかい)の後の気楽な余興(よきょう)としてたのしまれていた。従来の形式、束縛(そくばく)を離れようとし、無心派の系統を引いた笑いとおかしみを狙ったものとして、山崎宗鑑(やまざきそうかん)(1460－1540?)と荒木田守武(あらきだもりたけ)(1473－1549)によって普及された。宗鑑は『犬筑波集』(1523－1538)を編んで、俳諧の気楽さに興じた。守武は晩年、自分の独創で『俳諧之連歌独吟(どくぎん)千句』を作り、後世に俳諧式目となっている。

3. 歌論

平安中期から末期にかけて余情論が確立し、余情を「幽玄」に結びつけた歌論は鴨長明の『無名秘抄(むみょうひしょう)』に始まり、定家は『近代秀歌』、『毎月抄』などで余情・妖艶を主とする有心体を理想とした。こうした文学論としての歌論は、後の心敬の連歌論『ささめごと』などによって受け継がれていった。

4. 歌謡

・宴曲(えんきょく)

鎌倉期には、今様のほかに宴曲がある。白拍子や尺八の伴奏を伴って宴席で持てはやされて、貴族・武士などの間におこなわれた。今様よりも早い調子で歌われるので「早歌(そうか)」ともいう。

・和讃(わさん)

鎌倉期のもう一種の歌謡は和讃という。民衆と深く結び付く新

仏教の発展の中で、漢語の漢讃に対して、和語で仏・菩薩・先徳等を讃嘆した今様風の仏教讃歌が数多く作られた。

・小歌

室町期の後半には、庶民的な短い歌謡、小歌が宴曲を圧倒し盛行した。内容は男女の愛を主として、しみじみとした庶民の生活感情を大胆な口語で歌い、当時の風俗歌とも言える。

・琉歌

琉球では、中国伝来の三味線とともに抒情的な琉歌が生まれた。「節歌」ともいう。

(三) 五山文学（漢詩文）

中世時期、多くの僧侶が漢文で詩文、日記、論説を作成し、中世漢詩文の担い手として活躍した。僧侶が作った五山文学によって、漢詩文の伝統が受け継がれた。

五山文学とは、狭い意味で鎌倉末期、南北朝時代の鎌倉五山、京都五山①の禅僧によって作成された漢詩文を指すが、広い意味で五山制度外の禅寺をも含んだ中世の禅林全体の文学を概称す

---

① 五山とは、五つの臨済宗の大寺院を意味し、幕府の定めた寺格の最上位を占めるものである。五山の寺数とその序列はときによって変動しながら、室町期南北朝時代の1386年にほぼ最終的に次のように決定した。鎌倉では建長寺、円覚寺、寿福寺、浄智寺、浄妙寺、京都では天竜寺、相国寺、建仁寺、東福寺、万寿寺の各5寺で、この鎌倉五山、京都五山の10寺の上に南禅寺が置かれた。以上の11か寺を五山（叢林）と称する。

る。この意味での五山文学作品の内容は、法語類①から、頌偈・賛などの宗教的な韻文、さらには文学的な詩文・日記・論説などの分野に及び、雑多な幅広い様相をみせている。宗教色の濃いものから、ほとんどその欠落したものまで広く存在するのである。五山文学の表現手法は、いわゆる和文によらず、漢詩・漢文の形をとっている。作者はすべて禅僧であり、読者もまた、ごく一部の貴族や高級武士を除いては、禅林内部の人たちであった。ここに他の文学世界と異なる独自の世界を形成した原因がある。

　五山文学の萌芽は中国との交流、禅宗の流行によって発生したものである。中世時期、禅宗は中国から伝来した新しい宗教として、新興階級の武士の欲求に合致するから武士に喜び迎えられた。中国宋元禅林においても文学が占める位置は非常に大きかったが、入宋僧や入元僧らにより、その禅風が日本に伝来すると、日本の禅林においても文学志向が高揚することとなった。

　鎌倉時期、中国大陸から渡来した大休正念、無学祖元、一山一寧らの来日僧によって、大陸禅林における文筆尊重の風が移植されたのである。これに加えて、求法の情熱厚い留学僧たちが大陸の宗教・教養・知識を持ち帰り、ここに日本の五山文学

---

　① 法語は正しい法を説く言葉の意で、祖師、高僧などが仏の教えを簡潔に表現した詩文のことである。唐宋間に仏家が韻語をもって演説したことに始まるので、おおむね詩を含む韻文であるが、のちに散文の法語、また日本では仮名文の法語も行われた。茶道と墨跡との関連により、今日、特に喧伝されるのは禅宗における法語である。禅宗は本来、「以心伝心・不立文字」を建て前とする宗派であるが、宋代以後、禅僧が士大夫社会と交渉をもち文人趣味を取り入れ、詩文や書画によって悟りの境地を表現する風が高まると、多くの高僧たちがさまざまな形式の法語を説き示すにいたった。

は出発する。

　室町時代に入ると、鎌倉五山や京都五山では、幕府の外交文書を起草するという必要性から漢文を作る才が重視されたことも関係して、五山文学が栄えることとなった。室町初期の南北朝時代、優れた詩僧としては、『岷峨集(びんがしゅう)』の雪村友梅(せっそんゆうばい)、『済北集(さいほくしゅう)』の虎関師錬(こかんしれん)、『東海一漚集(とうかいいちおうしゅう)』の中巌円月(ちゅうがんえんげつ)らがいる。

　その後を受けて、五山文学隆盛期の双璧(そうへき)と称されるのは、夢窓疎石①の弟子としての義堂周信(ぎどうしゅうしん)(1325―1388)と絶海中津(ぜっかいちゅうしん)(1336―1405)であるが、彼らはともに高度な漢文能力をもっていた。義堂の詩文集『空華集(くうげしゅう)』、絶海の『蕉堅藁(しょうけんこう)』はそれぞれ明(みん)人から序をもらい、詩の技法・作風を嘆称されている。同じく出自の春屋妙葩(しゅんおくみょうは)も、五山文化の発展に寄与し、多くの中国禅僧語録や自ら編集した『夢窓国師年譜(むそうこくしねんぷ)』を作成した。この時期の禅寺では筆の才に憧れる風潮が高まり、座禅修業より、学問芸術が重んじられる。

　以降のおもな詩僧をあげると、『東海瓊華集(とうかいけいかしゅう)』の惟肖得巌(いしょうとくがん)、『続翠詩集(しょくすいししゅう)』の江西竜派(こうさいりゅうは)、『心田詩稿(しんでんしこう)』の心田清播(しんでんせいはん)、『漁庵小稿(ぎょあんしょうこう)』の南江宗沅(なんこうそうげん)、『狂雲集(きょううんしゅう)』・『狂雲詩集』の一休宗純(いっきゅうそうじゅん)、『補庵京華集(ほあんけいかしゅう)』の横川景三(おうせんけいさん)、『梅花無尽蔵(ばいかむじんぞう)』の万里集九(ばんりしゅうく)、『翰林胡蘆集(かんりんころしゅう)』の景徐周麟(けいじょしゅうりん)、『幻雲稿(げんうんこう)』の月舟寿桂(げっしゅうじゅけい)らがいる。

---

① 夢窓疎石：鎌倉時代から室町初期にかけての禅僧。7度にわたり国師号を歴代天皇から賜与され、七朝帝師とも称される。

古典編

横川景三は、古今の詩僧100人の詩を1首ずつ選んで『百人一首』(成立年未詳)を編んだ。100人の作者が選ばれるについては、その基底にある詩僧の層の厚さが思われ、また、詩壇の形成ということも想像される。同じころ「近代諸老の佳作」を20人から10首ずつ選んだ『花上集(かじょうしゅう)』(文挙契選編(ぶんきょけいせん))が編まれている。これは彦龍周興(げんりゅうしゅうこう)の1489年の序をもつが、これら二つの詩の選集は、室町中期・15世紀後半の五山文学の様相をよく示している。すなわち、詩の隆盛、七言絶句の定着、宗教性の希薄化などである。

絶海中津の漢詩（『蕉堅藁(しょうけんこう)』から）

　　　應制賦三山
　　熊野峰前徐福祠
　　滿山藥草雨餘肥
　　只今海上風波穩
　　萬里好風須早歸

　応仁の乱（1467－1477）以降、幕府の権威が下がり、禅僧も都から地方へ下り、学問僧として活躍した。漢詩をやめ、儒学に取り組む僧侶も多くなった。これに至って、五山文学が衰微したが、中世漢詩文は文体と内容において日本文学に影響を及ぼした。和漢混交文の形成に貢献すると同時に、禅宗、宋朝の文化も日本文化に取り入れられた。近世時期の幕府や藩に仕える儒者を多く育て、近世儒学の振興に基礎を付けた。

三、物語文学

（一）擬古物語

中世以降、勢力を失った貴族たちは、昔の思い出として平安時代の物語の再現にあこがれ、数多くの擬古物語を作った。現存作品は少ないが、当時の物語についてのユニークな評論集『無名草子』(1200－1201)、および当時の作り物語から約1400の歌を選出して編集した『風葉和歌集』(1271) などにこの類の作品の名前が数多くある。中に『住吉物語』、『松浦宮物語』、『石清水物語』、『苔の衣』などがある。

『住吉物語』は鎌倉中期成立。継母にいじめられる中納言大姫君が住吉の尼のところに逃れ、いろいろ経て右大臣の息子四位少将と結婚して幸せになった物語。『落窪物語』と同じようにシンデレラに似通っている継子いじめ物語である。

『松浦宮物語』は12世紀末成立。橘氏忠という少年が恋人と別れて唐に渡り、皇帝の妹や后などと契りを交わすという伝奇的、幻想的な物語。『宇津保物語』、『浜松中納言物語』に似ている。

（二）御伽草子

擬古物語が衰微すると、その後を受けて御伽草子という新しい物語が多く出現した。鎌倉時代から江戸時代にかけて成立した、それまでにない新規な主題を取り上げた短編の絵入り物語で、**お伽草子、おとぎ草子**とも表記する。現存作品は300編を超えるが、大部分は作者も完成時期も不詳である。

御伽草子は平安時代以来の貴族社会の物語に比べると、題材・表現ともにそれまでの貴族の文学とは全く異なる。それまで長編だったのが短編となり、登場人物や扱われた世界は以前より変化に富んでいる。内容は種々雑多であるが、分類としては、公家物、武家物、宗教物、庶民物、異類物、異国物の6種に分ける方法が一般的である。多くは絵と文とが相補って読者を楽しませる方式をとっているが、対象とする享受者が女性や若年層を主にしていたことを示している。共通した特徴としては、文章が平易単純であること、登場人物の心理・性格などの内面描写が乏しく、場面を詳述するのではなく、ストーリーの進展を重視した筋書き的であること、筋立てや人物の容姿や情景の表現が類型的であることなどである。したがって作者の個性のみられる作品が少なく、文学としては幼稚素朴の評を免れないが、文学大衆化の一現象として、中世文学の作者と享受者層が広がるのが窺える。

　御伽草子の中でよく知られているのは、主人公が動物の報恩で竜宮を訪れ、しばらく経って帰ると人間世界がもう長い年月経ってしまう『浦島太郎』、人の親指くらいしかない男の出世物語『一寸法師』、塩焼きの文正が塩を売って巨万の富を蓄えて出世した『文正草子』、継母にいじめられるが、死んだ母のかぶせた鉢のおかげで最後には幸福になる姫君の話『鉢かつぎ』などがある。そのうち、比較的創作性の濃い作品は江戸初期の仮名草子に影響を与えた。武家物や、宗教物のなかの本地物のように、民衆に迎

えられた物語は、江戸時代に入ると、操(あやつ)りを伴う語物芸能の浄瑠璃(じょうるり)に流入して、長く生命を保っていた。

（三）軍記物語の発展と『平家物語』

中世において、戦乱時代の反映として、戦いの場面や思い出話を中心に、物語風に歴史を叙述する軍記物語も登場した。叙事文学の類で、「軍記物」、「戦記物語」ともいう。戦い中心の物もあるが、武将の個人の経歴を描くものもある。平安時代後半に完成された『将門記(しょうもんき)』、『陸奥話記(むつわき)』は軍記物語の先駆けとされる。両方とも漢文体で書かれ、記録性が強い。鎌倉時代に入って、平安末年の保元の乱、平治の乱を題材にした『保元物語(ほうげんものがたり)』、『平治物語(へいじものがたり)』が生まれ、和漢混交文で書かれた。この流れを汲んで、13世紀中期に、源平興亡(げんぺいこうぼう)の歴史を描く巨編の軍記物語『平家物語(へいけものがたり)』が生まれた。

1. 成立と作者

軍記物語の代表作としての『平家物語』は平安末期の源平争乱を題材にしたものである。12世紀の半ばには、政権の実権をめぐって上皇と天皇の間に対立が現れるようになった。藤原氏の中の摂政や関白の地位をめぐる争いと結びついて、1156年、保元の乱が起こった。皇室内部で崇徳(すうとく)上皇と後白河(ごしらかわ)天皇と、藤原氏の摂関家では頼長(よりなが)と忠通(ただみち)との対立が激化し、崇徳・頼長側は源(みなもとの)為義(ためよし)、後白河・忠通側は平清盛(たいらのきよもり)・源義朝(みなもとのよしとも)の軍を主力として戦ったが、崇徳側は敗れ、上皇は讃岐(さぬき)に流された。この乱は、武士の政界進出の大きなきっかけとなった。後に、源義朝が平清

盛と不和となり、1159年、平治の乱を起こしたが、敗れて尾張に逃れ、殺された。この戦いに勝った平清盛は急速に政治的力を強め、1167年武士として始めて太政大臣になり、藤原氏を圧倒して政権を握った。

　平氏は武士として政治舞台に登ったが、藤原氏と同じように娘を天皇の后とし、一族の子弟はそろって高位高官を占めた。その軍事力が一族とその家臣を中心にしたもので、全国の武士を組織するには至らなかった。ここに平氏の政権の弱さがあった。平氏の政治は、ただ平氏一族の利益を図るだけのものであったから、院、貴族、寺社の反感を買い、全国の武士たちの不満も高まった。やがて、伊豆（静岡県）に流されていた源頼朝など、諸国の源氏が一斉に立ち上がり、源平合戦が行われ、平氏が滅ぼされた。

　これは歴史をもとにして語った軍記物語の巨編で、成立・作者は複雑である。古くは3巻または6巻の時代があり、次第に加筆、増筆された。膨大な異本があるが、**読み本**と**語り本**に区分できる。読み本は目で読むための本で、もっとも規模が大きいのは『源平盛衰記』全48巻である。語り本は**琵琶法師**①の語り「平曲」のテキストであり、現在最も広く普及しているのは、全12巻本に「灌頂巻」を加えた明石覚一②別巻編集による覚一本である。

---

　① 琵琶法師：琵琶を弾ずる盲僧。平安時代から巷間の盲僧で琵琶を弾ずる者があったが、鎌倉時代、平家物語を琵琶に合わせて語り始め、大成して平曲となった。
　② 明石覚一：1300ごろ〜1371。南北朝時代の平曲家。『平家物語』の詞章・曲節を改訂し、平曲の基礎を築いた。

この12巻本は承久―仁治（1219－1243）年間成立した。

2. 構成と内容

前半と後半からなっている。

前半部（巻1〜6）

平家一門の興隆と栄華、それに反発する反平家勢力の策謀(さくぼう)などが語られる。

刑部卿忠盛(ぎょうぶきょうただもり)の昇殿によって宮廷社会に地歩を築いた平家は、清盛(きよもり)の世になって大きな飛躍をみせ太政大臣の栄位に上るが、権勢を掌握した清盛はやがて世を世とも思わぬ悪行の限りを尽くすようになる。そうした平家のふるまいは人々の反発を招き、その反感がやがて平家打倒の陰謀として結集されて行く。事前に発覚して惨めな失敗に終わる事件も幾たびあるが、源頼政(みなもとのよりまさ)の奉じた以仁王(もちひとおう)の令旨(りょうじ)が諸国の源氏の決起を促し、源頼朝(みなもとのよりとも・き)、木曽義仲(そよしなか)の挙兵となり、その騒然とした情勢のなかで熱病にかかり清盛が悶死(もんし)を遂げる。

後半部（巻7〜12）

源氏勢(げんじせい)の進攻と源平合戦(げんぺいがっせん)、そして平家の滅亡を内容とする。

まず信濃(しなの)に兵をあげた木曽義仲が北陸から都に向かって快進撃を開始、この木曽勢の進攻によって平家はついに都を捨てて西海(さいかい)①へ逃れ去る。しかし、都入りした義仲はその勢威を維持することができず、後白河法皇(ごしらかわほうおう)との確執から東国の頼朝の介入を招き、東国勢の猛攻を受けてあえなく滅び去る。一方、木曽義仲を撃ち

---

① 西海：西方の海。特に、瀬戸内海または九州の海。

破った東国勢は、時を移さず一ノ谷（神戸市）に拠る平家の攻略に立ち向かう。敗北を重ねた平家は長門の壇ノ浦（下関市）に追い詰められ、幼帝安徳天皇は祖母二位尼に抱かれて入水、一門の大半はここで自決する。大将の平宗盛も捕虜となって斬られ、平家の嫡流6代が処刑をされた。「灌頂巻」は、戦後洛北に遁世した建礼門院（清盛の娘で安徳天皇の生母）の求道と鎮魂の祈りの消息を伝える。

　物語は、平氏一門の栄華と没落の全過程が描かれている。平氏の栄枯盛衰を中心に猛猛しい武士の合戦場面、情趣溢れた貴族的世界を描き出し、「盛者必衰、諸行無常」という主題は作品全体を通じて流れている。また、女性の悲しみの逸話も物語を豊かにしている。祇王の話しもその例である。祇王は清盛に寵愛されていたが、その愛が他の女性に移ってしまい、悲しみから尼になるのである。

冒頭

祇園精舎の鐘の声、諸行無常の響きあり。沙羅双樹の花の色、盛者必衰の理を顕す。奢れる人も久しからず、只春の夜の夢の如し。猛きものも遂には滅びぬ。偏に風の前の塵に同じ。

（現代語訳）

祇園精舎の鐘の音は、諸行無常の響きがある。(釈迦入滅の時に白色に変わったという) 沙羅双樹の花の色は、盛んなものもいつか必ず衰えるという道理を現している。権勢を誇っている人も永

久には続かない。それは春の夜の夢のようなものだ。勇猛な者も最後には滅びてしまう。それは全く風の前の埃だ。

（中国語訳）

祇园精舎钟声袅袅，鸣响诸行无常之音；娑罗双树花色迁移，显现盛者必衰之理。威光不久，只如春夜之梦；勇者必灭，好似风前之尘。

3．特徴と価値

①軍記物語の最高傑作。合戦を主題とする勇壮な軍記でありながら、序章の冒頭文に示されているように無常観①が基調となっていて、物語に深い哀感をしみ込ませ、独自の趣を作りだすことになっている。

②表現は、雅語・俗語・仏語・漢語などを自在に取り入れた和漢混交文体で、七五調の韻律文と記録体を含む散文とを織り交ぜる。語調・内容が洗練される。

③流布の形として、主に琵琶法師の語りによって伝えられる「語物（かたりもの）」で、耳から聞く文芸として文字の読めない多くの庶民たちにも喜び迎えられた。庶民の台頭期である中世において幅広い支持を得ることができた。

④中世の謡曲や御伽草子、近世の浄瑠璃、歌舞伎、読本などに多く取り入れられ、後世文学に影響するところが極めて大きい。

---

① 無常：この現象世界のすべてのものは生滅して、とどまることなく常に変移しているということ。無常美：無常を美的感覚で捉えること。

覚一本『平家物語』
（高良大社所蔵）

4. 平家物語以降

『太平記』

14世紀後半の室町時代成立。鎌倉末期から南北朝時代の争乱を描く。平曲と同じように、「物語僧（ものがたりそう）」と呼ばれる僧侶たちに朗読された。公家、大名、武士などを含めて複雑な時代相が現れ、世相・政道への批判が厳しい。漢文色の和漢混交文。

『太平記絵巻』
（埼玉県立歴史と民族博物館蔵）

『義経記(ぎけいき)』
源義経(みなもとのよしつね)の悲劇的な運命を描く。「判官物(ほうがんもの)」の源流。

『曽我物語(そがものがたり)』
曽我兄弟の仇討(あだう)ちを描く。「曽我物」の源流。

(四) 歴史物語
貴族社会の栄枯(えいこ)に焦点を据え、歴史的事実の裏づけによる物語が求められ、歴史物語が書き継がれていった。

1.『水鏡(みずかがみ)』
成立は鎌倉初期。作者は中山忠親(なかやまただちか)説がある。修行者(しゅぎょうしゃ)がかつて仙人から聞いた話を、73歳の老女に語って聞かせるという構成。初代神武天皇から仁明天皇(にんみょうてんのう)まで約1500年を扱う『大鏡』の前の時代を説明することになる。仏教的史書『扶桑略記(ふそうりゃっき)』を基本資料とし、独自の歴史観は乏しい。

2.『増鏡(ますかがみ)』
成立は南北朝。作者は二条良基(にじょうよしもと)(南北朝歌人。連歌作者。関白、摂政を歴任した。)説が有力。『栄華物語』や『とはずがたり』など多くの文献を参考にした。後鳥羽天皇誕生の1180年から後醍醐天皇が流され、そこから京都に戻る1333年までの約150年間を、編年体で記している。筆者(ひっしゃ)が嵯峨の清涼寺に参詣した頃、一人の老尼(ろうに)を見かけ、昔の話を聞かせてもらう形で展開される。優雅な和文で天皇と貴族を記述する反面、新階級の台頭の言及は少ない。

3.『愚管抄』

成立は1220年ごろ。作者は僧侶慈円。神武天皇から承久の乱直前までの歴史を描き、その歴史を動かす道理を指摘した。

4.『神皇正統記』

成立は1339年。南朝の重臣北畠親房が神代から後村上天皇まで記し、南北朝時代の南朝の正統性を主張する。

5.『吾妻鏡』

成立は14世紀初め。作者は幕府の人間、すなわち武家社会の人間と推測される。変体漢文で鎌倉幕府前半を描く。貴族の間の事件は扱わず、幕府とその支配下の武士の事柄を記している。

四、説話文学

（一）『宇治拾遺物語』

1. 成立と作者

中世は僧侶や隠者などの知識人の手による説話集があいついで編纂される。このような説話文学は、乱世に新しい生活原理や人間像を求める傾向が強くなったので、庶民的文学の傾向が著しくなっている。

『宇治拾遺物語』は1221年ごろ成立。作者未詳。『今昔物語集』と並んで**説話文学の代表的作品**である。書名は、現存しない『宇治大納言物語』から洩れた説話を拾い集めたことに由来する。

2. 構成と内容

約200編の長短の説話。仏教説話、世俗説話、民話からなって

いる。そのうち80話は『今昔物語集』と重複している。『打聞集(うちぎきしゅう)』、『古本説話集(こほんせつわしゅう)』その他の諸書にも書承関係が認められる。天皇、貴族から僧侶、武士、盗賊に至るまでのあらゆる階層の人物が登場し、それぞれ、成功談、失敗談、あるいは奇妙な話、不思議な話、笑い話など、さまざまな内容の話が載せられている。中国やインドを舞台とした話もあり、民話風の話も見られる。同時代の他の説話集と比べて、登場人物、素材の出自、内容分類で広がりは著しい。「今は昔」「是(これ)も今は昔」といった穏やかな語り出しに始まり、全体に平易でわかりやすい和文脈の語り口で語られている。その内容には鋭い人間批評や風刺、皮肉がきいているものも少なくなく、味わい深い作品であるが、他の説話集より教訓性、啓蒙性が薄く、人間の様々な生き方に寄せる理解が窺える。

巻第三　六（三八）絵仏師良秀(えぶっしりょうしゅう)家の焼くるを見て悦(よろこ)ぶ事

　これも今は昔絵仏師良秀といふ者ありけり、家の隣より火出で来て風おしほひて責めければ逃げ出でて大路へ出でにけり、人の書かする仏もおはしけり、また衣着ぬ妻子などもさながら内にありけり、それも知らずただ逃げ出でたるをことにして向ひのつらに立てり。見れば既に我が家に移りて煙炎くゆりけるまで大方向ひのつらに立ちて眺めければあさましき事とて人ども来訪ひけれど騒がず。いかにと人云ひければ向ひに立ちて家の焼くるを見て打頷きて時々笑ひけり。哀れつる所得かな、年比は悪ろく書きける物かな、と云ふ。時に訪ひに来たる者ども、こはいかにかくては立ち給へるぞ、あさましきことかな、物の憑き給へるか、と

云ひければ、何条物の憑くべきぞ、年比不動尊の火焰を悪しく書きけるなり、今見れば、かうこそ燃えけれ、と心得つるなり、これこそ所得よ、この道を立てて世にあらんには仏だに善く書き奉らば百千の家も出できなん、吾党たちこそさせる能もおはさねば物をも惜しみ給へ、と云ひてあざ笑ひてこそ立てりけれ。その後にや、良秀がよぢり不動、とて今に人々めであへり。

（現代語訳）

これも昔の話、絵仏師良秀という者がいた。隣の家から火が出て、その火が風にあおられて自分の家にせまってきたので、大通りまで逃げてきた。家の中には、お客さんから依頼されて描いている仏様もあれば、着物を着ていない良秀の妻子もそのまま残っていた。良秀はそれを気にすることもなく、逃げたことをよしとして、家の向かいに立っていました。家を見ると、すでに火は燃え移っており、火が消えるまでずっと、道の向かいに立って眺めていると、「たいへんだ」と人々が集まってきたが、良秀は少しも騒がない。「どうしたのか」と人が良秀に尋ねると、良秀は家が燃えるのを見てうなずきながら、時々笑った。「ああ、大変な儲けものをしたものだ。これまでずいぶんと下手な描き方をしていた。」と良秀が言ったので、見舞いに来た者たちが、「これはどうしことか。ああ（冷静に）立っているぞ。あきれたものだ。物にでもとり憑かれたか。」と口にした。これを聞いた良秀は、「なんで物など憑くものか。これまで不動尊の火焰を下手に描いていた。今見れば、このように燃えるものか、とわかったのだ。これこそ儲け

ものだ。絵仏師の道を立てて、有名になるのに、仏さえよく描けば、百千の家だって建てられる。お前さんたちはそんな能力もないから、物を惜しんでしまうのだ。」と言って、嘲笑って立っていた。その後、「良秀のよじり不動尊①」として、今でも人々が称賛している。

（中国語訳）

　　昔有绘佛师名良秀者，一日，邻家失火，火随风势，移至自家，遂逼街头。家中尚有受人托付所绘之佛像，未着衣衫之妻子，皆不顾。但得逃脱，却伫立观看，直至大火将自家房舍烧尽。众人蜂拥而至，皆以为叹，独良秀丝毫不以为意，人询其故，亦不答，只望着眼前情景微笑颔首,自云："此番大得利也。前日所绘之物何拙也。"众皆道："眼见自家遭了火烧哪能这般安稳，莫非是魔住了不成？"良秀闻道："何出此言？只因我前日所绘之不动明王，背后火焰描画甚劣，今日一见，方知火焰燃烧真实之态，此番方才是大得利。但能绘佛如生，于此业中立身扬名，何愁不能建得百千房舍？尔等无才无能，只知惜物罢了。"于是哂而去。自此以后，便有"良秀绘明王烈焰如生"之谓，至今为人称道。

3．特徴と価値

①説話文学の代表的作品として、登場人物、素材の出自、内容分類は幅広い。

②平易でわかりやすい和文脈の語り口で語られている。

---

①　よじり不動：仏画の不動尊の火炎の形がよじれるように写実的に描かれていたことから名付けられた。

③他の説話集と比べ教訓性、啓蒙性が薄い。人間に寄せる理解が見られ、作者の人間、社会に対する自由で柔軟な態度が窺える。

④後世文学への影響も一筆に値する。芥川龍之介が題材とした古典となる。

『宇治拾遺物語絵巻』
（勉誠出版 2008 年）

（二）他の説話文学

1. 『十訓抄（じっきんしょう）』

1252 年成立。十の教訓の例話約 200 を集め、教訓・啓蒙の意図を持つ。

2. 『古今著聞集（ここんちょもんじゅう）』

1254 年成立。橘成季（たちばなのなりすえ）。20 巻、約 700 の説話。30 部類からなる。三分の二は平安時期の説話。貴族伝統と関係ある最後の説話集。過去の時代への未練が窺える。『今昔物語集』についで規模

が大きい。

3.『発心集(ほっしんしゅう)』

作者は鴨長明。仏教説話集代表作。「怨念(おんねん)」、「執着(しゅうちゃく)」の離脱を説くもの。

4.『沙石集(しゃせきしゅう)』

作者は無住。仏教説話集代表作。大衆を教え導く。笑話風の話も多い。後に狂言の題材となり、落語(らくご)の源流にもなった。

五、日記・紀行・随筆

(一)日記

貴族社会が衰える中で、宮廷文化も著しく衰退して、女房たちによる文学活動が見るべきものが少ない。女流日記文学も、不振な中にも幾つか名高いものが残された。この時期の女流日記から見れば、愛を語って、「我」の存在や位置を強調するのが特徴である。

『建礼門院右京太夫集(けんれいもんいんうきょうのだいぶ)』

1232年成立。作者は右京太夫。2巻。宮廷生活を回想する歌日記的な作品。平家の栄耀、源平争乱、平家滅亡の時代を背景に、平資盛(たいらのすけもり)との恋愛を主軸に創作した佳作。平家の滅亡を目のあたりにし、さらに恋人平資盛との死別を経て、激動の世を生きた人間にとって「我」を強調する自照性の高い作品。「裏から見た平家物語」とも言われる。

『とはずがたり』

1306年ごろ成立。5巻。作者は後深草院二条(ごふかくさいんにじょう)。日記・紀行・物語文学の三つの性格を持っている。『源氏物語』の影響が色濃く、

14歳で後深草院の寵愛を受けた作者が数多くの貴族と交渉を描いた日記文と、後に西行に憧れて出家し、各地の修行(しゅぎょう)遍歴の紀行文からなる。

（二）紀行

中世初頭、源頼朝が鎌倉で幕府を開設以来、日本国の中心は京都と鎌倉の二都市に分極する結果となった。中世以前にも受領などが都と任国との間を行き来する旅があったが、このような社会構造の変化に伴って、京の都と将軍の新しい都とも言える鎌倉と結ぶ幹線道路——東海道を往来する旅人が多くなってきた。そのうちに、文筆(ぶんぴつ)に携わる人々の手によって、途中の風物や感想などを記した旅日記が数多く書き残された。流麗な和漢混交文で旅情豊かな記述となっている。

『海道記(かいどうき)』

1223年成立。作者未詳。内容から見て儒学に携わる官僚出身者。京都白川の辺りに閑居していた人が、出家して、4月4日の暁(あかつき)都を出発し、東海道を旅して、宗教の地である鎌倉に向かった。4月17日鎌倉に到着、見物した後、5月初旬、京に残した母がしきりに思われて鎌倉を後にして帰京した時の紀行文。思想内容豊か。

『東関紀行(とうかんきこう)』

1242年ごろ成立。作者未詳。50歳に程近い、出家していない男性。

8月10日過ぎに都を出発し、東海道を旅にして鎌倉に到着、10

月23日帰京の途に就くという旅の紀行文である。

『十六夜日記(いざよいにっき)』

1279年ごろ成立。阿仏尼(あぶつに)の最晩年の作。多才な阿仏尼は若いとき多感な経験を持ち、30歳ごろ宮廷和歌界の重鎮である藤原為家(ふじわらためいえ)の後妻(あとめ)となった。後に実子(じっし)の遺産相続をめぐって訴訟が起こり、1279年10月16日都を発ち、29日鎌倉に着く。王朝の女性と違って強く自己権利を主張する意志の鮮明な女性で、わが子への母性愛、訴訟に関する心配などが盛られている。作品に描かれているのは平安朝の女流日記には見られない世界である。歌人で、和文で綴(つづ)られた90首近い和歌が文中に入れられている。

(三) 『方丈記』

1. 成立と作者

平安後期からすでに、荘園の崩壊・貴族社会の退廃・末法思想の流行の中で無常観が次第に浸透してきた。中世になって、源平の争いで鎌倉幕府の支配を確立してからまもなく半世紀ほどの南北朝争乱を迎え、それから一世紀ほどの戦国時代になった。この中で仏教が普及した。頻繁に起こった戦乱に天災も加え、生の空虚、生の不確かさを表す無常観は社会激動の中で自分の無力さを感じた一般の民衆にまでも受け入れられた。

中世時期、戦乱、天災の中で、現実に不安、不満を持って出家の形で現実を離脱する人は「隠者」、「隠遁者」、「世捨て人(よすびと)」と言われる。ほとんど仏教を信仰し、山に庵(いおり)を結んで住んだり、全国を遊行したりして、無常観に基づいた「隠者文学」を残した。

代表的なのは鎌倉初期の『方丈記』と鎌倉から南北朝時代にかけた『徒然草』で、平安時代の『枕草子』と並んで日本三大随筆となっている。

　『方丈記』は1212年成立。作者は鴨長明（1155－1216）。書名の由来は、日野山に一丈（広さ約3メートル）四方の草庵を結び、そこで書いたことによる。

　作者は宮廷貴族として生まれ、『新古今和歌集』編纂のために宮廷に和歌所を設置された際、職員に選出され、熱心な仕事ぶりが評価されたが、後に神社の禰宜に就く望みが絶たれたことをきっかけに和歌所から姿を消し、出家した。4年後、日野の草庵に移住し、阿弥陀の絵像や法華経を置く一方で、和歌集や琴、琵琶も置いていた。仏教、和歌、音楽の生活の中で『方丈記』を著した。

鴨長明像（菊池容斎画）

2. 構成と内容

最初から最後まで文章が続くが、内容から前半と後半に分けられる。

前半は平安末期に起こった五つの天災を描いた。安元大火、治承辻風、福原遷都①、養和大飢饉、元暦大地震を写実的で迫力をもって描き、世の無常を説いている。

後半では自分の不遇や出家、隠棲、方丈の庵を結ぶに至る事情を述べた。閑居生活の穏やかな心境を記したが、最後の段で今の生活に執着する自己への批判が描かれ、作者内心の矛盾感が現れる。

冒頭

ゆく河の流れは絶えずして、しかも、もとの水にあらず。淀みに浮かぶうたかたは、かつ消えかつ結びて、久しくとどまりたる例なし。世の中にある人とすみかと、またかくのごとし。

（現代語訳）

ゆく川の流れは絶えることがなく、しかもその水は前に見たもとの水ではない。淀みに浮かぶ泡は、一方で消えたかと思うと一方で浮かび出て、いつまでも同じ形でいる例はない。世の中に存在する人と、そのすみかもまた同じだ。

---

① 福原遷都：平清盛は、高倉上皇と平家一門の反対を押し切って福原（今神戸あたり）に遷都を強行したが、途中から反平氏勢力の挙兵がはじまり、遷都反対も根強く、未完に終わって、約170日の後、京都に帰還する。一般的に平家の横暴を語る上では欠かせない重要な事件とされるが、鴨長明は人為的な災いより世間の変遷無常の視点からその害を述べた。

（中国語訳）

　逝水如斯，此水非是原来之水。水中泡沫且生且消，且浮且沉，哪有久驻之理。世上房舍居所，芸芸众生，消长变迁，亦是如此。

3. 特徴と価値

　①三大随筆の一つとして、激動の中を生きた知識人が人生の変転無常に対する悲嘆が現れる。

　②漢文脈と和文脈を調和させた簡潔・清新な和漢混交文で綴られた。

　③平安時代漢学者、文人慶滋保胤（よししげのやすたね）の漢文随筆『池亭記』（ちていき）への模倣が窺える。

（四）『徒然草』

1. 成立と作者

　1330以降。吉田兼好（よしだけんこう）。代々神祇官（じんぎかん）を出す家柄に生まれ、在俗時代宮廷に仕え、二条派歌人として活躍し、和歌四天王[①]の一人。俗名（ぞくみょう）は卜部兼好（うらべかねよし）であるが、出家して兼好と音読して、僧名（そうみょう）とした。また京都の吉田に住んだので、江戸時代からは吉田兼好と呼ばれるようになった。『兼好法師集』という家集もある。鴨長明と同じく優れた歌人であったが、出家後は鴨長明と違い、政治や文化、宗教など多方面の人と交流を続けた。

　冒頭の「つれづれ」が『徒然草』の由来になっている。

---

① 和歌四天王：兼好のほかに頓阿、浄弁、慶運がいる。

吉田兼好像（菊池容斎画）

2．構成と内容

　序段と 243 段からなる。『方丈記』、『平家物語』と同様に無常観を基調に書かれたが、深い学識と豊かな感受性を土台にして、現世の欲望、住居論、人生論、自然論、恋愛観、政治批判、芸能などについて洞察している。無常について独自の思考を示していて、7 段の、無常観肯定、長生きすると老い衰（おとろ）えた醜い姿を晒し、四十歳前の死を勧める段、189 段の、事が予定通りに進まないものだが、固定観念を持つのも誤り、時には予定通りに行くことの段がある。諧謔性に富む話もあり、45 段、良覚という大僧正（だいそうじょう）[①]の小話（ばなし）で、榎（えのき）の僧正、きりくいの良覚、堀池の良覚と、あだながだんだん悪くなる段がある。庶民の話もして視野の広さが現れ、109 段の有名な木登りの男の話を語って、油断が生じる時こそ危ない、身分は低いが聖人の教えと同じと結論をつけたものがある。また

[①] 大僧正：僧官には大僧正、権大僧正、僧正、権僧正の 4 つの位があり、良覚はこのうち大僧正であった。

137段のように美的感覚と説くものもある。

　文体は和文と和漢混交文の二つの文体を随筆の内容によって使い分けている。和文では四季の移り変わりや随想的なことを述べ、和漢混交文では宗教観や人生論などを述べている。

冒頭

　つれづれなるままに、日暮らし硯にむかひて、心にうつりゆくよしなしことを、そこはかとなく書きつくれば、あやしうこそものぐるほしけれ。

　（現代語訳）

　一人居で手持ち無沙汰なのにまかせて、一日中、硯を前にして、心に映っては消え、映っては消えるつまらないことを、とりとめもなく書き付けると、妙に気違いじみた心地がする。

　（中国語訳）

　　闲来无事，独自枯坐，面对笔砚，心中诸般念头纷至沓来，信手书之，难免荒唐妄言了。

137段

　花はさかりに、月はくまなきをのみ見るものかは。雨にむかひて月を恋ひ、たれこめて春のゆくへ知らぬも、なほあはれに情け深し。咲きぬべきほどの梢、散りしをれたる庭などこそ見どころ多けれ。

　（現代語訳）

　桜の花は、何も盛りだけを、月は、何も曇りなく照りわたっているのだけを見るものではない。雨に向かって月を恋しく思い、簾をおろして春の行方を知らないのも、やはりしみじみと趣深い

ものだ。今にも咲きそうな桜の梢や、花が散って花びらがしおれている庭にこそ、見るべき所がある。

（中国語訳）

只知看那樱花盛开之时，月华无半点遮拦之际，如此有何意趣。倒不如面对阴雨心中思想月华，闭帘深锁不知春之所踪，更有无限情趣。将放未放之蕊，落红遍地之庭，倒反而可看。

3. 特徴と価値

①三大随筆の一つとして、主題・内容はきわめて多岐にわたっている。

②無常に対して、『方丈記』のように単に無力を感じて嘆くことではなく、無常に対する思考を深め、対処法も考えるのが理性的だ。

③『枕草子』から形式、文体の枠組みの影響を受けたが、仏教、道教、儒教の思想性が滲(にじ)んでおり、平明な文で深い哲学を語る力がある。宮廷生活を賛美した『枕草子』と違って視野が広い。

④幽玄・さびの美が窺え、後世に影響した。

⑤和文と和漢混交文を使い分けているところも特徴的である。

六、劇文学

（一）能

能(のう)は日本伝統芸能の一つで、能楽(のうがく)ともいう。独自の様式を持つ能舞台に、面(おもて)という能面を用い、舞に高められ抽象化された演技と、謡(うたい)と囃子(はやし)による音楽要素の融合された演劇である。演技はシテと呼ばれる主役が中心で、シテに相手をする脇役がワキという。

奈良期に伝来した唐楽(とうがく)の中で俗的なものを散楽(さんがく)と言う。平安

期に入ると、奇術・曲芸・物まねなどの雑技的な面が加わって**猿楽**と言われ、庶民の間に流行した。一方、農村で田植えの時に農耕儀礼として**田楽**が演じられる。笛、鼓などの囃子物に合わせた踊りを序曲とし、合わせて曲芸、劇形態の出し物が演じられたが、やがて貴族階層の間に広まり、室町期には将軍・武士たちの間でも愛好された。やがて猿楽、田楽は歌舞を伴う対話劇を演じるようになり、それぞれ猿楽の能、田楽の能と称せられ、いわば今日の能の源流となった。

　鎌倉時代後期から、仏教の広まりに従って、大寺院の法会や神社の祭礼に伴う芸能が盛んになった。やがてそれらを演じた芸能者は座という集団を結成し、有力な寺院に従属した。その芸能者の中で**観阿弥**、**世阿弥**の父子が出て、彼らによって総合舞台芸術である能が完成された。

　猿楽の座としては春日神社の大和猿楽と近江猿楽が目立つ存在であった。南北朝時代、大和猿楽の結崎座（後に観世座）の観阿弥清次（略して観阿弥、1333－1384）は能の発展史上の重要人物である。能楽発展の基礎を築き、地方から中央に広げ、足利義満の庇護のもとで、大和猿楽の向上を図った。近江猿楽、田楽の能にも学び、幽玄な芸風を打ち出し、物真似中心の能を作った。その子世阿弥元清（略して世阿弥、1363－1443）は、将軍足利義満の庇護を受けつつ、能を写実性から風趣を重んじ優雅なものに洗練させるとともに、幽玄美（強さ、硬さに対して優雅で柔和典麗な美しさを主張）を尊ぶ芸術論を加え、能を集大成した。50 ほ

どの能脚本を書いた。複式夢幻能（一曲二場からなる。前場の主役シテが、後場で夢、幻のごとし故人の霊となって現れる趣向を持つ能）の形式を完成させた。やがて猿楽の能は、他の田楽の能を圧倒して「能」と呼ぶようになった。能役者、能本作者のほかに、批評家としても活躍し、『風姿花伝』（1400－1418）、『花鏡』などの能楽書、舞台芸術論を出した。

　近世に入って、能は公儀の儀式に用いる音楽や舞踊、つまり幕府の式楽とされる。演技がますます洗練されるとともに、おびただしいほどの数に上る曲目も240ほどが整理されるに至った。一日の正式の演出の形式と内容から五種類に分類するのが普通で、五番立て[①]という。

五番立ての解説

	分類	解説
初番目物／一番目物	脇能（わきのう）	神格を持つものを主役とする、めでたい祝言（しゅうげん）の能
二番目物	修羅物（しゅらもの）	武将の霊を主役とする能
三番目物	鬘物（かずらもの）	美女または草木の精などの女を主役とする能
四番目物	雑能物（ざつのうもの）	他の分類に属さない能、狂女や唐人が主役とする。
五番目物	切能（きりのう）	主に人間以外の鬼や天狗、妖精が主役。

---

① 類別の名前に多少の差異がある場合もある。また、四番目物は現在物（げんざいもの）で、主人公が現実の男性である能、五番目物は鬼畜物（きちくもの）で、鬼神・畜生・天狗などを主役とする能という説もある。

厳島神社の能舞台

能楽師の出演

能面

(二) 狂言

　狂言は能と同様に猿楽から発展し、室町時代に今の芸態に定着した日本伝統芸能で、主として科と白によって表現される寸

劇的な喜劇である。能は仮面を使用する音楽劇で、舞踊的要素が強く抽象的・象徴的表現が目立つ。またその内容は悲劇的なものが多い。これに対し狂言は、一部の例外的役柄を除いて面を使用せず、猿楽の持っていた物まね・道化的な要素を発展させたものであり、せりふも含め写実的表現が目立つ。内容は風刺や失敗談など滑稽さのあるものを主に扱う。主役を務めるものが能と同様にシテというが、脇役を務めるものはアドといい、能のワキと異なる呼称となっている。

　狂言は能に従属して発展を遂げた。室町時代以来、猿楽の座の大和猿楽が歌舞中心の能として大成するにつれて、狂言も科白劇として発達し、滑稽なものまね芸が洗練され、能の緊張した気分を和らげるために、能の中間に挟まれて上演されている。当時の日常語を自在に使う口語体台詞と物真似による写実演技で、社会各面を表現・風刺する。中世の時代風潮である下克上を背景に、権力や世相を軽妙に風刺した庶民芸能である。登場人物はおおむね現実的、喜劇的なもので、例えば福神(ふくのかみ)は人間に近いもので、出家者もしばしば笑いの対象となる。よく対立の中でストーリーを展開し、対立の和解あるいは破裂で喜劇的に終わる。現在残っている狂言は260ほどで、内容によって8種類に分類できる。その中で大名狂言、小名狂言がよく演じられ、「附子(ぶす)」などの有名な演目がある。

古典編

141

狂言分類

	類別	解説
1	脇狂言（わききょうげん）	祝意のあるもの。
2	大名狂言（だいみょう）	大名を主役とするもの。
3	小名狂言（しょうみょう）	地方の豪族や小名を主役とするもの。
4	婿狂言（むこ）	婿取りや夫婦間柄を主に取り上げるもの。
5	女狂言（おんな）	女を主とするもの。
6	鬼・山伏狂言（おに・やまぶし）	鬼や山伏①を主とするもの。
7	出家・座頭狂言（しゅっけ・ざとう）	僧侶や座頭②を主とするもの。
8	集狂言（あつめ）	その他のもの。

狂言「水掛聟」

練習問題と研究課題
　一、復習ポイント
　1．中世初期、貴族時代の文学の伝統が受け継がれた。女房日記は依然として書かれ、＿＿＿＿＿＿、＿＿＿＿＿＿などが作

---
① 山伏：野山に野宿（のじゅく）することや世を逃れて山中に住むもの。
② 座頭：室町時代で盲人の琵琶師の官名。当時における盲人四官の最下位。

られた。平安時代の物語を真似た擬古物語もたくさん作られ、＿＿＿＿＿＿＿＿＿＿、＿＿＿＿＿＿＿＿＿＿＿などがある。一方、現実を批判あるいは離脱する考えに基づいてたくさんの作品が生まれた。戦乱な世に基づいた＿＿＿＿＿＿＿＿、＿＿＿＿＿＿＿＿のような軍記物語が生まれた。不安定な現実の中で宗教文学も発展しており、＿＿＿＿＿＿＿＿、＿＿＿＿＿＿＿のような優れた隠者文学も生まれた。また同時に、現実の世相を反映する傾向も存在している。説話集の代表作は＿＿＿＿＿＿＿＿＿である。舞台芸術として＿＿＿＿＿と＿＿＿＿＿が完成された。

2. 中世和歌集の代表作とした『新古今和歌集』は、＿＿＿＿＿＿＿＿が＿＿＿＿＿＿＿たちに命じて編纂し、1205年に呈上された。歌風は俊成によって提唱された＿＿＿＿＿＿、＿＿＿＿＿＿の概念を、定家が発展させて＿＿＿＿＿＿、＿＿＿＿＿の歌境を築き上げた。

3. 『新古今和歌集』の成立後に登場した私家集の中で、特に有名なのは藤原定家撰の＿＿＿＿＿＿＿と源実朝の＿＿＿＿＿＿＿＿である。

4. 南北朝に入って最初の連歌集＿＿＿＿＿＿＿が編纂され、室町期に連歌の代表作＿＿＿＿＿＿＿が宗祇とその弟子によって作られ、連歌の模範とされた。

5. 仏教に関係する五山文学は、＿＿＿＿＿＿＿＿によって作成された漢詩文を指す。＿＿＿＿＿＿、＿＿＿＿＿＿、＿＿＿＿＿＿＿などが代表人物である。

6. 中世以降、『源氏物語』の世界の再現にあこがれて＿＿＿＿＿＿＿＿＿、＿＿＿＿＿＿＿のような擬古物語が作られた。それらが衰微すると、＿＿＿＿＿＿＿という新しい短編の物語が多く出現した。

7. 戦乱の時代を反映する軍記物語も登場し、鎌倉時代に入って保元の乱、平治の乱を題材とした＿＿＿＿＿＿、＿＿＿＿＿＿＿が作

られた。13世紀に生まれた＿＿＿＿＿は軍記物語の代表作である。盲目の＿＿＿＿＿が琵琶の弾奏とともに＿＿＿＿＿の盛衰を語り、庶民の中で幅広い支持を得た。それ以降も鎌倉末期から南北朝の争乱を描く＿＿＿＿＿、源義経の悲運を描く＿＿＿＿＿、曽我兄弟の仇討ちを描く＿＿＿＿＿のような軍記物語が作られた。

8. 中世社会、歴史的事実の裏づけによる物語が求められ、歴史物語が書き継がれる。平安時代の＿＿＿＿＿、＿＿＿＿＿に、鎌倉時代の＿＿＿＿＿、室町時代の＿＿＿＿＿を加えて「四鏡」という。

9. 中世は説話集があいついで編纂され、『今昔物語集』と並んで説話文学の代表作は＿＿＿＿＿で、＿＿＿＿＿、＿＿＿＿＿、＿＿＿＿＿からなっている。他の説話文学は＿＿＿＿＿、＿＿＿＿＿、＿＿＿＿＿などがある。

10. 書き続けられた女流日記文学の中で、＿＿＿＿＿は平家の盛衰を背景とした歌日記で、「裏から見た平家物語」とも言われる。『とはずがたり』は日記、＿＿＿＿＿、＿＿＿＿＿の三つの性格を持っている。紀行文『海道記』、『東関紀行』の作者はいずれも男性で、女性阿仏尼最晩年の作は＿＿＿＿＿である。

11. 『方丈記』は＿＿＿＿＿によって書かれ、＿＿＿＿＿文で綴られた。世の激動の中を生きた知識人の＿＿＿＿＿観が貫いている。『徒然草』は＿＿＿＿＿によって書かれ、文体として＿＿＿＿＿と＿＿＿＿＿を使い分けていて、『方丈記』と同じくこの時期代表的な隠者文学である。

12. 室町幕府の保護のもとで、＿＿＿＿＿、＿＿＿＿＿の父子によって能が完成された。一方、滑稽・風刺を中心とした＿＿＿＿＿が演じられた。

二、検討問題

1. 『新古今集』の成立背景、修辞上の特徴を説明しなさい。
2. 『新古今和歌集』は『万葉集』、『古今集』と並んで和歌史上の三大歌風を形成した。それぞれ「新古今調」、「万葉調」、「古今調」と呼ばれている。この三大歌集の歌風および後世への影響を比較して説明しなさい。
3. 連歌の意味を説明しなさい。
4. 五山文学を説明しなさい。
5. 『平家物語』と無常観の関わりを述べなさい。
6. 『平家物語』は平曲と読み本という二つの形態で社会に流布したが、それぞれについて述べなさい。
7. 歴史物語の誕生背景を簡潔に説明しなさい。
8. 中世と中古の日記文学の相違点を述べなさい。『方丈記』に見る無常観と『徒然草』に見る無常観の共通点・相違点について述べなさい。
9. 『枕草子』が『徒然草』に与えた影響を述べなさい。
10. 能と狂言の成立、発展について説明しなさい。

三、論文作成の手がかり

✽『新古今和歌集』の特徴（歴史背景、誕生、構成、修辞、歌風、作品か作者に集中して検討してもいい）

✽『新古今和歌集』の中日比較（『新古今集』の唯美的歌風と晩唐詩の美意識、各類型の比較）

✽『古今和歌集』から『新古今和歌集』への変遷（言葉、表現、修辞、美意識などの変化）

✽万葉調、古今調、新古今調の歌風変遷（各方面における継承と変化）

和歌考察（修辞法の考察、文法の使い方、言葉の変遷、作者の言語特徴、詠月・詠梅・恋情・離別などにおける中日比較）

✽五山文学（禅宗との関係、中国詩人杜甫など・詩集『三体詩』

などの影響）
　✻軍記物語研究（形成と変容、中国軍事文学との関係）
　✻『平家物語』研究（「もののあわれ」意識、無常観、武士の価値観）
　✻『平家物語』の中日比較（『長恨歌』などの借用、『三国演義』と女性意識・儒家思想・武人像などにおいての比較）
　✻説話文学研究（仏教の投影、庶民性、教訓性、漢文学の影響など）
　✻『宇治拾遺物語』研究（『今昔物語集』と仏教意識、中国物語、庶民意識においての比較）
　✻隠者文学の社会背景（戦乱、天災、心理欲求、仏教の伝播、知識人の遁世、『方丈記』や『徒然草』に見る中世社会的特徴）
　✻『方丈記』研究（無常観、中国古典文学の投影）
　✻『徒然草』研究（無常観、作者の人生観、白氏詩文・老荘思想などの中国文化の受容）
　✻『方丈記』と『徒然草』の比較（作者人生の比較、社会観の相違点、無常観の相違点）
　✻三大随筆の比較（美意識、貴族意識、中国文化の受容）
　✻能の考察（発展歴史、『風姿花伝』に見る能の美意識、幽玄、宋元戯曲と比較）
　✻狂言の考察（庶民意識、人情感覚）

近世文学

一、社会、文学の発展

　中世社会の戦乱・合併を経て、末期にいたると、織田信長が天下統一の道を進み始め、豊臣秀吉がその事業を受け継いで日本全国を統一した。検地、刀狩など統一事業に大切なことは着実に進行したが、安定的な支配秩序の整備までにはまだ及ばなかった。嗣子秀頼(ひでより)がまだ小さいので、それを徳川家康、石田三成(いしだみつなり)らの重臣に託して没(ぼっ)した。豊臣秀吉の死後、徳川家康と石田三成の対立が著しくなった。1600年、関ヶ原(せきがはら)の戦いが起こり、徳川家康が戦いに勝って天下の実権を握り、1603年将軍となって江戸幕府を開いた。1614から1615年、「大坂の陣」を起こして秀吉の側室淀殿と秀頼を自害に迫って豊臣氏を滅ぼし、徳川氏政権260余年の基礎を固めた。

　1603年の徳川幕府成立から大政奉還の1867年まで、徳川氏15代将軍の265年間を近世という。近世は日本の封建制度が最も完成され、江戸幕府を中心にして諸藩を地方に置く**幕藩体制**の時代である。**士農工商**の厳しい身分制度が敷かれて、**朱子学**を柱にした文治(ぶんじ)政策で平和な社会が実現された。対外的には**鎖国(さこく)**政策を実施した。1639年から日本はポルトガル船の来航を禁止し、長崎を日本でただ一つの貿易港として、オランダ人と中国人にだけ貿易を許した。これを鎖国といい、幕末まで約200年間も続いた。対外閉鎖の中で日本国内の発展を遂げた時代で、貨幣制度の確立で

商業が発達し、町人階級、特に商人が経済的な力を付けた。寺小屋による教育水準の向上と印刷技術の発達で文学が一般庶民に普及したことも近世の大きな特徴である。

徳川家康像（東照大権現像）

日光東照宮奥社墓所

近世文学の特徴は「庶民文学」または「町人文学」でまとめたことが多い。この時期、身分制度で武士、農民の下に置かれたが、経済的な力が著しく伸張した町人（主に商人）は、自分たちの生き方、考え方、趣味などを表す文学を要求し、自らも文学創作に参入し始めた。作品に託した主題思想は、義理と人情、勧善懲悪などで、作品に現れた美的理念は、**わび**、**さび**、**軽み**、**うがち**、**粋**、**通**などがある。当然、近世文学の担い手は町人だけではない。町人的文学の創作者のなかに、近松門左衛門、松尾芭蕉のような武士出身の作者もいる。このような近世文学は上方①文学期と江戸文学期で二期区分されている。

---

① 上方：江戸時代に大坂や京都を初めとする畿内を呼んだ名称である。広義では、畿内を初めとする近畿地方一帯を指す語としても使われる。現在の「大阪」の漢字表記は古く「大坂」が一般的であったが、江戸時代のころから「大阪」とも書くようになり、明治時代には大阪の字が定着する。

上方文学

近世文学はまず上方で隆盛した。元禄期（1688－1704）に隆盛を極めたので**元禄文学**ともいう。

小説において、**井原西鶴**は町人を写実・享楽的に描く『好色一代男』で**浮世草子**というジャンルを創出した。浮世草子のほかに、中国文学の翻案を個性とする**前期読本**が登場し、代表作は**上田秋成**の『雨月物語』である。

俳諧において、**松尾芭蕉**は滑稽を生命とした俳諧を芸術的な文学へと昇華させた。『奥の細道』は旅と俳諧が一体化されて成った俳諧紀行の傑作である。

劇文学において、**近松門左衛門**は義理と人情を重んじる脚本を書き、『曽根崎心中』などで人形浄瑠璃の人気を高めた。同時に歌舞伎の脚本も作った。人形浄瑠璃が次第に衰退すると同時に、歌舞伎が庶民の娯楽となる。18世紀半ばから後半にかけて、創作・出版の中心が上方から江戸に移る**文運東漸**が起こったのである。

江戸文学

狭義の江戸文学は文化・文政期（1804－1830）の文学を指す。文化・文政期文学は**化政文学**とも言う。

寛政改革①は文学の発展にも作用した。黄表紙・洒落本②・狂歌などの戯作文学が人気を博したが、寛政改革で一連の出版物が弾圧を受けた。まず小説の面、黄表紙は敵討ちに路線変化した結果、長編化して合巻となった。洒落本の後を受けた人情本や滑稽本も流行した。**人情本**は**為永春水**によって書かれた江戸町人の退廃的な恋愛を描くもので、**滑稽本**の代表作は**十返舎一九**の『東海道中膝栗毛』、**式亭三馬**の『浮世風呂』、『浮世床』などがある。上方の中国文学の翻案作の読本は江戸において**後期読本**となり、勧善懲悪を掲げる物語となった。代表作に**曲亭馬琴**の『南総里見八犬伝』がある。

俳諧は松尾芭蕉の死後、衰退していたが、18世紀後半に**与謝蕪村**が現れて中興する。与謝蕪村の死後また衰退したが、**小林一茶**が率直な俳諧を詠み、注目される。

劇文学も発展を遂げた。歌舞伎はかつて上方で盛行したが、まもなく江戸で栄えた。文化・文政期に爛熟期となって**鶴屋南北**が『東海道四谷怪談』などを発表した。鶴屋南北の死後、歌舞伎は停滞したが、まもなく河竹黙阿弥が出て明治初期まで活躍した。

---

① 寛政改革：江戸時代の三大改革の一つ。江戸時代に三度の幕政の大改革が行われ、それぞれ、8代将軍徳川吉宗の行った享保改革（1716-1745）、老中松平定信による寛政改革（1787-1793）、老中水野忠邦の実行した天保改革（1841-1843）である。いずれも幕府の財政危機を乗り越えようとするところから出発した改革で、倹約を基本にして緊縮的な施策を打ち出し、毎回は前回よりも厳しく取り締まり令を出したが、完全には財政の危機を挽回することはできなかった。

② 黄表紙：表紙が黄色であったところから名前が付けられる。江戸後期の草双紙の一。しゃれと風刺に特色をもち、絵を主として余白に文章をつづった大人向きの絵物語。洒落本：遊里を描くもの。

漢学・国学・洋学

漢学においては、幕府は朱子学を漢学の主とし、その学派から林羅山や新井白石が出た。これに対して、古典研究を重視する古学の伊藤仁斎、荻生徂徠ら、陽明学の中江藤樹らが出て活躍した。漢詩人としては、服部南郭・頼山陽・広瀬淡窓らが出、優れた漢詩や随筆を残した。

同時に、漢学に対して日本の古典や精神を研究しようとする人々が現れ、**国学**をなした。契沖・賀茂真淵・本居宣長・平田篤胤らが輩出し、『万葉考』、『古事記伝』、『源氏物語玉の小櫛』などを著し、すぐれた業績を残した。これらの国学研究の著述は後日の日本学術研究の源となった。和歌の革新も国学者を中心に進められ、小沢蘆庵や香川景樹らが出た。

洋学においては、江戸中期には、前野良沢・杉田玄白らの『解体新書』の訳述開始から、蘭学の学習風潮が高まった。蘭学は江戸中期以降、オランダ語によって西洋の学術を研究しようとした学問で、自然科学における西洋学術導入のきっかけとなった。政治の分野に及んで幕府の弾圧を受けたが、蘭学における視野の広がりは、幕末から明治にかけての福沢諭吉らの啓蒙主義を生む要因ともなっていた。

実録・随筆・地誌

江戸時代は印刷業が発展を遂げ、実録体小説、考証・随筆、地誌類も大量刊行された。**実録体小説**は実在の人物、実際に起きた事件を題材としたもので、講談の種本になり、虚実取り混ぜて面

白おかしく作り上げている。後期読本の成立にも深く関与しており、文学史的意義は大きい。**考証・随筆**は言葉の由来や日常生活での行事・社会風俗・町人の噂話などを取り上げ、その歴史由来を考証するものである。また、大量の**地誌類**が刊行されていた。地理的説明にとどめるものが多いが、読み物として鑑賞に堪えるものもある。

二、詩歌文学

（一）漢学と漢詩

近世は漢学と漢詩文の隆盛期でもある。鎌倉初期に伝来したといわれる朱子学が徳川幕府によって保護され盛んになる一方、陽明学・古学などの反朱子学の学派も現れた。漢詩文を愛好する文人も輩出し、優れた詩人が多く現れた。

1. 朱子学派

近世初期に新たな社会秩序を築く必要性から儒学者が台頭し、**藤原惺窩**（ふじわらせいか）（1561－1619）と**林羅山**（はやしらざん）（1583－1657）はその代表格の人物であった。惺窩に学んだ羅山は徳川家康に仕え、朱子学を官学とする基礎を築いた。羅山の学問の特性は総合性・啓蒙性であって、中世の秘伝を公開し、多量の情報を整備、公刊した功績は極めて大きい。朱子学の門下から多くの俊秀が出ており、中でも**新井白石**（あらいはくせき）（1657－1725）が自叙伝的な随筆『**折たく柴の記**（おり）』[①]（1716年から執筆）を著したが、**室鳩巣**（むろきゅうそう）（1658－1734）が学問や道徳を平明に述べている随筆『**駿台雑話**（すんだいざつわ）』を完成した。**貝原益**（かいばらえき）

[①] 折たく柴：「折って焚く柴」という意味。『新古今和歌集』の歌に由来している。

軒(1630−1714)は儒学のほかに医学などにも多くの啓蒙書を著した。石川丈山(1583−1672)は漢詩文に秀で、「日東の李白」と評された。その富士山を詠んだ七言絶句が著名である。山崎闇斎(1618−1682)は晩年、垂加神道に創始し、独自の学風を示した。

石川丈山の詩

富士山

仙客來遊雲外巔

神龍棲老洞中淵

雪如紈素煙如柄

白扇倒懸東海天

2. 陽明学派と古学派

中江藤樹(1608−1648)は近江聖人と称され、明の王陽明の説を奉じ、神道とも結びつけて日本の**陽明学**の祖となる。ほかに、『論語』『孟子』など儒学の書物を朱子学、陽明学を介さず直接研究し、理解しようとする**古学**(聖学ともいう)は山鹿素行(1622−1685)に始まり、官学の朱子学を批判して『聖教要録』(1665)を著した。伊藤仁斎、荻生徂徠もそれぞれ独自の展開を示した。京都に塾を開いた伊藤仁斎(1627−1705)は**古義学派**の祖となり、日常生活を重視し孔孟の実践道徳の「仁」を重じた。江戸の荻生徂徠(1666−1728)は儒学を道徳の学ではなく、政治・制度の学として捉え直し、古典・古語の研究によって経書の真髄に至ることを説き、**古文辞学派**を開いた。その他に、皆川淇園(1734−1807)や狩谷掖斎(1775−1835)らが開いた古注学派もあっ

た。古学は「古（いにしえ）」の意味において解釈することを思想の根本に置いたので、一世を風靡した国学の成立にも刺激を与えた。

　古学派は文学の自立性を積極的に評価したので、儒学よりも漢詩文を専門とする文人が輩出し、徂徠門の**服部南郭**（はっとりなんかく）（1683－1759）が代表者として有名である。この時期の漢詩は大体中国の唐詩の格調を模倣して詠んだので**格調派**（かくちょうは）と呼ばれた。18世紀後半になると、唐詩の模倣に飽き足りなくなり、率直平易な表現で自分の心情を詠もうとする**性霊派**（せいれいは）が登場した。19世紀初頭には完全に定着し、地方までに広く広げられ、漢詩人が急激に増加し、多くの漢詩集も出版された。

服部南郭の詩

夜下墨水

金龍山畔江月浮

江搖月湧金龍流

扁舟不住天如水

兩岸秋風下二州

3. 江戸末期の詩人

　天明・寛政期（1781－1801）ごろ、**市河寛斎**（いちかわかんさい）（1749－1820）や**菅茶山**（かんちゃざん）（1748－1827）らは宋詩を推奨し、塾で多くの門弟（もんてい）を指導した。茶山の塾にいた**頼山陽**（らいさんよう）（1780－1832）は『日本外史』（1829）の尊王（そんのう）思想により幕末の志士に大きな影響を与えるとともに、漢詩文の面においても有名である。「文は山陽、詩は星巌」と称した**梁川星巌**（やながわせいがん）（1789－1858）は玉池吟社（ぎょくちぎんしゃ）を創り、門弟を指

導したが、後京に出て志士と交わり、倒幕運動に関係した。それ以外に星巌の妻紅蘭(こうらん)は、山陽の門人である江馬細香(えまさいこう)とともに、幕末の女流漢詩人として活躍した。

梁川星巌の詩

紀事

當年乃祖氣憑陵

叱吒風雲卷地興

今日不能除外釁(xìn)

征夷二字是虚稱

4．狂詩

漢詩よりも卑俗な題材を取り上げて戯作(げさく)として作った漢詩文を「狂詩狂文」という。江戸後期になると、和歌には狂歌が、俳諧には川柳があるように、漢詩の形によりながらそれをパロディー化したり、滑稽や笑いの内容を詠みこんだりする狂詩も漢詩の流行に伴って流行した。江戸の大田南畝(おおたなんぽ)(1749－1823)が『寝惚先生文集』(ねぼけせんせいぶんしゅう)(1767)を刊行し、京都の畠中観斎(はたけなかかんさい)(1752－1801)が名高い『太平楽府』(たいへいがふ)(1769)を出版し、狂詩の双璧(そうへき)を成した。

（二）国学と和歌

国学というのは、『古事記』、『日本書紀』、『万葉集』をはじめとする古典文献の研究を通して日本固有文化、精神を追究する学問である。和歌は古代日本の言語文化の担い手であるので、和歌研究は古代文化、精神を追究する可能なルートと考えられる。

1.「県居派」と「鈴屋派」

　元禄期（1688－1704）になると、和歌の革新と古典研究の気運が興った。大阪の下河辺長流が『万葉集管見』（1661－1673）を書いて、和歌学問の自由研究の扉を開いた。その研究は親友、僧侶契沖によって継承された。契沖（1640－1701）の名著『万葉代匠記』（1690）は『万葉集』全部の歌に詳細な注釈を加え、従来の秘伝的な研究方法を打破して、以後の文献学的・実証的な古典研究を目指す国学の樹立の基礎を確立した。契沖はほかに、記紀歌謡、『古今和歌集』、『伊勢物語』などの注釈や仮名遣いの研究にも業績を残した。

　神官の家に生まれ、契沖に私淑した荷田春満（1669－1736）は、契沖の古典研究の後を受け、『日本書紀』、『古事記』、『万葉集』などを研究し、儒教、仏教に影響されない古典に現れた日本の古代精神を明らかにしようとして国学を確立した。門人の賀茂真淵（1697－1769）が出るに及んで、国学と和歌は大いに推進された。

　賀茂真淵は荻生徂徠の古文辞学の影響を受け、古代人の思想がわかるには古代言語を正確に把握することから出発すると考え、古意古道を明らかにする古道主義思想の国学を唱え、『万葉集』の研究に着手し、和歌の実作にも万葉主義を持ち込んだ。自然のままの素直な心を尊び、万葉復古の「ますらをぶり」と「古ぶり」を主張した。晩年には『万葉考』、『祝詞考』などを著し、記紀歌

謡に理想を移した。その和歌の歌風は「県居派」①という。

真淵の門下には多くの学者、歌人が輩出したが、古学を大成したのは**本居宣長**（1730－1801）である。本居宣長は実証的な態度で古典を研究するとともに、漢心を排して古の「まことの道」を追究して国学を完成して功績が大きい。『**源氏物語玉の小櫛**』（1796）は厳密に注釈・原注訂正を行った上、物語の本質として今までの勧善懲悪という道義的な物語観を排して、「もののあはれ」の文学観を提唱した。この文学観は日本文学史において画期的な意義がある。三十年かかった『**古事記伝**』（1764－1798）は『古事記』の注釈書として最大なもので、厳しい本文校訂、詳しい語釈、確かな訓読みは、現在の古事記研究者にとっても重要な文献で、典拠とするに足る。歌人として「もののあはれ」の立場から『新古今和歌集』を重んじ、その一門を「**鈴屋派**」②といい、県居派が分派してからの一派となった。

宣長没後、古代精神・日本精神を追究する面は平田篤胤によって継承され、日本民族の心情の根源を続けて追究しようとし、国粋主義的な傾向を強くしていった。文献的な実証研究を受け継いだのは、冨士谷成章、本居春庭、伴信友らである。

荷田春満の歌

❖ふみわけよ　大和にはあらぬ　唐鳥の　跡をみるのみ　人の道かは

---

① 県居派：真淵が県居と号したところからの名。県門、江戸派ともいう。
② 鈴屋派：鈴屋は宣長の書斎の名前である。

（現代語訳）

　一歩一歩かきわけて進んで、日本にはない中国の鳥の跡だけを見るのは、人間の歩む道ですか。

（中国語訳）

　　披荆斩丛棘，唐鸟之踪苦寻觅，大和未见矣。本非我邦物所有，我邦之人觅何其？

　日本のものではない中国の書物を見ることだけが、日本人としての道ではないという意味である。

賀茂真淵の歌

　✤もろこしの　人に見せばや　み吉野の　吉野の山の　山桜花
（現代語訳）

　中国の人にも見せたいものだ。吉野の山の山桜の花のほんとうに美しい眺め。

（中国語訳）

　　莫言效唐土，请他这厢看我家，风物不输他。登高远望望吉野，吉野山中山樱花。

　「もろこし」は昔、日本で中国を呼んだ称であり、また、中国から来た事物に冠していう語。日本文化は中国文化と対等になるものと認める意識が現れる。

本居宣長の歌

　✤露の身の　心とめおく　言の葉よ　消えなん後の　形見ともなれ

（現代語訳）

はかない命である私が一生の間に精魂を込めて書き溜めた諸々の文章よ。私の形見①となってくれればありがたいことだ。

（中国語訳）

一身清露凝，傾心只系一片叶，作文殚气精。清露消逝叶犹在，我留文字在此生。

一生を学問に捧げた学者の懇願を述べている。

2.「桂園派」

近世後期になると、京都でも和歌革新の動きが起こった。その中心は平安四天王②と称される澄月（1714－1798）、**小沢蘆庵**（1723－1804）、慈延（1748－1805）、伴蒿蹊（1733－1806）である。小沢蘆庵は『古今和歌集』に規範を置き、「ただこと歌」③を主張し、わかりやすい言葉で素直に感情を歌うことを唱えた。続いて、蘆庵の説を受け、「調べの説」を主張した**香川景樹**（1768－1843）が登場した。景樹は、理屈を排して和歌の音楽性を強調し、真情を自然のままに歌えば自ら「天地の調べ」となることを説いた。景樹の一門は「**桂園派**」④と呼ばれ、真淵の「県居派」と並んで近世における二大流派を形成し、江戸末期から明治初期にかけて歌壇の一大勢力となった。桂園派には熊谷直好、木下幸文、八田知紀など多数の有力歌人が輩出している。

---

① 形見：死んだ人や別れた人を思い出すよりどころとなるもの。
② 「平安」を冠したのは四人とも京都に住んでいるからである。
③ ただこと歌：『古今集』の序で、歌の六義の一とされ、比喩を借りずに深い心を平淡に詠じる歌。
④ 桂園派：桂園は香川景樹の号に由来する。

小沢蘆庵の歌

❀ことの葉は　人の心の　声なれば　思ひをのぶる　ほかなかりけり

（現代語訳）

和歌はおよそ人の心を表すもので、思いをそのまま歌に詠むほかはないですよ。

（中国語訳）

　　歌者为何物？真心实感自生情，为人心之声。所思直陈入歌去，除此之外无他声。

「のぶ」は「述ぶ・宣ぶ・陳ぶ」と書く。

香川景樹の歌

❀てふよてふよ　花という花の　咲く限り　汝(な)がいたらざるところなきかな

（現代語訳）

花という花の咲いている限り、蝶々の飛んでゆかないところはないかなあ。

（中国語訳）

　　翩翩蝶如花，花儿开去遍天涯，蝶儿去谁家？无处不见花儿在，无处不见蝶恋花。

3．幕末期の歌人

幕末には、和歌も大衆化し、作歌人口は急激に増大したので、活躍した歌人たちが多くいる。

越後(えちご)（新潟県）の良寛(りょうかん)（1758－1831）は万葉・古今を自在に

吸収しながら独自の写実で平明な歌境を開いた。備前（岡山県）の平賀元義（1800－1865）は重厚な万葉歌人である。筑前（福岡県）の大隈言道（1798－1868）は日常の出来事を観察して奇抜で軽妙な歌風を示した。橘曙覧（1812－1868）は写実的に清貧の生活を詠んだ。女流歌人には野村望東尼（1806－1867）、太田垣蓮月尼（1791－1875）などがいた。

良寛の歌

♣むらぎもの　心楽しも　春の日に　鳥のむらがり　遊ぶを見れば

（現代語訳）

心が本当に楽しくなるなあ。のどかな春の日に鳥たちが群れ遊ぶのを見ていると。

（中国語訳）

　融融乐其间，忘我一心自喜欢，伫立那厢看。春风和煦春日暖，鸟儿成群戏得欢。

自分も鳥たちのように自由気ままに遊んでいることができたらなあ、という気持ちが感じられる。「むらぎも」は「心」の枕詞で、調べを整える働きがある。

橘曙覧の歌

♣楽しみは　草の庵の　筵敷き　ひとり心　静めをるとき

（現代語訳）

私の楽しみは、粗末なわが家の筵を敷いた部屋に座ってただ一人心を静めている時だ。

（中国語訳）

　　此生乐无边，小小陋屋一草庵，粗席铺其间，一人独自家中坐，平和恬淡心自安。

　　清貧・風雅の生涯を生きた橘曙覧の世界が窺えて現代を不安に思う人々の心も癒してくれるだろう。

（三）俳諧

　「俳諧」とは「俳諧連歌」の略称で、戯れ・滑稽の意である。中世からの貴族的な連歌に対して、形式にとらわれず、即興(そっきょう)と機知をもとにした自由で民衆的な俳諧連歌が興った。その俳諧連歌はもともと滑稽のある連歌を指し、室町末期に山崎宗鑑や荒木田守武によって唱えられた。山崎宗鑑の『犬筑波集(いぬつくばしゅう)』はもう俳諧連歌の発句(ほっく)を連歌から分立させて、「俳諧」という独立な文学形式にさせた可能性を示した。近世に入って、俳諧の短詩型、内容の面白みなどが、当時勃興(ぼっこう)してきた町人の好みに合い、また作り方も平易であり、次第に庶民の間に流行し、作者も読者も多い文学となった。明治維新以後の正岡子規(まさおかしき)に至って、旧来の「俳諧」という名称を改めて「俳句」を称するようになった。

1. 貞門俳諧

　俳諧に近世的文学としての性格を与えたのは松永貞徳(まつながていとく)（1571－1653）であった。京都の人で、連歌師の家に生まれた貞徳は早くから俳諧に興味を感じていたが、俳壇の中心人物として活躍したのは60歳からである。豊かな古典教養を持って、貴族や文人との交友があり、性格も温和・包容的で、多くの人から人望を得て、

貞徳を中心とする俳諧の一派、「貞門」をなした。貞徳は俳諧の特質を滑稽と認めながらも、宗鑑の卑俗的内容からの滑稽表現と違い、それを「俳言」によって表すことを提唱した。俳言とは、和歌や連歌に使用されない俗語や漢語のことだ。俗語の使用は題材の拡充ももたらし、庶民にもわかり易かったので、大いに流行した。また、貞徳の時代、俳諧は規則もなくただ量産しているが、その俳諧に規則を与えるべく、貞徳は『俳諧御傘』(1651)などの俳論書を著し、俳諧の式目（規則）を定めた。「指合」、「去り嫌」、「物付け」①などの規則がある。彼の式目書は当時の俳人の必読書となった。これらによって俳諧の規則化・理論化が進められ、初心者も俳諧を明快に学ぶことができるようになった。門弟には野々口立圃、松江重頼、安原貞室、北村季吟などがいる。その中の北村季吟は、松尾芭蕉の若年の師ともなった。

『俳諧御傘』

---

① 指合：同字語や同義語が規定よりも近くに出るのを禁じる。去り嫌：同字、類似語、同じ季節の語などを続けたり近くに置いたりすることを禁じる。物付け：前句の五七五の中の言葉に関連するように七七の付句を作る。

松永貞徳の句

♣霞さへ　まだらに立つや　寅の年

（現代語訳）

今年は寅年なので、霞までもが虎の毛の模様のようにまだらになっている。

（中国語訳）

春霞自深浅。奈何霞影似虎斑？今岁寅虎年。

春の代表風物、霞の濃淡の美しい様子を虎の毛の模様に例え、そして寅年に連想させて興じる句。霞は春の季語①である。

北村季吟の句

♣一僕と　僕僕ありく　花見哉
（いちぼく）（ぼくぼく）（かな）

（現代語訳）

一人の召使をつれてぽっくりぽっくりのんびり花見をして歩くのだ。

（中国語訳）

一仆随我家，噗哒噗哒噗哒哒，同去赏樱花。

同音繰り返しに興じる句。同時に、「ぽくぽく」がこの際のどかな春日の気分をも表している。花見は春の季語である。

一方、規則の煩雑（はんざつ）さから発想の自由さよりも用語上の技巧さを重視するものであり、風刺や滑稽の精神を抑えつけ、自由

---

① 季語：連歌、俳諧、俳句において用いられる特定の季節を表す言葉を言う。成立したのは平安時代後期であった。鎌倉時代に連歌が成立すると、複数の参加者間で連想の範囲を限定する必要性から季語が必須のものとされた。江戸時代に俳諧が成立すると、卑近な生活の素材などからも季語が集められて著しく増大した。

奔放な表現も不可能にした。更に貞徳は俳諧を和歌・連歌に入れるための段階と考え、和歌・連歌よりも低いものと見ていたため、俳諧が文学の中で確固たる地位を築くこともできなかった。1653年貞徳が没してから、人格的・能力的にその後を継ぐ人物が現れず、また形式主義による俳諧のマンネリズムも打開できず、時代は貞門に代わる新しい俳風を求めるようになった。

2. 談林俳諧

このごろ、新しい俳風の「談林俳諧」が盛んになり出しました。大坂の連歌宗匠、西山宗因（1605－1682）を中心としたこの派は、大坂の新興町人の影響が著しく、和歌・連歌などの古典的伝統の束縛から俳諧を解放し、題材・用語にわたって自由を求めて、奔放で闊達な俳風を打ち立てた。それに、貞門と違い、俳諧を和歌・連歌から独立した文学とみなし、それらと対等であろうとした。宗因の弟子らは庶民の俳諧を結集した『談林十百韻』（1675）を出し、序文で宗因を中心とした一派を始めて「談林」と呼称した。その由来は仏教用語の一つで僧侶の学問場を意味する「談義の林」や「壇林」から来ている。門下に井原西鶴、菅野谷高政、田代松意がいる。浮世草子の作家でもある井原西鶴は矢数俳諧[①]で 23500 独吟の記録を 1684

[①] 矢数俳諧：江戸時代初期に行われた俳諧興行の一つ。一日または一昼夜のうちに一人で詠んだ句数を競うもの。京都の三十三間堂で一昼夜かけて行われた、弓術の通し矢の大矢数にならって行われた。1677年に井原西鶴が大坂の本覚寺で行った、千六百句の独吟が最初。

年に作り、二万翁(おきな)と呼ばれる。

西山宗因の句
♣阿蘭陀(おらんだ)の　文字か横(よこ)たう　天つ雁

（現代語訳）

オランダの横文字かな。大空を雁の行列が横になっていて飛んでいく。

（中国語訳）

　　疑是荷兰字，一行遥看天际横，秋雁贯长空。

雁の行列を横になっているオランダ文字に例えて興じる句。雁は秋の季語である。

西山宗因像

井原西鶴の句
♣しししししし　若子(わこ)の寝覚めの　時雨かな

（現代語訳）

小さい子供を呼び起こして小便をさせ、そのおしっこはまるで

時雨のようだ。

（中国語訳）

嘘嘘嘘嘘嘘，夜半呼儿唤小便，阵阵初冬雨。

稚児のおしっこという日常的、卑俗的なものを、風情ある時雨に擬して興じる句。時雨は冬の季語である。

談林は規則に縛られた俳諧を解放し、自由な精神を肯定した点に功績がある。しかしながら、貞門という伝統の破壊に走るあまり、自由奔放が過ぎ、放埒（ほうらつ）、軽薄、不埒（ふらち）に傾き、ただの言語遊戯と化していった。このような事態に宗因自身が戸惑（とまど）い、俳諧をやめて連歌に戻っていった。それから門弟の活躍はあったが、わずか10年で自滅することになった。

3．松尾芭蕉

元禄期（1688－1704）になって俳諧革新の動きを推し進めて一つの頂点を極めたのは松尾芭蕉（まつおばしょう）（1644－1694）であった。本名（ほんみょう）は松尾宗房（まつおむねふさ）、武士の子として生まれ、主君とともに北村季吟の門下に入り貞門俳諧を学んだが、23歳の時主君が没したのを機に京都に上がり、談林の影響を受けて俳諧の修行（しゅぎょう）を続けた。江戸に行って名声を高め、34歳で俳諧の宗匠（そうしょう）となった。37歳の時江戸郊外の深川（ふかがわ）に草庵を結んで隠棲（いんせい）した。門人たちが庭に芭蕉を植えると立派に育ったことから芭蕉庵と呼ぶようになり、松尾芭蕉もこれを俳号とするようになった。

芭蕉は西行（さいぎょう）、宗祇（そうぎ）、李白（りはく）、杜甫（とほ）などに憧れ、1682年江戸大火事（おおかじ）の災難を契機に禅を始め、2年後の1684年、つまり40代になっ

てから旅をしながら俳諧を詠むようになった。その第一作が『野ざらし紀行』(1684)、『鹿島紀行』①(1688)、『笈の小文』(同年)、『更科紀行』(同年)、『奥の細道』(1689)と続く。人生の後半は旅とともに生きるようになり、60歳の時、旅の途上の大坂で没した。

大量の優れた俳諧を残した紀行文の中で、最高傑作とされているのは『奥の細道』である。それは芭蕉が46歳で奥州(現在の東北地方)を旅行した際の記録で、紀行文と俳諧から構成される。江戸を出発して陸奥国の平泉を経て、美濃国の大垣②に着く。最後に伊勢神宮の遷宮を拝もうと船で出発するところで終わる。渡り歩いた国は13カ国、行程は2400キロメートル、日数は5ヶ月半にものぼった。その数年後執筆にかかって、何度も推敲し、一応まとまった原稿ができたが、芭蕉は刊行を見ないまま死去した。のちに門人が尽力して出版を実現した。

与謝蕪村が描く芭蕉像

『奥の細道』の冒頭
月日は百代の過客、行かふ年もまた旅人なり。舟の上に生涯を

---

① 『鹿島紀行』:『鹿島詣』とも称する。
② 陸奥の国は青森県、岩手県、宮城県、福島県、秋田県北東部で、平泉は岩手県南西部にある。美濃国は岐阜県南部で、大垣は岐阜県西濃地方にある。

うかべ、馬の口とらえて老をむかふる者は、日々旅にして旅を栖(すみか)とす。古人も多く旅に死せりあり。予もいづれの年よりか、片雲(へんうん)の風にさそはれて、漂泊の思ひやまず、……

（現代語訳）

月日は、過去から百代ほどもわたるほどの旅人であり、行く年も来る年もまた同じような旅人である。舟の上に身を浮かべて一生を過ごし、馬をひきながら老いていく者は、日々が旅であって、旅を自らのすみかとしている。古人も多く旅の途上で死んでいる。私もいつかの年からか、片雲が風に誘われたように、漂泊の思いはやまず、……

（中国語訳）

日月是百代的过客，无论去岁抑或来年，皆如不知停歇的旅人一般。一生随浪浮沉的舟子，一世牵马引缰的行人，皆是日日行在路上，居于旅途。古来之人，亦多亡于行旅之中。不知从何年何月起，好似微云被风儿撩拨，我难抑心中的漂泊之念，（下略）

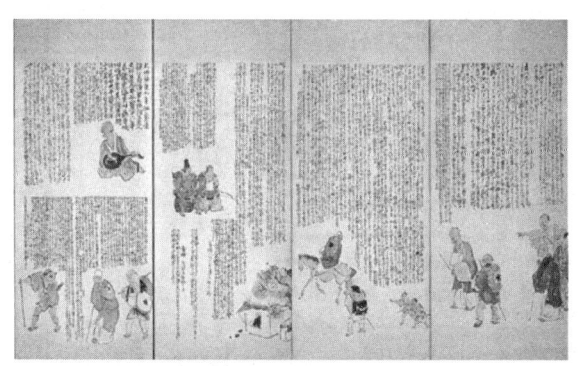

与謝蕪村筆「奥の細道図屏風」

芭蕉の築き上げた俳風を「蕉風」と呼ぶが、「不易流行」、「風雅の誠」の思想を創作に貫いて、「さび」、「しをり」、「ほそみ」、「かるみ」①の美が見出されている。「不易流行」は俳諧の本質の不変と俳風の変貌という二面性を指す。昔も今もあわれを感じさせるものが不変（不易）であるが、万物が変化するように俳風も変化（流行）しなければならず、根本的には「風雅の誠」を求めることに帰着する。「さび」、「しをり」、「ほそみ」について、門弟の書いた『去来抄』によれば、「さび」は「句の色」、「しをり」は「句の姿」、「ほそみ」は「句の心」というのがある。晩年の芭蕉はさらに「かるみ」という理念に到達した。簡明で高雅な精神を持つ俳諧を作ることで、「高く心を悟りて俗に帰るべし」の主張を実現し、**高悟帰俗**の境地になって雅俗の統一に達成した。彼の才能と努力で、俳諧は滑稽性を脱していよいよ芸術的境地へと到達した。このことから、後世に「俳聖」と称される。

芭蕉と弟子の主要作品は大体「**芭蕉七部集**」②、「俳諧七部集」ともいい、すなわち『冬の日』、『春の日』、『あら野』、『ひさご』、『猿蓑』、『続猿蓑』、『炭俵』に収められている。蕉風の代表作としてその円熟を示すのは『**猿蓑**』で、「俳諧古今集」とされて

---

① さび：寂。閑寂ななかに、奥深いものや豊かなものがおのずと感じられる美しさをいう。しをり：撓り。自然・人事に対する作者の思いやりの心が句の余情として自然に表れ出た、しみじみとした情趣。ほそみ：細み。作者の心が対象の微妙な生命の急所にしみとおってゆき、そこに風雅の伝統の細き一筋を感得すること、およびその感得したものを句にないこむ気味合いをいう。かるみ：軽み。日常から美を見出して平明・軽快な言葉で表現する姿。

② 芭蕉七部集：1732年頃成立。芭蕉選集から佐久間柳居が七部選び編集したのである。

いる。

芭蕉の句
♣ 古池や　蛙 飛びこむ　水の音
（現代語訳）
春の静けさの中、時折古池にかえるが飛び込む音が聞こえる。
（中国語訳）
　春日空山静，小蛙跃入古池水，袅袅听余声。

古い池に蛙が飛び込む音が聞こえてきたが、その音がいっときの余韻を残し、再びもとの静寂さを取り戻す。単純な景を詠んだ句であり、一見平凡な事物に情趣を見出すことによって、和歌や連歌、またそれまでの俳諧の型にはまった情趣から一線を画したものである。蛙は春の季語である。

♣ 閑さや　岩にしみ入る　蝉の声
（現代語訳）
ああ何という静けさだ。蝉の声は、まるで岩々にしみこんでいるかのようだ。
（中国語訳）
　炎天静日闲，但闻蝉语鸣空山，声声深入岩。

岩に染み通っていくような蝉の鳴き声しか聞こえず、かえって静けさがつのるように感じられ、蝉の声がいよいよ静けさを強めている表現を取っている。蝉は夏の季語である。

♣ 五月雨を　あつめて早し　最上川①

---
① 最上川：山形県を貫通する河。日本三大急流の一つ。

(現代語訳)

数々の山川から五月雨を集めてきた最上川がすごい勢いで流れている。

(中国語訳)

五月连日雨，四方汇集最上川，滔滔奔流急。

長い五月雨の期間中に長大な流域に降った、厖大な雨量を一つに飲みこんで．増水した最上川が、濁流滔々、すさまじい勢いで流れ下っている様子を描いている。五月雨は夏の季語である。

♣旅に病んで　夢は枯野を　かけ廻る

(現代語訳)

旅に病みふしていると、夜ごとに見る夢は枯野をかけまわっている夢であることだ。

(中国語訳)

　卧病行旅中，一介孤魂绕荒野，夜中南柯梦。

この句が事実上最後の俳諧となる。枯野は草木の枯れはてた野原、冬枯れの野原、枯野原のことで、冬の季語である。

芭蕉の死後、蕉風は門人たちに引き継がれた。その門人の中で特に優れた十人を「蕉門十哲」①と総称された。その中の其角と嵐雪は江戸蕉門の勢力を二分した。其角は闊達洒脱の句風を好み、江戸座を興じた。其角と対照的に、篤実温和な嵐雪は雪中庵を別号とし、その門人は「雪門」と呼ばれる。去来は

---

① 蕉門十哲：普通、榎本其角・向井去来服部嵐雪・・内藤丈草・杉山杉風・志太野坡・越智越人・立花北枝・森川許六・各務支考をいう。

芭蕉一門の俳諧論を理解するには重要な文献、『去来抄』を著し、また芭蕉監修(かんしゅう)のもとで凡兆(ぼんちょう)とともに『猿蓑』を編集した。それぞれ活躍したが、門人たちがお互いに流派を作って争い、分裂俗化していった。

4. 与謝蕪村と小林一茶

芭蕉の没後に俗化(ぞくか・ぞっか)を辿る俳壇は、天明年間（1781－1789）ごろ、ようやく革新・中興の気運が起こった。「芭蕉に帰れ」と主張する俳人がそれぞれの立場から立ち上がり、与謝蕪村(よさぶそん)（1716－1738）を中心とする天明期の俳風が確立された。

蕪村は早くから京都・江戸で俳諧と画を学び、芭蕉の跡を慕って奥羽(おうう)（現在の東北地方）を行脚(あんぎゃ)したり、後上方へ帰り丹後(たんご)（京都府の北部）地方に遊んだりしているうちに、画家(がか)としての地位が安定した。京都に住むようにしてから俳諧に専念し、弟子も育てた。絵画的で鮮やかな俳風、浪漫的な古典趣味は一世を風靡(ふうび)した。漢文教養の高いところから漢文訓読体も自由に駆使した。晩年の蕪村は「離俗論」を唱え、「俳諧は俗語を用ひて俗を離るるを尚ぶ、俗を離れて俗を用ゆ、離俗の法最かたし」として俗を離れ雅に付こうとした。芭蕉の主張と違って、芸術は現実から昇華して現実を遥かに超えたところに存在するとした。蕪村とその一門の俳諧を集める「**蕪村七部集**」[①]や俳文集『**新花摘**(しんはなつみ)』（1797）などがある。

[①] 蕪村七部集：菊屋太兵衛の編で 1808 年成立。『其雪影(そのゆきかげ)』、『明烏(あけがらす)』、『一夜四歌仙(いちやしかせん)』、『花鳥篇』、『続一夜四歌仙』、『桃李(ももすもも)』、『続明烏』の 7 部に、『五車反古(ごしゃほご)』を加えて合計 8 部からなる。なぜ 8 部なのに 7 部集というのが不明。

与謝蕪村筆『鳶鴉図』

蕪村の句

♣五月雨や　大河を前に　家二軒
　　　　　たいが

（現代語訳）

　五月雨が幾日も幾日も降り続く。水かさを増し激しく流れる大河の濁流の前に、二軒の家が、頼りなげに寄り添うように立っている。

（中国語訳）

　　五月连日雨，汇成滔滔奔天涯，河畔两人家。

　芭蕉の「五月雨を」を意識した句。一見絵画的な構図の句ではあるが、「大河を前に」の表現によって緊迫感を感じさせる。五月雨は夏の季語。

♣菜の花や　月は東に　日は西に

(現代語訳)

一面に続く菜の花畑、東の空からは月が昇り、西には赤い夕陽が沈んで行く。

(中国語訳)

　油菜花儿黄，东边月儿初天挂，西边尚斜阳。

画家でもあった蕪村が絵画的にとらえた名句。菜の花は春の季語。

天明期の後、俳諧がますます庶民の間に広がったが、遊戯的な月並俳諧①が流行し、低俗化に陥った。幕末の俳風低俗の中で、人間感情を率直に詠んだ俳人として注目されるのは小林一茶（1763－1827）である。

一茶は本名、小林弥太郎で、信濃北部（今の長野県）の中農の長男として生まれ、3歳の時に生母を失い、8歳で継母を迎える。継母に馴染めず、14歳の時江戸へ奉公に出る。25歳から俳諧を習い始めた。貧困な生活を乗り越えて52歳ではじめて結婚して三男一女をもうけるが、何れも幼く亡くなっていた。その後も2度結婚したが一女だけ残した。それに、亡くなる直前に家が火事に遭われた。まことに不幸な生涯であるが、その生活と性格とはそのまま作品に表現され、弱者への同情と強者への皮肉もよく見られ、また表現には俗語や方言、擬態語など自由に駆使し、特異な句境を開拓した。句集、日記、随筆が多く、代表作に『おらが春』(1819)がある。

---

　① 月並俳諧とは一般庶民の俳諧会であり、毎月締め切りを設けて俳諧を作り、それに点数を付け入選作を決めるのである。もともと遊戯的なものだが、さらに入選の賞を目当てにする賭博に成り果てたのもある。

一茶の句

♣ 我と来て　遊べや親の　ない雀

（現代語訳）

こちらに来て、母を亡くした私と遊ぼうよ。巣から落ちて親と離れてしまった子雀よ。

（中国語訳）

　　跟我来玩吧，没妈妈的小麻雀，我也没妈妈。

母を亡くして継母のもとで過ごしたつらい少年時代を回想して詠んだ句である。雀は春の季語。

小林一茶像（村松春甫画）

（四）狂歌・川柳・歌謡

　江戸時代の庶民は韻文形式を利用して笑いやパロディーを表現するのに巧みで、狂歌や川柳が栄えた。文学理念は「**うがち**」[①]であり、黄表紙・洒落本・滑稽本と共有されるものである。また、三味線の普及により、歌謡も持て囃されて流行した。そこに町人文化のエネルギーを見ることができる。

1. 狂歌

　狂体の和歌を狂歌といい、和歌の形式に卑俗滑稽な内容を盛っ

[①] うがち：人情の機微や、世の中の物事の、普通には気付かない真実などを、言語表現で鋭く巧みにつくこと。本来「穴を穿つ」の意で、この場合「穴」とは社会万般において見出される欠陥、個人の癖をさし、その欠陥や癖を鋭く指摘することになる。「笑い」のためで教訓を目的とするのではない。

たものである。狂歌は素材用語においてはまったく自由であり、縁語・懸詞・本歌取りを駆使しつつ日常卑近の事物や生活を詠ずる。古典のもじりは狂歌の方法の眼目で、雅を俗に転じてそこに滑稽感をかもし出す。そのため狂歌には、『古今集』などの名作を諧謔化した作品が多く見られる。

　狂歌の先蹤(せんしょう)は古くの『万葉集』からあり、「狂歌」という言葉自身は平安時代にも用例がある。中世に入って和歌会や連歌会の座興(ざきょう)としてよく行われたが、「歌道神聖」の意識から記録は許されず、残った作品も少ない。近世になると俳諧の盛行とともに一つの様式として独立した。

　狂歌はまず上方で作られていた。京都で松永貞徳をはじめとし門人も狂歌を作ることが多くなった。そして、大坂の生白堂行風(せいはくどうこうふう)（未詳）が貞門狂歌、古今の狂歌を集めた『古今夷曲集(ここんいきょくしゅう)』(1666)を刊行してから狂歌は流行しはじめた。これをきっかけに狂歌は京都から大坂に中心が移った。また、鯛屋貞柳(たいやていりゅう)（1654－1734）が大坂を地盤として活躍し、彼によって上方狂歌は全盛期を迎えた。

　その後、文運東漸(ぶんうんとうぜん)の気運にも乗せて、江戸の若い知識人に狂歌が流行した。上方のほうと違って軽妙な洒落(しゃれ)と鋭い風刺が加わり、機知(きかい)と諧謔(かいぎゃく)を競うのが特色である。天明期には、内山椿軒(うちやまちんけん)（1723－1788）の門下から若い幕臣の唐衣橘洲(からごろもきっしゅう)（1743－1802）・四方赤良(よものあから)①（1749－1823）・朱楽菅江(あけらかんこう)（1738－1798）などが出て、『狂歌若菜集(わかな)』(1783)や『万載狂歌集(まんざい)』(1783)などが出版され

───────────
① 四方赤良：狂詩人の大田南畝(おおたなんぽ)と同じ人物。

た。化政期には赤良の門人である宿屋飯盛（やどやのめしもり）(1753－1830) や鹿都部真顔（しかつべのまがお）(1753－1829) などを中心に多くの狂歌が作られた。

上方の狂歌（松永貞徳）

♣生まるるも　死ぬるも人は　同じこと　腹（はら）より出でて野原（のはら）へぞいる

（現代語訳）

生と死に対して人間は誰でも同じで、腹から生まれ、野原に入る。

（中国語訳）

　　一死与一生，无论高低与贵贱，皆是一般同。生时出自娘肚子，死后埋向荒原中。

「腹」と「原」の同音に興じる句である。

江戸の狂歌（朱楽菅江）

♣染め出来ぬ（そめいでこ）　こんやの月を　ながむれば　秋の最中（さなか）は　たしかあさって

（現代語訳）

8月13日の夜の月を眺めると、まだ十分に満月ではない。あさってが秋の真ん中で中秋の名月（めいげつ）、今夜の月は「紺屋のあさって」でまだ十分に出来上がっていないのだなあ。

（中国語訳）

　　今夜望明月，好像活计没干完，怎地月不圆？染坊活计凭天候，中秋原来是后天。

紺屋の仕事は天候に左右されるので、いつも「あさって」と言い抜けて仕上がりの期日を延ばすことから約束の期限のあてにならないという俗語を句に入れて興じる。

2. 川柳

俳諧連歌は滑稽を本質として詠まれ、貞門、談林と変遷し、蕉風に至って芸術性を獲得した。その一方、庶民は難解な芸術よりも簡易な遊戯性を求めることから、俳諧と並行して庶民の間には遊びの文芸としての遊戯的な俳諧が行われ、これを**雑俳**（ざっぱい）と呼ばれる。最初の雑俳は前句（まえく）の七七に滑稽味のある五七五を付ける**前句付**（まえくづけ）である。前句付自体は以前から俳諧連歌の練習として行われていたが、この時代には前句付自体を楽しむために実施された。宝暦（ほうれき）（1751－1764）の江戸には柄井川柳（からいせんりゅう）が現れ、前句付の点者（てんじゃ）（評点を加える人）として才能を発揮した。題を皆に与えてそれに対する句の中から優秀な作品を選び、作者に賞品と句の印刷物を贈呈するという活動が行われた。これを万句合（まんくあわせ）という。その印刷物を編集して『川柳評万句合』を出した。万句合はその後も続けられ、雑俳作者の呉陵軒可有（ごりょうけんあるべし）は過去7年間の作品群の中から前句がなくても意味がわかりかつ面白い付句756句を編集し『柳多留』（やなぎだる）（1756）初編を出版した。これで付句が前句から独立し、「川柳」という名称を得て、文学的地位を確立した。川柳は俳諧と違い、季語や切れ字の制限もなく、自然の美よりも風俗や人情を詠み、滑稽・風刺を狙う。江戸時代後半の文運東漸で文学の中心が上方から江戸に移り、川柳も江戸庶民の文学として隆盛した。やがてマンネリ化し、『柳多留』は1838年、5世川柳が167編を出して廃刊となった。

『柳多留』の代表的な川柳

♣役人の　子はにぎにぎを　よく覚え

（現代語訳）

さすが役人の子、にぎにぎと賄賂をもらおうと手を動かす動作は上手だなあ。

（中国語訳）

　　稚子生官家，官人慣把钱财拿，他也早会抓。

「にぎにぎ」とは手を握ったり開いたりする動作で、赤子(あかご)に早くから見られる。一方「握る」とは役人が賄賂を受け取る隠語であるから、風刺が効いている。

3. 歌謡

- **組歌**(くみうた)

室町末期から流行した隆達小歌などを数曲組み合わせたもの。

- **長歌**(ながうた)

江戸で歌舞伎の伴奏音楽として栄え、江戸長歌とも呼ばれる。

- **端歌**(はうた)

もともと元禄期ごろ流行した歌謡の一種。江戸で文化・文政期に円熟し大成した小品の三味線歌曲。

- **芝居歌**(しばいうた)

浄瑠璃・歌舞伎と関係ある歌謡。

三、小説

（一）浮世草子

1. 浮世草子(うきよぞうし)の前身——仮名草子(かなぞうし)

近世初期には、徳川幕府の文治(ぶんち)政策、そして庶民層の生活安定の中で、文化や文学が急速に伸張した。この気運に応じて、仮名草(かなぞう)

子といわれるものが多く出版された。仮名草子とは、主に仮名を用いて書かれた読み物で、中世の御伽草子の流れを汲み、江戸初期の通俗文学の総称で、教訓・啓蒙・娯楽などを目的とする。作者は医者・僧侶・武士といった知識階層に属する人々が多かった。文学的には未熟であるが、印刷術の発達によって広く流布されるようになった。小説の歴史の上では、中世の御伽草子のあとを受け、本格的な近世小説である浮世草子が登場するまでの橋渡しの役割を果たしており、過渡的性格を持っている。

仮名草子の代表作品

作品名・成立年	作者	内容
『二人比丘尼』（未詳）	鈴木正三	戦乱で夫に死別した二人の尼によって仏教の理を説いたもの。
『清水物語』（1638）	朝山意林庵	わかりやすい儒教教理の解説や当時の政治また風俗の批判をするつもりで教訓性のあらわなもの。
『可笑記』（1642）	斎藤親盛（如儡子）	随筆のスタイルで世相を批判した。
『仁勢物語』（1640）	未詳	『伊勢物語』をパロディー化したもの。
『うらみのすけ』（1609-1615）	未詳	禁裏の女房と密通して1606年5月に改易に遭った旗本をもとにした悲恋の物語。
『醒睡笑』（1628）	安楽庵策伝	笑話集。
『竹斎』（1624）	富山道冶	藪医者の竹斎の滑稽な東海道の旅行記。
『浮世物語』（1661-1673）	浅井了意	浮世房という滑稽な人物の一代記の形式で当時の世相を描く。
『伊曽保物語』（1659）	宣教師ハビアン訳	『イソップ物語』を訳した翻訳物。
『御伽婢子』（1666）	浅井了意	中国の『剪灯新話』をもとにした翻案物の怪談集。

古典編

2. 西鶴と浮世草子

　元禄時代（1688－1704）を出発点として、明和（1764－1772）のころまで約百年間、上方を中心に当代の享楽生活や好色（色事が好き）風俗などを積極的に取り上げる写実的な風俗小説が生まれた。それまでの仮名草子と一線を画するものだから、今日では「浮世草子」①と呼び、「粋」②の美的理念が現れている。

　井原西鶴（1642－1693）は浮世草子の名作者である。大坂の裕福な町人で、15歳のとき貞門に属して俳諧を始めた。貞門の俳風は保守的であり、井原西鶴は貞門を離れて談林派に所属した。34歳のとき妻が他界してから諸国を旅したり遊里や劇場に出入りするようになったが、俳諧を続けた。1682年、浮世草子の最初の作品『好色一代男』を発表して、散文に新たな自己表現の場を見出した。また俳人としても活躍して、矢数俳諧で23500句の記録を作った。それでも心を移さず、小説の創作に専念した。小説の文章には長年の俳諧で培われた言語的感性が研ぎ澄まされて

---

　①「浮世」とは、中世の無常観に基づく「この世は憂いの多い世、辛い世」という現世否定的な概念としての「憂き世」であるが、近世になって、前代の厭世思想の裏返しとして、はかなく定めないから享楽的に送るべき世の中として、現世を肯定的にとらえることによって、漢語「浮世」との混交も考えられて「浮世」と書くようになった。浅井了意の仮名草子『浮世物語』に既に用いられた。

　②粋：江戸時代の美的理念の一つ。遊び心を持ち、義理・人情をわきまえてほどよく振る舞う、都会的な洗練された態度。もとは、江戸時代前期の上方の裕福な町人の理想の生き方で、浮世草子や浄瑠璃に多く描かれている。江戸時代後期に現れる「粋」や「通」にも通じ、これに対するものが「野暮」である。

いる。文体は基本的に口語であるが、『源氏物語』や『伊勢物語』などの古典の表現も取り入れ、独特の雅俗折衷となっている。作品はその内容によって好色物、武士物、町人物、雑話物に分類される。

井原西鶴像（生國魂神社）

西鶴作品表

分類	作品名・成立年	内容
好色物	『好色一代男』（1682）	全54章。主人公世之介(よのすけ)の恋の遍歴。
	『好色二代男』（1684）	全8巻40章。『諸艶大鑑(しょえんおおかがみ)』ともいう。
	『好色五人女』（1686）	全5巻25章。すべて実際にあった姦通事件や心中事件を題材にしている。女性を主役にして恋愛の情緒や哀愁を漂わせる。
	『好色一代女』（1686）	全6巻24章。二人の若者が隠棲する老女を訪れ、生涯の恋の話を聞くという体裁を取る。女性の好色生活が男性と違って悲惨な結末をもたらすことを伝える。
	『男色大鑑(なんしょくおおかがみ)』（1687）	全8巻40章。男性間の同性愛を描く。

(続表)

分類	作品名・成立年	内容
武士物	『武道伝来記』(1687)	武家社会を舞台にした最初の作品。敵討ちを主題とする。
	『武家義理物語』(1688)	義理に生きる武士を描く。
	『新可笑記』(1688)	武士の珍談を集める。
町人物	『日本永代蔵』(1688)	実在の人物をモデルとして金持ちになる方法や失敗談を記す。
	『世間胸算用』(1692)	大晦日という一年の総決算日における中流以下の町人の悪戦苦闘を喜劇的に描く。
雑話物	『西鶴諸国ばなし』(1685)	日本各地の怪談や珍聞を伝える。
	『本朝二十不孝』(1686)	孝行が観念的過ぎるとし、逆に親不孝者とその罰を描くことで孝行を勧めようという意図。

『好色一代男』構成と内容

『好色一代男』は近世的な性格を持った小説の登場で、この作品に寄せられた好評は元俳諧師の井原西鶴を浮世草子に転向させる作品である。成立は1682年10月、全54章で、1章ごとに主人公の一年が恋を主題に描かれる。『源氏物語』を意識した作品でその枠組みや外郭を借りて、町人階級の生き方を積極的、肯定的に捕らえて描き出したもので、近世町人の享楽的な恋を描いたことから貴族の恋の苦悩の『源氏物語』とでは内容が根本的に異なる。

主人公世之介は上方の資産家の父親と遊女の間の子で、7歳で恋に目覚め、少年時代に従妹、未亡人、遊女など非常に広範囲な女性と交渉を持ち、19歳のときにその節操のない振舞いのため

に父から勘当された。21歳から34歳まで全国を放浪して色道修行に励んだ。34歳のとき母親から父親の遺産25000両を譲渡され、三つの遊里を舞台に、有名な遊女を相手に好色生活を送った。世之介の対象は女性ばかりでなく少年も含まれる。当時男色も珍しいものではなかった。60歳のとき、友人7人を誘って、好色丸という船に乗り、女獲が島を目指して物語は終わる。

　西鶴以後、浮世草子は大坂から京都に移り隆盛した。京都の八文字屋が**江島其磧**（1666−1735）と結んで多くの浮世草子を刊行したので、この時期の浮世草子は「八文字屋本」ともいう。江島其磧は特定の身分・職業を限り、その特有の性格・性癖のさまざまな現れを描いた**気質物**が得意で、『世間子息気質』（1715）、『世間手代気質』（1730）などを出した。西鶴の町人物などとは角度を変えた巧みな短編集となっている。その後、多田南嶺、和訳太郎（上田秋成）が佳作を出したが、やがて衰退の途をたどり、宝暦・明和年間（1751−1772）に流行を終え、読本にその座を明け渡した。浮世草子は最初から最後までの上方の文学であった。

　西鶴は当代の人気作家であったが、文化の中心が上方から江戸に移るとともに忘れられていった。明治時代になって、文学者の淡島寒月が西鶴を再発見し、尾崎紅葉や幸田露伴に紹介し、ここから再び世に知られるようになった。

（二）読本

　読本とは読む文章を主とした本のこと。最初は上方を中心にし

て始まったが、やがて江戸へ移り、寛政改革（1787－1793）を機として流行し始め、文化・文政期（1804－1830）ごろ全盛に達した。

1. 前期読本（上方読本）

　読本の出現は上方知識人による中国白話小説の翻案や模倣作からである。大坂の儒医、都賀庭鐘（1718－1794）が中国小説『古今奇観』などを日本中世のことに翻案して、漢語を多用し力強い文体の短編小説集『古今奇談 英草子』（1749）を刊行し、浮世草子の衰退した文壇に新風をもたらした。ついで、長年行脚生活した国学者建部綾足（1719－1774）は和文体の『西山物語』（1768）、『本朝水滸伝』（1773）を著した。そして上田秋成（1734－1809）の登場によって、前期読本が完成されたのである。前期読本の作者は小説創作を本業とせず、いわば余技として著作し、したがって短編小説が多いのである。

　上田秋成は摂津（今の大阪府北部）の出身。読本作者として有名だが、歌も詠み、随筆、浮世草子も書いた。漢学と医学を学んだ。4歳の時富商上田家の養子となり、疱瘡にかかって一命を取り留めたが指は不自由になった。若い頃俳諧を学び、日本古典文学や戯作にも楽しんだ。33歳で賀茂真淵の高弟に入門したことでその門下の国学者でもある。浮世草子『諸道聴耳世間猿』（1766）、『世間妾気質』[①]（1767）を発表し、質的には高いものだったが、すでに浮世草子の隆盛期は過ぎており、特に評判にならなかった。この前後都賀庭鐘に会い、中国文学の幻想的、怪異な

[①]『世間妾気質』:『世間妾形気』とも書く。

物語に関心を持ち、『雨月物語』(1768－1776)を書いた。数年後、38歳の時火災で家財を失う。後、都賀庭鐘から医学を学び、2年後に医者を開業し生計を立てた。それゆえ都賀庭鐘の門人でもあった。この頃から俳諧師の与謝蕪村との交流を持った。43歳で大坂に移住し、そのかたわら学問に精進し、本居宣長と日本語の音韻や仮名遣いなどで書簡を通じて論争したこともある。55歳の時医者を辞めて60歳から死ぬまで京都に住んで古典研究を続けた。健康に恵まれず、57歳の時左目が失明し、65歳の時右目の視力がほとんど失われた。指の不自由さは読書、著作、日常生活にも影響を与えた。それでも死ぬまで古典研究を続け、著作した。晩年の作品『春雨物語』は全10話からなる短編集で、歴史上の

上田秋成像（甲賀文麗画）

人物や古典文学を研究して独自の観点を述べている。『源氏物語』の注釈書や『万葉集』の研究書も著している。

『雨月物語』は1768年成立、推敲を重ねて8年後の1776年に出版した。日本の古典と中国の小説から素材を取って作った短編怪異小説集で、雅俗和漢混合調の文体で描き、前期読本を代表する作品であり、近代作家、例えば三島由紀夫などにも影響を与えた。9編いずれも人や物に対する猛烈な執念によって鬼や亡霊と化してしまう人間の

哀れさ、怖さを主題としている。

各短編のあらすじ

順	短編名	内容
1	『白峰』(しらみね)	西行が讃岐の白峰にある崇徳上皇の陵を訪れた際、上皇の怨霊に会い、議論を闘わせる。
2	『菊花の約』(きっか ちぎり)	義兄弟と重陽の日に再会と約束した男が幽閉され出ることを許されず、自害して魂魄となってその約を果たす。
3	『浅茅が宿』(あさじ やど)	妻を家において京に上がった男が7年後に妻に会いに帰る。しかしその翌日、妻が消えており、幽霊だったことに気づく。
4	『夢応の鯉魚』(むおう りぎょ)	鯉の絵の上手な僧が夢の中で鯉に変身して琵琶湖を泳ぎまわる。
5	『仏法僧』(ぶっぽうそう)	高野山で夜を過ごす親子が殺生で修羅道に落ちた豊臣秀次の亡霊の一行に会う。
6	『吉備津の釜』(きびつ かま)	色好みの夫に浮気され、裏切られた妻が、夫を祟り殺す。
7	『蛇性の淫』(じゃせい いん)	男が蛇の化身である女につきまとわれ、最後に僧侶に退治される。
8	『青頭巾』(あおずきん)	愛ゆえに死んだ稚児の肉を食べ鬼と化す僧を、禅師が解脱へと導く。
9	『貧富論』(ひんぷくろん)	金貨を大事にする武士の前に黄金の精霊が出現し、お金の論理を語る。

『浅茅が宿』(あさじ やど)から

　壁には蔦葛(つたくずは)延ひかゝり、庭には葎(むぐら)にうづもれて、秋ならねども野らなる宿なりけり。さてしも臥(ふ)したる妻はいづち行きけん見えず。狐などのしわざにやと思へば、かく荒れ果てぬれど故住みし家にたがはで、……（中略）……熟(つらつら)おもふに、妻は既に死りて、今は狐狸(こり)の住みかはりで、かく野らなる宿となりたれば、怪(あや)

しき鬼(もののけ)の化してありし形を見せつるにてぞあるべき。

（現代語訳）

　壁にはつる草がはい上がり、庭は雑草が一面に生え茂って、まだ季節は秋ではないが、秋の野原のような宿である。それにしても、そばに寝ていた妻はどこへ行ったのか、姿が見えない。狐でも化かされたのかと思うが、このように荒れ果ててはいるが、以前自分が住んだ家に相違なく、……（中略）……よくよく考えてみれば、妻はすでに死んでおり、この家も今は狐か狸が移り住んだため、こんな荒れた家になったので、きっと物の怪が化けて妻の在りし日の姿を自分に見せたのであろう。

（中国語訳）

　　只见壁上藤蔓攀援，庭中杂草丛生，此时并非秋季，此处却似极了秋日的萧瑟荒原。适才躺卧身边之妻已然不知所踪。于是不由心下猜疑，难道一切皆是狐精化形欺我？看去却又不像，只因这庭院虽是衰败，但确是从前所居之所。（中略）细细思忖，终于悟出，其实妻已去世多时了，此间房舍已为狐类狸属所居，是以才这般荒芜。昨夜所见，乃是妻之生魂幻化的从前妻在世之形罢了。

2. 後期読本（江戸読本）

　秋成の後、18世紀70、80年代の頃、文学の中心が上方から江戸に移る「文運東漸」の気運の中で、読本の中心も江戸に移り、江戸の作家と出版を中心とする後期読本が幕を開ける。ほぼ同時期に寛政(かんせい)の改革（1787−1793）が断行され、小説の主位を占めていた洒落本と黄表紙が風紀上好ましくないとされ、出版が停止さ

れたり作家が処罰を受けたりした。この風潮の中で読本は中国文学の翻案および勧善懲悪・因果応報の思想を二大支柱にして創作を続けた。内容面では中国の長編小説に強く影響を受けた長編伝奇小説の傾向を持つものが化政期(1804－1830)に最盛に達した。絵師としても優れていた山東京伝(1761－1816)は文学でははじめ黄表紙、洒落本の作者として活躍していたが、寛政の取り締まりで読本に転じて著した『忠臣水滸伝』(1799)、『昔話稲妻表紙』(1806)が人気を博した。その門下の曲亭馬琴(1767－1848)は多くの力作を発表して読本界をリードする作家となった。

　下級武士の家に生まれた馬琴は兄の影響で俳諧を学び、23歳のとき作家として生きることを決め、山東京伝の門人になった。本格的な読本は『月氷奇縁』(1804)で父の敵討ちを数々の怪異を交えて書く。勧善懲悪、因果応報の思想が流れており、これが以降の作品の基本姿勢となる。多作な作家で、情話物の『三七全伝南柯夢』①(1808)、史伝物の『椿説弓張月』②(1807－1811)、

---

　①『三七全伝南柯夢』は6巻で、三勝、半七の情話物を室町末期の武家社会に移したもの。父半六の出世欲のために幼い日からの婚約者おさんとの仲をさかれ、家老蟻松家の娘園花を妻とした青年武士赤根半七が、義と節操と孝に生き、園花とはついに肌を合わさず、後に笠屋三勝と名のって舞姫となっていたおさんと結ばれるという物語。2人は親への孝をはたせず、自決を決意して千日寺に赴くが、そこにはすべての因果のもつれを懺悔した半七の父半六と、おさんの実母で蟻松家夫人の敷波が自裁していた。「南柯記」など中国の小説の趣向をも取り入れている。

　②『椿説弓張月』は前編6巻、後編6巻、続編6巻、拾遺5巻、残編という大長編で、平安末期の武将源為朝が父に追われて九州に渡ったり、保元の乱で敗れて伊豆大島に流されたりするが、最後に琉球に渡り、王女を助けて賊軍を鎮圧し、その子孫が琉球王国の国王になる。雄大な構想で展開が変化に富み、文章も美しく、世間で大きな評判となる。

代表作の『南総里見八犬伝』(1814－1842) は三大奇書といわれる。『稗史七法則』(1837) にも中国の影響を濃厚に持っている。それ以後も『傾城水滸伝』や『近世説美少年録』の執筆を続けたが、未完成のまま 1848 年、82 歳で死去した。馬琴はその文学の才能と弛まぬ努力によって多くの作品を書き、原稿料を得て生計を立てた最初の職業作家となった。彼の読本は芥川龍之介、三島由紀夫などの近代作家にも影響を与えた。

『南総里見八犬伝』は略して『里見八犬伝』、『八犬伝』とも言うが、馬琴が 1814 年から 1842 年までの 28 年間に渡って著した、全 98 巻 106 冊という、日本文学史上最長の物語である。48 歳から書き始めたが、67 歳のとき右目に異常を覚え、まもなく左目も不自由になり、息子も死んだ。73 歳のとき完全に失明したが、息子の妻のお路に口述筆記をさせて書き続け、76 歳でついに完成を見た。

『八犬伝』の舞台は室町時代中期、戦国時代である。下総（千葉県北部）の大名、里見義実は敗色が濃い戦いの中で、苦し紛れに娘の飼い犬、八房に「敵の大将の首を見事取ってきたら娘との結婚を許可する」という。驚くべきことに犬は本当に敵を倒してしまい、里見に約束の履行を求める。娘の伏姫は主君が言葉を翻すことの不可を説き、八房と山に入って読経の日々を過ごした。やがて伏姫は八房の気を受けて妊娠したと知って割腹自殺を図る。その傷から流れ出た白気は姫の数珠を空中に運び、百の珠が地面に落ちたが、それぞれ「仁、義、礼、知、忠、信、孝、

悌」と刻まれた八つの珠（たま）が飛び出し日本全国に散っていった。その後、名字に「犬」がある八人の少年が生まれ、いずれも数珠を持って体に牡丹の形をした痣（あざ）があり、不思議な因縁によって引き合わされ、最終的には集結して戦いに勝利をもたらし、里見家再興を達成する。広大な虚構を描きながらも史実に即しているので、足利尊氏や足利義政など実在の人物も登場する。里見義実も実在する大名である。

姫が犬の八房の子を身ごもったと知り、自殺を図るシーン

　護身刀を引抜て、腹へぐさと突立て、真一文字に搔切給へば、あやしむべし瘡口より、一朶の白気閃き出で、襟に掛させ給ひける、彼の水晶の珠数をつゝみて、虚空に升ると見えるし、珠数は忽地弗と断離れて、その一百は連ねしまゝに、地上へ戛と落とゞまり、空に遺れる八つの珠は、粲然として光明をはなち、飛び遷り入纛れて、赫奕たる光景は流るゝ星に異ならず。主従は今さらに、姫の自殺を禁めあへず、われにもあらで蒼天（さうてん）を、うち仰ぎつつ目も黒白（あや）に、あれよあれよ、と見る程に、さと音し来る山おろしの、風のまにまに八つの霊光（ひかり）は、八方に散り失せて、跡は東の山の端（は）に、夕月のみぞさし昇る。当（まさ）に是（これ）数年の後、八犬士出現し、遂に里見の家に集合ふ（つど）、萌芽（きざし）をここにひらくなるべし。

（現代語訳）

　姫は護身用の刀を抜いて腹に突き刺し、真一文字に切った。すると奇妙なことに、傷口から白い気が噴出し、衿にかけていた水晶数珠を包み込み、宙に浮いた。数珠は切れて、108個の珠のう

ち100が連なっているままに地面に落ち、残りの8つが光を放ちながら飛び回っていた。まるで流れ星のようだ。姫の自殺を止めることができなかった主従は、茫然と空を見上げていたが、八つの珠は颯爽と吹いてきた風に乗って八方に飛んでいた。東の山には月がかかるばかりだった。これが数年後に八犬士が出現し、里見家に集合する兆しであった。

（中国語訳）

伏姬拔出护身之刀，刺入腹中，向横下里直划开一字。刹那间奇事顿生，只见自伤口涌出一股白气，裹住伏姬胸前所佩之水晶数珠，向上飞腾起来。倏忽间数珠断线，有百颗尚自相连，戛然落于地面。空中尚遗八珠，旋转萦绕，灿然生辉，宛若流星一般。主从二人见无法可阻伏姬自裁，只得茫然抬头仰望长天。恰逢一阵山风吹过，那八道灵光乘着风势，遥遥散于八方去了。其时东山之畔，新月初升。数年之后八犬之士出世，历经种种而终集于里见家，此时已然种下因缘了。

曲亭馬琴自筆の『南総里見八犬伝』

（三）滑稽本

　前期滑稽本は談義本の時代である。談義本は滑稽の中に教訓を託した小説である。談義はもともと仏教の説法の意味だが、江戸時代に僧侶が社会風刺的な滑稽話をはじめ、その影響で同様の内容の小説が生まれた。静観房好阿の『当世下手談義』（1752）がその始まりで、好評をもって迎えられた。後に風来山人の『根南志具佐』（1763）や『風流志道軒伝』（同年）が出、教訓よりも風刺が強くなった。寛政改革の打撃を受け、黄表紙、洒落本などと同様に消えていった。

　後期滑稽本は前期滑稽本の後を受けて出たのではなく、**洒落本**から生まれたものだ。洒落本は八文字屋の浮世草子が廃れた後を引き継いだもので、遊里における客と遊女の駆け引きを描写して野暮な客を笑いのめした内容を主とするもので、江戸文学の美意識である「通」①や「うがち」が根底に流れている。洒落本の文体と構成を確立したのは田舎老人多田爺の『遊子方言』（1770）で、代表作家は**山東京伝**で、『通言総籬』（1787）、『傾城買四十八点』（1790）を書いて庶民の人気を博したが、寛政改革で出版取締令が出され、山東京伝も処罰されたため、衰退していった。

---

　① 通：江戸時代後期の美的理念。世間や遊里の事情に通じていて人情の機微がわかり、万事にさばけていて洗練されていること。江戸の遊里を背景に発達し、「黄表紙」や「洒落本」などに表されている。「通」と同種の概念で「すい」、「いき」があるが、これに対して、洗練されていない態度は「野暮」といわれた。

洒落本に内包される滑稽さと写実性が新たなる二つの文学、**後期滑稽本**と**人情本**を形成した。前者は物語の舞台を遊里から庶民生活の場に移し、笑いを主目的にして、主に男性を読者とする。後者は写実性や会話表現を取り入れた庶民恋愛の小説であり、婦女子を読者とする。このように二つの文学を生み出したわけで、後期滑稽本の代表作家は十返舎一九、式亭三馬がいる。

　十返舎一九（じっぺんしゃいっく）（1765－1831）は武士の子として生まれ、武家奉公の後、1794年江戸に出て作家活動を始めた。最初は黄表紙や狂歌を作っていたが、『東海道中膝栗毛（とうかいどうちゅうひざくりげ）』（1765－1831）を出して大反響を呼んだ。その背景はまず大衆の東海道への関心の強さがある。参勤交代や京都・大坂見物などで東海道はよく利用されていたし、それに合わせて東海道名所案内の本も出版されていた。この作は東海道を舞台に各土地の風土や方言を紹介するばかりか、農民から商人まで誰もが笑えるような内容になっている。このような条件が大ヒットを生み出したと言える。内容は弥治郎兵衛（やじろうべえ）と北八（きたはち）が織りなす珍道中記である。二人が洒落や冗談を飛ばしながら、江戸を出発点にして伊勢神宮へ赴き、それから京都と大坂へ行く。教養を必要としない単純な笑いで、二人は失敗を狂歌を詠んで笑い飛ばすのであるが、その歌も作品を豊かにしている。書名の「膝栗毛」とは、栗毛の馬に乗るのではなく、自分の足（膝）で歩いて旅行をすることを示している。

『東海道中膝栗毛』

式亭三馬(しきていさんば)(1776－1822)は先祖代々八丈島(はちじょうじま)(伊豆諸島の一)の神主(かんぬし)だが、父は江戸に出て板木師(はんぎし)を職業とした。三馬は黄表紙、洒落本、合巻(ごうかん)、読本と多方面のジャンルで作品を残したが、滑稽本でよく知られている。代表作『浮世風呂(うきよぶろ)』(1809－1813)は計4編からなり、男湯、女湯における庶民の姿を可笑しく描いた。『浮世床(うきよどこ)』(1811－1822)計2編で、床屋に集まる客との会話が主体となっている。この二作は江戸市中の下層階級の描写に焦点をおいて、それぞれ軽妙な日常会話の応酬によって人々の姿態・動作を写実する。

滑稽本は明治維新まで書き継がれるが、流行した作品はなく、従来の滑稽本の延長に過ぎなかった。こうして滑稽本は消えていった。

(四) 人情本

人情本(にんじょうぼん)は主として富裕な江戸町人の日常生活における人情、

特に男女の恋愛を描いたもの。婦女子を読者とし、生々しい恋情を写実に描くことを本質とするが、恋情だけでなく、親子の愛や弱き者への同情も人情の美として重視する。これが洒落本と滑稽本にはない人情本の個性で、江戸町人の「粋（いき）」①が現れる。

代表作家は為永春水（ためながしゅんすい）（1790－1843）で、『春色梅児誉美（しゅんしょくうめごよみ）』（1832）で人気を不動のものにした。鎌倉時代を舞台に男女の恋愛を描いた作品で主人公の丹次郎（たんじろう）は複数の女性に愛されたため、色男の代名詞となった。『春色辰巳園（たつみのその）』、『春色恵（めぐみ）の花』、『春色英対暖語（えいたいだんご）』、『春色梅美婦禰（うめみぶね）』と多くの続編を出し、合計20編60巻のシリーズとなった。他にも多くの作品があるが、いずれも一人の男性がたくさんの女性に好かれ恋がもつれていく様を特徴とする。人情本は為永春水の活躍で当時衰退していた後期読本に取って代わるほど成長した。しかし1841年から1843年の天保（てんぽう）改革で人情本は取り締まられた。為永春水も手鎖（てぐさり）の刑に処せられ、そのショックで翌年に病没した。人情本はこれで衰退し、人情本作者は新たな創作の場を合巻に移していった。当時の合巻は折りよく歌舞伎で演じられる情愛に題材を求めていたので、このような転向が可能となったのである。

---

① 粋（いき）：江戸時代後期、江戸町人に好まれた美的理念。身なりや振る舞いが洗練されていて、格好よいと感じられること。また、人情の機微、特に男女関係についてよく理解していること、遊里の遊び方に通じていることなどの意味も含む。人情本・洒落本などに描かれている。正反対の理念・態度を「野暮（やぼ）」といい、軽べつされ、嫌われた。同趣・同類の概念に「粋（すい）」、「通（つう）」がある。「意気」とも書く。また、江戸で「いき」、畿内で「すい」と読むのもある。

古典編

四、劇文学

（一）浄瑠璃

　室町時代の中ごろ、盲目の法師などが琵琶の伴奏で牛若丸(うしわかまる)と浄瑠璃姫との恋物語を語った。これが浄瑠璃の起源で、名前の由来でもある。中世の末に三味線が琉球から渡ってきて曲節(きょくぶし)が発展し、人形を操る芸人である傀儡師(かいらいし)と結びついて、16世紀末から17世紀初めに人形浄瑠璃が成立した。享保（1716－1736）の末まで江戸、大坂、京都で興行(こうぎょう)され、さまざまな流派があったが、いずれも文学的には未成熟であった。これらを総称して**古浄瑠璃**(こじょうるり)と呼ぶ。

　文学的価値が高められた新浄瑠璃は**近松門左衛門**(ちかまつもんざえもん)（1653－1724）の『出世景清(しゅっせかげきよ)』（1685）から始まる。近松門左衛門は武家の次男として生まれた。父の失職(しっしょく)を機に京都に出て貴族に仕えたが、この貴族が浄瑠璃の愛好者であったことから近松も影響を受け夢中になり、浄瑠璃作家を目指す。当時は芸能に携わる人間の地位が低く、それでも武家階級の近松は浄瑠璃を愛し作家の道を決断した。そして脚本を作り始め、大坂で劇場「竹本座」（1685年開設）を開いた浄瑠璃名役者の**竹本義太夫**(たけもとぎだゆう)に作品を提供した。義太夫は近松と手を組んで多くの傑作を演じ、義太夫節(ぎだゆうぶし)が人形浄瑠璃の主流となった。人気歌舞伎役者の坂田藤十郎(さかたとうじゅうろう)の依頼を受けて浄瑠璃のほかに歌舞伎の台本も書いたが、近松にとって最高のパートナーはやはり義太夫で、歌舞伎作品よりも浄瑠璃作品のほうが数が多く、質が高い。

近松門左衛門像

　近松の浄瑠璃作品は100近くあり、時代物と世話物に分けられる。時代物は70余編あり、作品の八割を占めている。歴史上の事件・伝説を題材にしたもので『出世景清』のほか**『国姓爺合戦**（こくせんやかっせん）**』**（1715）がある。鄭成功の事績を意識して作った明朝の男性と日本女性の混血児が明朝を再興するという物語で、近松の最大ヒット作となった。世話物は24編あり、町人社会を題材にした現代劇で、第一作が『曽根崎心中（そねざきしんじゅう）』（1703）で、1703年4月7日に大坂曽根崎の露天神社に起こった徳兵衛（とくべえ）とお初（はつ）の心中事件の実話を元にして、義理に迫られ、恋を貫く若い男女を描いた。それまでの浄瑠璃は時代物ばかりで町人を主人公としたものは初めてのことで、観客は自身を作中人物に投影し、物語を身近なものとして鑑賞したこともあって、上演して大ヒットになって倒産しかけていた劇場を救った。他に『冥土（めいど）の飛脚（ひきゃく）』（1711）、『心中天の網島（しんじゅうてんあみじま）』（1720）、『女殺油地獄（おんなごろしあぶらのじごく）』（1721）がある。

その芸術論は「虚実皮膜の論」①と紹介され、浄瑠璃は事実をありのまま書くのではなく、虚構を加えてこそ観客を共感させ満足させる、という。

『曽根崎心中』あらすじ

叔父の家で働いていた手代徳兵衛は叔父から従妹との結婚を迫られたが、遊女お初と愛し合っているので縁談を断った。既に勝手に話を進め、徳兵衛の継母に結納金を入れた叔父は激怒して徳兵衛を勘当した。徳兵衛はやっと継母から結納金を取り返して叔父に返そうとするが、親友の九平次がお金に困っているのを見て特別に貸してあげた。しかし、その後、徳兵衛が返済を要求する時、九平次は借りていないととぼけ、徳兵衛を詐欺師と呼ばわりし、散々に殴りつけた。徳兵衛は身の潔白を証明するために死を決意し、お初とともに曽根崎の森に入って心中した。

近松の作品には心中を題材にしたものが多く、その影響で実際心中事件が多発していた。徳川吉宗はこれを受けて1723年、心中物の出版と上演を禁止した。近松は失意の中、翌年死去した。

（二）歌舞伎

江戸初期、**出雲の阿国**という女性が京都でかぶき踊りを踊ったことから始まる。これに刺激され各地で女性による**女歌舞伎**が流行したが、風俗を乱すという理由で幕府から禁止された。次の美

---

① 近松は手紙や随筆を一切残しておらず、ただその演劇観は、友人で儒者の穂積以貫が浄瑠璃注釈書『難波土産』(1738) の中で紹介している。

少年による**若衆歌舞伎**が出たが、これも同じ理由で禁止された。その次に成人の男性による**野郎歌舞伎**が登場し、技芸と演劇性を持ったので幕府から興行を許された。

出雲のお国の像（京都市東山区）

近松門左衛門は優れた浄瑠璃作家である一方、優れた歌舞伎作家でもある。浄瑠璃脚本を改作して30近くの歌舞伎脚本を作り、人気を博した。世話物の『曽根崎心中』、『心中天の網島』など、時代物の『国姓爺合戦』などがある。

元禄期（1688－1704）に入って歌舞伎は発展期を迎えた。江戸では**市川団十郎**が武士や鬼神などの荒々しさを誇張して演じる**荒事**を確立し、上方では**坂田藤十郎**がやわらかで優美な演技の**和事**を確立した。

四代目坂田藤十郎の出演

『雷神不動北山桜』
12代目市川團十郎の鳴神

　化政期（1804－1830）は江戸歌舞伎の最盛期で、**鶴屋南北**（つるやなんぼく）(1755－1829)が代表作家である。江戸に生まれ、父は染物屋（そめものや）の職人で家は貧しく、十分な教育を受けなかったが、芝居は好きであった。22歳から修行（しゅぎょう）を積み、亡くなるまで120余の作品を書き、第一線であり続けた。26歳の時に3世鶴屋南北の娘と結婚し、57歳で4世鶴屋南北を襲名した。主要作品**『東海道四谷怪談』**（とうかいどうよつやかいだん）(1825)のほかに『桜姫東文章』（さくらひめひがしぶんしょう）(1817)、『盟三五大切』（めいさんごたいせつ）(1825)などがある。社会の下層に生きる町人を写実的に描く生世話物（きぜわもの）を得意とする。脚本に残虐な殺人場面や濃密な濡れ場（ぬれば）①、戦慄の怪談を盛り込み、演出の仕方に人間の感覚に訴えるところがあり、大衆からの支持を得た。これらのところに南北の個性があった。

---

① 濡れ場：歌舞伎で男女の情事の場面。また、ひろく情事の場面を指す。

『東海道四谷怪談』
（歌川国芳画）
お岩が提灯に浮かび上がる
恨めしげな形相

　鶴屋南北の死後、歌舞伎は衰退期を迎えた。才能のある作家が登場せず、劇場も収入減となり、更に役者の給料高騰、火災の損害などで経営が悪化していた。幕府も火災防止、風紀粛清の立場から、劇場を都心から人気の少ない土地へと移動させ、演劇の内容についても刺激的場面を禁止した。この中で唯一の異彩を放った脚本家が河竹黙阿弥（1816－1893）である。『三人吉三廓初買』（1860）や『小袖曽我薊色縫』（1858）など、盗賊を主人公とする白浪物の傑作を書く。明治維新が始まってからも筆は変わらず快調で、旺盛な創作意欲で生涯に360余の作品を発表した。

（三）話芸

　江戸時代には、話によって人々に娯楽を提供する舌耕文芸と呼ばれる話芸が発達してきた。それには大きく分けて二つの系統がある。一つは、現在の落語に通じる笑話・落し咄の系統で、

もう一つは、現在の講談に通じる講釈・談義の系統である。

笑話

近世初期には貴族たちの徒然を慰めるため御伽衆（おとぎしゅう）によって作られ、『醒睡笑（せいすいしょう）』（1623）はその代表的な笑話集である。元禄期になると町人階層の台頭にしたがって、民衆を相手に話し上手な人が出て、笑話集もつぎつぎと出された。18世紀中後期、江戸の狂歌師を中心に簡潔で洒脱（しゃだつ）な『鹿（か）の子（こ）餅（もち）』などが出版された。やがて職業的な落語家が輩出し、話に工夫を凝らし寄席（よせ）で演じるようになったのである。

『鹿（か）の子（こ）餅（もち）』四九　菜うり

本所（ほんじょ）から来る菜うりに「なんと、真間（まま）の紅葉はもふよいか」と聞けば、「ナアニ紅葉はもふ赤くなりました。」

（現代語訳）

本所から来た野菜売りの行商人に、「どうだろう、真間の紅葉はもう見頃を迎えたか」と聞くと、答えて言うには、「いやあ、青い盛りを過ぎて、もうすっかり赤く萎れてしまいました。」

（中国語訳）

自枫叶名胜真间来一卖菜人，问他："真间枫叶可是正当看时？"他答道："哪里还看得，早已失了翠色，尽皆枯萎变红，不成样子了。"

講釈

近世以前にもあったが、人気のあったのが太平記読みのような軍記物語である。近世になると、民衆相手の辻講釈などが起こり、素材も当時評判の仇討ちやお家騒動など、いわゆる実録体の小説などが取り上げられている。幕末には読本や合巻なども素材となり、寄席で口演が盛んになった。

練習問題と研究課題
一、復習ポイント

1. 近世文学はまず＿＿＿＿＿で隆盛した。元禄期に隆盛を極めたので＿＿＿＿＿文学ともいう。＿＿＿＿＿は浮世草子というジャンルを創出し、＿＿＿＿＿は前期読本の代表人物となり、＿＿＿＿＿は俳諧を芸術的な文学へと昇華させた。＿＿＿＿＿は人形浄瑠璃と歌舞伎の脚本を数多く作成した。

18世紀半ばから後半にかけて、文学創作・出版の中心は＿＿＿＿＿に移り始め、勧善懲悪の読本作家＿＿＿＿＿、滑稽本作家＿＿＿＿＿と＿＿＿＿＿、人情本作家＿＿＿＿＿が活躍した。俳諧は18世紀後半に＿＿＿＿＿が現れ、彼の死後、＿＿＿＿＿が率直な俳諧を詠んで注目された。歌舞伎は下層町人の生活を描く脚本家＿＿＿＿＿が活躍した。彼の死後、異彩を放つ脚本家として＿＿＿＿＿が出て明治初期まで創作を続けた。

近世時期、漢学、国学、洋学もそれぞれの発展を遂げた。漢学においては、幕府が＿＿＿＿＿を官学とし、その学派から＿＿＿＿＿らが出たが、それに対して古典を重視する＿＿＿＿＿、＿＿＿＿＿、＿＿＿＿＿が出て活躍した。漢詩人として＿＿＿＿＿、＿＿＿＿＿らが優れた作品を残した。国学においては、漢学に対して日本の古典や精神を研究しようとする人々が現れ、＿＿＿＿＿、＿＿＿＿＿、＿＿＿＿＿らが輩出し、優れた業績を残した。和歌の革新も国学者を中心に進められ、＿＿＿＿＿、＿＿＿＿＿らが出た。洋学においては、江戸中期には、前野良沢・杉田玄白らの＿＿＿＿＿の訳述開始から蘭学の風潮が高まり、西洋学術導入のきっかけとなった。

2. 近世に入って、俳諧は次第に庶民の間に流行した。京都の＿

古典編

　　　　　　は俳諧の一派、「貞門」をなした。また　　　　　　などの俳論書を著し、俳諧の式目を定めた。大坂の　　　　　　は「談林俳諧」をなして奔放で闊達な俳風を打ち立てた。

　3. 俳諧を芸術的な文学へと昇華させた　　　　　　は、人生の後半を旅といっしょに生き、大量の紀行文を残した。最高傑作とされているのは　　　　　　で、現在の東北地方を旅行した時の紀行文である。芭蕉の作り上げた俳風を　　　　　　と呼ぶが、「不易流行」、　　　　　　の思想を基本にして、　　　　　　、　　　　　　、　　　　　　および　　　　　　の美意識が貫いている。本人と弟子との主要作品は大体「芭蕉七部集」に収められ、その芸術の円熟を示すのは　　　　　　とされる。

　4. 松尾芭蕉の没後、天明年間ごろ、　　　　　　が活躍した。絵画的で鮮やかな俳風、浪漫的な古典趣味が特徴的だ。本人と一門の俳諧は　　　　　　や　　　　　　などに収められた。芸術上の主張として、晩年は　　　　　　を唱えた。幕末、特異な句境を開いた俳人は小林一茶で、代表作　　　　　　がある。また、韻文形式を利用して笑いやパロディーを表現するものとして、　　　　　　と　　　　　　が栄えた。

　5. 江戸時代、朱子学は幕府の支えの下で発展を遂げ、林羅山の門下に多くの俊秀が出た。新井白石が自叙伝的な随筆　　　　　　を著し、室鳩巣が随筆　　　　　　を完成した。　　　　　　は漢詩文に秀で、「日東の李白」と評された。一方、反朱子学の学派も現れ、近江聖人と称された　　　　　　は日本の陽明学の祖となり、京都に塾を開いた　　　　　　は古義学派の祖となり、江戸の　　　　　　は古文辞学派を開いた。他に古注学派もあった。

　6. 近世初期、中世の御伽草子の後を受け、近世小説としての浮世草子が登場するまでの橋渡しの役割を果たしたのは

＿＿で、代表作品は＿＿＿＿＿＿、＿＿＿＿＿＿、＿＿＿＿＿＿＿などがある。元禄時代、井原西鶴が＿＿＿＿＿＿＿を発表し、浮世草子の最初の作品となった。西鶴の作品は内容によって＿＿＿＿＿＿＿、＿＿＿＿＿＿＿、＿＿＿＿＿＿＿、＿＿＿＿＿＿＿に分類される。

7. 読本は、最初＿＿＿＿＿を中心にして始まった。＿＿＿＿＿＿は前期の代表的作家で、代表作＿＿＿＿＿＿は日本の古典と中国の小説から題材を取った短編怪異小説集である。かれの没後、読み本の中心は＿＿＿＿＿に移り、内容面も変化した。＿＿＿＿＿＿は多くの作品を発表して読本界をリードする作家となった。多作な作家で、情話物の＿＿＿＿＿＿、史伝物の＿＿＿＿＿＿、代表作の＿＿＿＿＿＿は三大奇書と言われる。

8. 滑稽本の代表作家は十返舎一九、式亭三馬がいる。十返舎一九は東海道を舞台にする＿＿＿＿＿＿＿を出して大反響を呼んだ。式亭三馬は下層階級に焦点を置く＿＿＿＿＿＿、＿＿＿＿＿＿などを完成した。

9. 人情本は人間の情けを写実的に描くもので、代表作家＿＿＿＿＿＿は『春色梅児誉美』をはじめ、多くの作品を出した。

10. 近松門左衛門は新浄瑠璃の人気を高めた。作品は時代物と世話物に分けられ、時代物は歴史劇で＿＿＿＿＿＿＿、＿＿＿＿＿＿＿などがあり、世話物は町人社会を題材にした現代劇で、＿＿＿＿＿＿＿、＿＿＿＿＿＿＿などがある。

11. 歌舞伎は元禄期に入って発展期を迎えた。江戸では＿＿＿＿＿＿＿が荒事を、上方では＿＿＿＿＿＿が和事を確立した。化政期は鶴屋南北が代表作家で、社会の下層に生きる町人を写実的に描く生世話物を得意とした。代表作品は＿＿＿＿＿＿、＿＿＿＿＿＿、＿＿＿＿＿＿＿などである。彼の死後、河竹黙阿弥が出て、盗賊を主人公とする＿＿＿＿物の傑作を書く。

二、検討問題

1. 貞門俳諧と談林俳諧の特徴を簡単に述べなさい。
2. 「蕉風」の芸術的特徴を説明しなさい。
3. 松尾芭蕉以後の俳壇について述べなさい。
4. 近世の和歌と国学、漢詩と漢学の関係を簡単に述べなさい。
5. 浮世草子について説明しなさい。
6. 『好色一代男』の特徴について述べなさい。
7. 読本の歴史、前期読本と後期読本の異同を述べなさい。
8. 上田秋成の『雨月物語』の文学的特徴を説明しなさい。
9. 曲亭馬琴の『南総里見八犬伝』の中心思想は何ですか。その中心思想を採用した背景を述べなさい。
10. 前期滑稽本、後期滑稽本の歴史を述べなさい。
11. 人情本について簡単に説明しなさい。
12. 浄瑠璃史上における近松門左衛門の地位、その作品の概況、代表作を簡単に説明しなさい。
13. 歌舞伎の歴史を簡単に説明しなさい。
14. 鶴屋南北、河竹黙阿弥の歌舞伎の特徴について述べなさい。

三、論文作成の手がかり

✾松尾芭蕉の研究（美意識、色彩意識、俳風の変化）

✾芭蕉俳句の中日比較（中国文化の受容、杜甫の自然観との比較、王維の詩境との比較）

✾与謝蕪村の研究（絵画美、美意識、芭蕉との比較、日本近代詩壇における影響）

✾蕪村俳句の中日比較（中国文学の受容、王維の詩境との比較）

✾小林一茶の研究（写実性、田園風、弱者に対する同情、作者生涯の投影、芭蕉・蕪村との比較）

✾俳句と中国文学（俳句と「小詩」、俳句と禅、俳句の中国語訳）

✽狂歌と川柳（社会背景、庶民性、風刺性）

✽浮世草子の研究（井原西鶴と町人文化、町人道徳観、因果観、天命観）

✽読本の研究（読本と中国小説、上田秋成の人と文学、『雨月物語』と中国の怪異小説、曲亭馬琴の人と文学、『八犬伝』と『三国演義』）

✽滑稽本・人情本の研究（滑稽本の「滑稽さ」の分類、人情本の写実性、町人の社会観）

✽浄瑠璃・歌舞伎の研究（『国姓爺合戦』の中国元素および作者の民族意識、『曽根崎心中』に見る義理・恥などの文化、近松の劇作の遊女像、近松作品の悲劇性・劇作理論、鶴屋南北の生世話物の町人像）

近現代編

近代文学（明治）

一、社会、文学の発展

　明治時代とは、明治新政府の誕生1868年1月25日から1912年（明治45年）7月30日までの期間である。

　幕末の1853年、200年余に渡って鎖国政策を続けていた日本は、欧米列強の圧力から開国した。幕末になると、世界情勢が大きく変化した。欧米の資本主義諸国では産業革命が進み、地球上のあらゆる土地を商品市場にする強い要求を持つようになった。汽船の発明によって地球上のあらゆる土地に行くことが可能となった。特に、アメリカは西部の産業発展、太平洋における捕鯨業の発達で捕鯨船の寄港地の確保が必要だったことから、欧米諸国のどの国よりも強く日本の開国を要求していた。1853年、アメリカ東印度艦隊司令長官ペリーが軍艦4隻を率いて浦賀①の沖に来航し、幕府に強く**開国**を要求した。軍艦の圧力に押された幕府は、ついに日米和親条約を結んだ。これをはじめとして、欧米諸国と次々と不平等条約を結んだ。こうして200年以上の鎖国状態は打ち破られた。

---

① 浦賀：神奈川県横須賀市の一部。

開国後、資本主義諸国は日本に対して経済的侵略と政治的干渉を行った。支配階級内部の矛盾が激化して、幕府の支配力が目に見えて弱まってきた。全国から外国勢力の進出に対する反対運動が現れた。一連の戦いの中で尊王攘夷から倒幕に変わり、強力な倒幕勢力が形成された。こうした情勢を見て、15代将軍徳川慶喜は1867年、政権を朝廷に返す、すなわち大政奉還と申し出た。これで1868年初頭、明治政府が誕生した。新しい明治政府と幕府の二政権は短期間存在したが、戊辰戦争で江戸幕府はついに滅亡した。この明治政府の、「日本もヨーロッパ列強のように急いで資本主義を育てなければ、世界に対抗できない。」という考えのもとで、明治初期に一連の改革が行われた。いわゆる**明治維新**である。

　1868年、天皇が群臣をしたがえて神々に誓うという形式で『**五箇条の誓文**』を定め、公議輿論の尊重、開国親和など新しい政治理念の基本を宣言した。1869年、政府は諸大名に命じて領地と領民を天皇に返上させるという**版籍奉還**を行い、1871年全国範囲で一挙に**廃藩置県**を断行した。同時に身分制度の改革を行い、大名・公家（貴族）を華族とする華族制度の創設と、武士身分を士族として、農工商民（百姓・町人）などを平民とし、日本国民全員に苗字を認めた四民平等政策を取り、数年後、これまで「えた」、「ひにん」とされていた賎民の人々も平民に編入された。

　国内改革を積極的に行うと同時に、1871年、政府は岩倉具視を大使とする大規模な使節団を欧米諸国に派遣した。この岩倉使節

団には大久保利通・木戸孝允・伊藤博文らが随行し、1年9ヶ月にわたって12カ国を訪問した。その目的の一つであった不平等条約の改正は成功しなかったが、政府は西洋文明の実態に触れ日本の近代化を推し進める大きな原動力となった。

　1873年欧米視察から帰国した成員は国内改革をさらに急いだ。1873年内務部が設置され、近代工業発展の**殖産興業**を目的として多くの官営工場が作られた。1876年の**秩禄処分**で、華族士族の家禄支給は停止された。①同年には**地租改正**条例を公布し、農民負担が軽減された。1873年、身分に関わり無く満20歳以上の男子に兵役の義務を課した徴兵令が公布された。軍事上の改革では国民皆兵による政府軍を作る計画を進め、**富国強兵**の実現を図ろうとしていた。

　明治初期の数年間、社会に大きな変化が発生した。1869年電信、1871年郵便事業が開始され、1872年鉄道も開通した。1871年、各藩の藩札等を廃止して新貨条例を制定、貨幣の単位を統一した。印刷技術の進歩により、1871年、日本最初の日刊新聞『横浜毎日新聞』が創刊され、それを始め新聞が次々と創刊された。全ての国民が教育を受けられるよう学校制度が整備され、1872年学制を公布して全国に学校が設立された。福澤諭吉・西周・森有礼・中村正直らが日本最初の近代啓蒙学術団体、1873年明六社を結成して著作や講演会を通じて近代的な学問・知識を日本国内に広めた。

---

① それから、家禄は金禄公債で支給し、年賦で支払うこととされた。

中江兆民ら新しい思想を説く啓蒙思想家も現れた。

　同時に、社会上、**文明開化**の風潮が高まった。流行の歌「ざんぎり頭をたたいてみれば、文明開化の音がする」にいうように、欧米にならって生活・文化・風俗をあらためようという風潮が起こった。建築等も煉瓦造の建物がみられるようになり、家々には石油ランプがともされて街灯にはガス灯が登場、馬車や人力車が走るようになった。軍服には洋服が採用され、警官・鉄道員・教員などが順次服装を西洋化していった。

「文明開化」の社会像

　政府は日本が西洋諸国に劣らぬ文明国であることを列強諸国に示そうとして、1883年、外国からの賓客や外交官を接待するための社交場、鹿鳴館①を落成した。舞踏会や上流婦人の慈善バザーが催され、当時の極端に走った欧化政策を象徴する存在

---

① 鹿鳴館を中心にした外交政策を「鹿鳴館外交」と呼び、その隆盛期の1883年から1887年は鹿鳴館時代と言われ、1887年外務大臣井上馨の辞任とともに歴史に一応の幕を下ろすことになった。

でもある。

鹿鳴館における舞踏会を描いた浮世絵

　この新政治創立初期の明治政府は一連の試練も体験した。1876から1877年、士族が反乱して**西南戦争**を起こした。1874から1890年前後、**自由民権運動**が全国的に広がった。これらの社会変動に対応させられる同時に、政治のあり方に対する思考も深まった。その成果の一つとして憲法の制定と議会の開設である。自由民権運動に突き上げられ、憲法の制定に熱意を示すようになり、1876年9月元老院に草案起草を命じて、憲法制定の第一歩が踏み出された。複雑な過程を経て、成案は枢密院(すうみついん)の諮詢(しじゅん)の後1889年2月に欽定(きんてい)・公布され、翌1890年11月に施行された。これが**大日本帝国憲法**であり、明治憲法あるいは旧憲法とも呼ばれ、第二次大戦後、新憲法「日本国憲法」の施行（1947年5月3日）前日まで存続した。憲法のもとで**帝国議会**が設けられ、1890年11月29日の第1回議

会から、1947年3月31日の第92回議会まで行われた。明治憲法は、当時のヨーロッパの立憲君主制諸国の憲法に比しても、とりわけ強い君権主義的傾向を有するものであり、したがって議会の地位は低く、その権限はきわめて制限されたものであったが、日本最初の議会制としての意義は大きい。1947年3月31日の第92議会で衆議院は解散し、貴族院は停会された。そして、同年5月3日に日本国憲法が施行され、帝国議会に代わり国会が設置された。

国内の基礎を懸命に固める一方、日本は周辺国家に目を向けた。1894年の夏から翌年春にかけての**中日甲午戦争**に勝って、領土を獲得し、賠償金も入手した。この戦争により日本も諸列強の仲間入りをした。他方、清が敗戦したことから、諸列強の中国大陸の植民地化の動きが加速されることとなった。それについで、**日露戦争**(にちろせんそう)が勃発(ぼっぱつ)した。1904年2月から翌1905年9月まで、日本とロシアが中国東北を戦場として、中国東北、朝鮮の制覇を争って戦争をした。日本は戦いでロシアに勝利したが、長期戦には耐えうる経済発展を達成していなかったので、アメリカに仲介を依頼してロシアと講和に持ち込んだ。この二回の戦争は世界にも衝撃を与え、日本は周辺国家への侵略によって欧米列強に認められた。

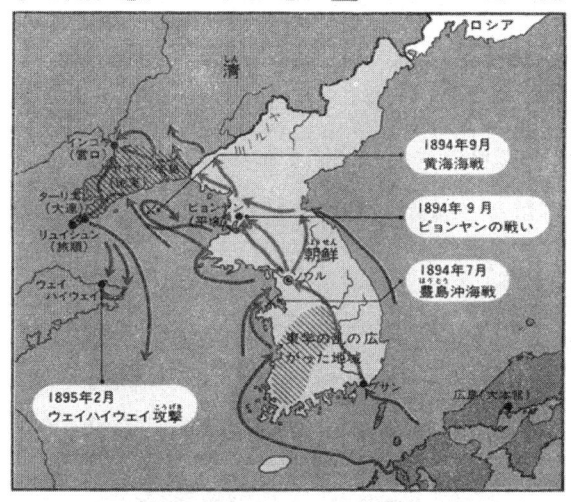

中日甲午戦争の概略図

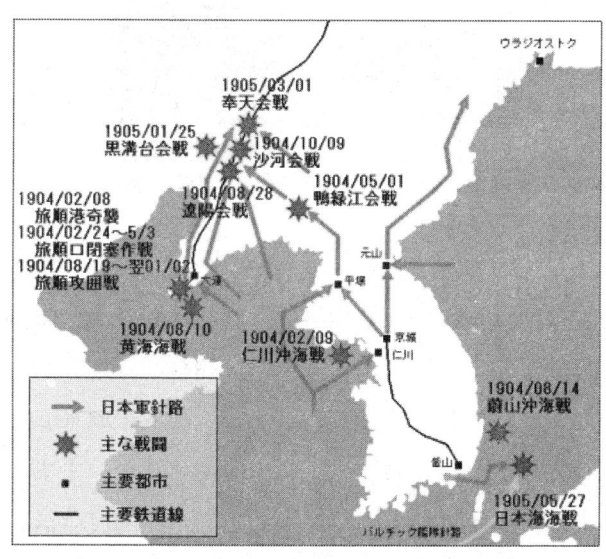

日露戦争関連の概略地図

1911年、日本は関税自主権の全面回復に成功した。ここに、幕府が西洋列強と結んだ不平等条約を対等なものに改める条約改正の主要な部分が完了し、長年の課題が解決された。日本は名実ともに西欧諸国と対等な国際関係を結ぶこととなった。幕末以来の黒船衝撃の後から目指した西欧列強に並ぶ近代国家づくりの目標は一応達成された。一方、周辺国家との戦いの中で帝国主義への道も歩み始めた。

不平等条約改正をめざす岩倉使節団。
右から大久保利通、伊藤博文、岩倉具視、山口尚芳、木戸孝允。

　このように、明治時代は、日本国内において政治、経済、社会の各方面で空前の大改革と新建設が大いに行われた。国民の生活様式に変化が生じ、文化上の大改革も行われ、近代的新しい思想と学問が起こった。日本の伝統的な風習や制度を放棄して西洋の文物を取り入れたため、西洋思想を十分消化しないまま、近代化のための変革はあまりにも性急に進められた。国民生活の実情を無視していた点も多かったが、外見的には日本は短時間での西洋

化を実現した。この背景のもとで発生した明治文学は、初期、中期、後期に分けられ、その変遷を示した。

明治初期（1868－1884）

明治前半の20年間、近世から近代への過渡期にあたる。開国してから流入してきた西洋の思想や文化の強い影響のもとで、文学の近代的な条件がしだいに準備されていった。まず、「文学」という言葉の意味が、儒学を中心とする武士階級の教養全般をさす近世の概念から言語芸術の総称として近代的概念へ移行し、**小説**がその首座を占めるようになった。近世の戯作を引き継いだ戯作文学も書かれたが、欧米小説を翻訳した翻訳小説、政治の理想を描く政治小説が生まれた。韻文では外山正一（とやままさかず）らの『新体詩抄』によって漢詩・和歌に代わる新しい詩の形、「**新体詩**」を提出された。

言文一致運動も進められ、明治初期、二葉亭四迷、尾崎紅葉らが試みて次第に盛んになり、明治末期に終了した。明治時代の日本語は話し言葉と書き言葉が大きくかけ離れており、近代化を急ぐ日本はこれを問題視していた。西欧の学問や実学を学ぶ際に、書物の文章が日常語と異なって難解であれば習得も困難になるから、西欧のように口語と文章を一致させて国民の教育水準を高めることを急務とした。書き言葉を話し言葉に近づける方向では翻訳家の森田思軒（もりたしけん）が、話し言葉を書き言葉に近づける方向では啓蒙家の福沢諭吉（ふくざわゆきち）が主に活躍した。

明治中期（1885－日露戦争前後）

坪内逍遥（つぼうちしょうよう）が1885年、『小説神髄（しょうせつしんずい）』で心理的**写実主義**の文学

観を提示したのは、本格的な近代文学の開始とされる。また、西洋の「novel」を「小説」と訳すところから近代小説の概念が次第に形成・固定されていった。この影響を受けて、二葉亭四迷は日本初の言文一致体の小説『浮雲』を著した。主人公の内面の苦悩が口語で写実的に描かれ、文語では成しえなかった小説世界を築いた。

　欧化政策が加速した一方国粋主義の高まりも見られる。この気運の中で**擬古典主義**が誕生した。尾崎紅葉は1885年に日本最初の文学結社「硯友社」を結成し、坪内逍遥の写実主義に賛同する一方、井原西鶴にも傾倒した。擬古典主義作家は硯友社以外に幸田露伴がいて、尾崎紅葉とともに紅露時代を構成し文壇を支配した。

　続いてドイツ留学から帰国した**森鴎外**が翻訳詩集『於母影』や小説『舞姫』などで**浪漫主義文学**の立場を鮮明にした。幸田露伴の影響を受けて、女性作家の樋口一葉が現れたことも明治文壇の特記すべき出来事である。

　1894年－1895年の中日甲午戦争以後、悲惨な人生を描き出す悲惨小説や社会問題を取り上げる社会小説が登場した。早急な西洋化に伴う歪みが社会や生活に現れた証左である。社会小説は社会運動に連動する社会主義小説に発展し、昭和のプロレタリア文学へと続いていく。

　近世まで盛んだった韻文も発展を成し遂げた。正岡子規は**俳句革新**、**短歌革新**をし、其の関係で俳句雑誌の『ホトトギス』が発

刊された。与謝野鉄幹の日常用語を用いた短歌、与謝野晶子の浪漫主義の短歌も近代性を持つものである。短歌結社「東京新詩社」と機関紙『明星』には多くの歌人、詩人が集った。

明治後期（日露戦争前後－1912）

日露戦争（1904－1905）以後の文学は**自然主義**が隆盛した。島崎藤村や田山花袋が旗手と成り、自己の身辺に基づいた写実的な小説を書いた。自然主義は一大勢力になったが、文学の虚構を重要視して自然主義に反する作家も多かった。その代表的存在は**夏目漱石**であり、イギリス留学の経験やイギリス文学の造詣から、日本の近代化の問題や人間のエゴなどを虚構の中に描いた。森鷗外もこのごろ文壇復帰し、ロマン主義中心の雑誌『スバル』の指導者になり、耽美的傾向の強い『三田文学』の顧問となった。また、この時期、西洋演劇の影響を受け、坪内逍遥、小山内薫などの努力によって演劇の近代化が促進され、新しい劇文学も生まれた。

明治末期、耽美派作家らが集い、自然主義と対抗しうる勢力を形成していった。理想や人道主義を掲げて大正に入って注目を浴びる白樺派も明治末期に発足した。一方、1910年大逆事件[①]が起こり、幸徳秋水など多数の社会主義者、無政府主義者が検挙、処刑された。社会主義運動はこの事件で、数多くの同志を失い、しばらくの期間、運動が沈滞することになった。文学者の心に暗い

---

① 大逆事件：明治天皇の暗殺を計画したという理由の社会主義運動弾圧事件。幸徳事件ともいう。

影を落とし、間接的、直接的に作風に影響を与えた。

二、写実主義

（一）概要

日本の**写実主義**文学は**坪内逍遙**によって初めて提唱された。逍遙以前の明治文学は、江戸時代以来の戯作の延長にあるものや、政治小説が主流となっていたが、逍遙はこれらを否定するために写実主義を主張した。すなわち、戯作的なものに対しては、江戸時代以来それを思想的に支配してきた勧善懲悪といった道徳観に小説を縛ることを、政治小説については政治的主張の道具として使うことを否定する意味で、単に、人間の人情や風俗を描き、「芸術としての文学」を書くべきだと主張した。日本における前近代文学に対する近代文学のスタートの宣言といえるが、逍遙自身は『当世書生気質』でそれを実践してみせたものの、それは不完全なものに終わった。結局、写実主義を作品として完成させたといえるのは、逍遙に影響され、ロシア文学を教養の背景にもっていた**二葉亭四迷**の『浮雲』である。

写実主義は明治時代直前の前近代文学に対抗するものとして主張した。このため、写実主義は、その主張の一部が近代文学全体のスタートを規定したといえることから、広義の意味で近代文学全体に敷衍して使うことも可能であろう。

（二）坪内逍遙と『小説神髄』

坪内逍遙（1859－1935）は主に明治時代に活躍した日本の小説家、評論家、翻訳家、劇作家。

本名を坪内雄蔵（ゆうぞう）という。武士の出自で、幼い頃から儒教、漢学の教養を受け、歌舞伎・戯作文学も愛好した。東京帝国大学（のちの東京大学）文学部を卒業後東京専門学校（のちの早稲田大学）の講師となり、27歳の時文学論『小説神髄（しょうせつしんずい）』（1885）を発表した。心理観察と客観的態度で小説を書く写実主義、小説の芸術的価値を主張した。同年にその理論の実践として『当世書生気質（とうせいしょせいかたぎ）』を書き、明治初期の学生たちの性格、生活、風俗を写実的に描いた。「さまざまに移れば変わる浮世かな。幕府さかえし時勢（ころおい）には、武士のみ時に大江戸の、都もいつか東京と、…」のように、書き方は完全に近世戯作文学の要素を払拭（ふっしょく）できなかった。たが、従来の勧善懲悪やモラルの束縛から離れた小説を書こうとする努力は、近代日本文学の方向へ進む有益な一歩であった。1890年早稲田大学で日本初の文学専攻を設置し、翌年雑誌『早稲田文学』を創立し、それを舞台に森鴎外（もりおうがい）と日本近代文学史上初めての文学論争――「**没理想論争（ぼつりそうろんそう）**」[①]を展開した。評論を文学の一形態として位置づけるところに功績が大きい。

近代演劇の発展においても業績を収めた。1887年31歳の時『細君』を最後に小説を止め、活動中心を演劇に据え、伝統歌舞伎の改良に貢献した。1906年島村抱月（しまむらほうげつ）と文芸協会を創立しその会長を務め、新劇の発展にも努めた。晩年シェイクスピア全集を完訳した。

---

① 没理想論争：1891年から翌年にかけて坪内逍遥と森鴎外との間で行われた文学論争。『早稲田文学』と『しがらみ草紙』を主舞台に展開された。「没理想」とは理想や主観を直接表さず、事象を客観的に描く態度。逍遥の「没理想」に対して、鴎外は、理想なくして文学なしと応酬した。

坪内逍遥

『小説神髄』趣旨と価値

　主として 18 世紀の英文学に学んで文学の本質と写実の方法を説いた。文明社会では、小説は芸術として重んじられると、小説の芸術的価値を論じた。また、勧善懲悪を基調とする近世の『南総里見八犬伝』は人間の真実の感情から乖離した虚構だとして批判して、「小説の主脳は人情なり。世態風俗これに次ぐ。」と唱え、小説は「人情」、「世態風俗」を「模写」すべきだと、西洋における小説の役割を基準に日本の小説を改良しなければならないと主張した。このように、『小説神髄』は従来戯作の名のもとに漢詩文や和歌よりも品格の劣れるものとして扱われた小説に新たな存在価値を論証したというところに意義が大きい。リアリズムへの扉を開き人間主義・写実主義を中心にした画期的な理論書として日本近代文学の夜明けを告げる鐘である。

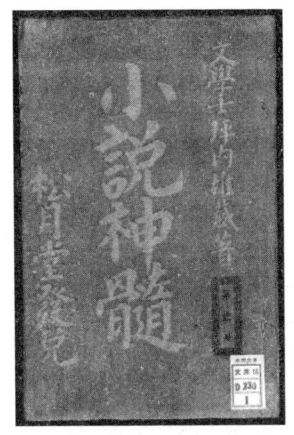

坪内逍遥著『小説神髄』
（松月堂）

（三）二葉亭四迷と『浮雲』

　二葉亭四迷（ふたばていしめい）（1864－1909）は明治時代の小説家、翻訳家、本格的な近代小説の第1作を執筆した。

　江戸の下級武士の家に生まれ、本名長谷川辰之助（はせがわたつのすけ）といい、ペンネームの由来はよく父親から「くたばってしまえ」と叱られるからと言われている。外交官を目指して1881年東京外語学校（のちの東京外国語大学）ロシア語科に入学し、そこでロシア文学に傾倒し、文学、文明批評で立つ決意をした。1886年に坪内逍遥を訪ねて交友を深め、同年に文学論『小説総論（しょうせつそうろん）』を著した。ロシア文学やロシア人評論家ベリンスキー①の理論の影響を受けて書いた短い評論だが、坪内逍遥の『小説神髄』とともに日本近代文学における画期的な理論であった。翌年の1887年、近代小説の先駆けとなった『浮雲』を発表した。1889年ツルゲーネフの『あひびき』と『め

---

① ベリンスキー：1811－1848、ロシアの文芸批評家。中国語訳「別林斯基」。

ぐりあひ』①の訳も言文一致体で書かれ、絶賛された。教授、記者などの職を経歴してしばらく小説から遠ざかっていたが、ついに『浮雲』以来20年ぶりに、近代的性格の学校教師が妻の妹に恋し、ついにやぶれて中国、天津にわたるという筋の『其面影』(1906)、第一人称で主人公の半生の経歴を断片的に描いた『平凡』(1907)の連載をはじめた。1908年朝日新聞の特派員としてロシア赴任、そこで肺炎、肺結核を患い、1909年帰国途中亡くなった。

二葉亭四迷

『浮雲』紹介

主人公内海文三は実直な下級官吏であったが、融通が利かなくて免職になってしまい、プライドの高さゆえに上司に頼み込んで復職願いを出すことができずに苦悶する。だが一方で要領のいい同僚、本田昇は出世し、一時は文三に気があった従妹のお勢の

---

① ツルゲーネフ：Иван Сергеевич Тургенев、1818－1883。19世紀ロシアの代表的な小説家。中国語訳「屠格涅夫」。『あひびき』、『めぐりあひ』：中国語訳「幽会」、「三次会面」。

心は本田の方を向いていく。お勢の母親のお政からも愛想を尽かされる中、お勢の心変わりが信じられない文三は、本田やお勢について様々な思いを巡らして苦しんでいる。

『浮雲』は坪内逍遥の『当世書生気質』と比べ、近代的要素を本格的に備えた。例えば「文三が二階を降りて、ソツトお勢の部屋の障子を開けるその途端に、今迄机に頬杖をついて何事か物思ひをしてゐたお勢が、吃驚した面相をして些し飛び上ッて居住居を直ほした。」(『浮雲』第二編第十二回) のように、現代人でも読める言文一致体が発揮された。文三の目覚めた自我と激しく葛藤する内面の心理に焦点を合わせ、人物を造形した。従来の勧善懲悪の文学観を否定し、近代的人間の奥にある本質、また世態人情を写実的に描いた。第三編の途中で中断されたが、近代文学の真の起点と言われ、史的価値が高い。

坪内逍遥の名前で世に出た二葉亭四迷の処女作『浮雲』(金港堂)

三、擬古典主義

（一）概要

　　『浮雲』が書かれたあとも、**尾崎紅葉**の硯友社や**幸田露伴**らの、江戸戯作文学の影響を受けている**擬古典主義**作家が再び人気作家となっていった。この時代は鹿鳴館時代にあたり、対外態度に対する非難の声が上がり、その反動から日本の伝統的文化や生活様式の保護が主張された。古典文学を尊重する作家たちはこうした時代の風潮の中で世間の評判を得た。また、この時期の文壇は、坪内逍遥が演劇に専心し、二葉亭四迷が小説を離れていった。森鴎外は1890年に『舞姫』などの浪漫主義小説を書いたが、活動の中心は評論と翻訳であり、また1894年に中国に出征している。そのためもあって尾崎紅葉や幸田露伴が文壇の重鎮となり、19世紀末の明治20年代は紅露時代と呼ばれた。女性作家の**樋口一葉**を擬古典主義作家とみなすこともある。

（二）尾崎紅葉と硯友社

　　尾崎紅葉（1867−1903）は明治時代の小説家、擬古典主義の代表作家。

　　本名を尾崎徳太郎といい、東京生まれ。1885年日本初の文学結社**硯友社**を設立し、『**我楽多文庫**』（1885−1889）を発刊した。「である調」の文章で、二葉亭四迷と同じように言文一致運動を促進した。『小説神髄』に触発され、写実的な面はあるが、西鶴の影響のほうが深い。流麗な雅俗折衷文体で読者を魅了し、この古典に学ぶ擬古典主義は硯友社全体の作風となった。出世作は『二人

比丘尼色懺悔』(1889)で、二人の尼が出会って出家の由来を語り合ううちに同じ男性を愛していた事実を知るという筋書きである。江戸初期刊行の『二人比丘尼』に井原西鶴の好色物を取り入れて恋愛話にした。さらに、西鶴の『好色一代女』を模した『伽羅枕』(1890)、美醜二人の姉妹の結婚生活を対照的に描いた『二人女房』(1891)、一人の男と三人の女との交渉の『三人妻』(1892)、友人の家に身を寄せ、その妻に亡妻の思いを移していく心理過程の『多情多恨』(1891)を発表した。もっともよく知られるのは、資本主義発展における金銭と愛と人間性の葛藤を扱った『金色夜叉』(1897－1903)である。貫一の許婚であるお宮は結婚間近にして、貫一を捨てて富豪の男と結婚する。それに激怒した貫一は、熱海でお宮を問い詰めて、宮を蹴り飛ばした。その後、宮や社会への復讐のために高利貸しになった。一方、お宮も幸せに暮らせずにいた、というあらすじだった。尾崎紅葉が胃ガンで死去したため未完だったが、世間の好評を博して演劇、映画、流行歌にもなった。

貫一が宮を問い詰める場面

「吁、宮さん、かうして二人が一処に居るのも今夜ぎりだ。お前が僕の介抱をしてくれるのも今夜ぎり、僕がお前に物を言ふのも今夜ぎりだよ。一月十七日、宮さん、善く覚えてお置き。来年の今月今夜は、貫一は何処でこの月を見るのだか！再来年の今月今夜……十年後の今月今夜……一生を通して僕は今夜今月を忘れん、忘れるものか、死んでも僕は忘れんよ！可いか、宮さん、

一月の十七日だ。来年の今月今夜になったらば、僕の涙で必ず月は曇らして見せるから、月が……月が……月が……曇つたらば、宮さん、貫一は何処かでお前を恨んで、今夜のやうに泣いてゐると思つてくれ。」

（中国語訳）

"天哪，阿宫，你我相聚就只有今夜了。你这样照拂我，只有今夜了，我这样对你说话，也只有今夜了。一月十七日，阿宫，好好记住这个日子吧，明年的今夜此时，贯一将在何处望着月亮啊！后年的今夜此时……十年后的今夜此时……我一生一世也不会忘记今夜此时的月亮，怎么能忘得了？我死也不会忘记的！你听着，阿宫，今天是一月十七日，明年的今夜此时，我的眼泪一定会把月亮变得朦胧，所以，只要你看到朦胧的月……月……月亮，阿宫，你就可以知道，那就是我正在某个地方怨恨你，正在像今夜一样哭泣！"

『我楽多文庫』

貫一・お宮の像
（『金色夜叉』の舞台になった熱海）
貫一がお宮を蹴り倒す場面は特に有名。

（三）幸田露伴

幸田露伴（1867－1947）は擬古典主義のもう一人の代表的作家。尾崎紅葉と同じく東京に生まれ、少年時代から文学を好んでいた。同じように西鶴らの古典にも影響を受け、擬古文の文体を確立した。処女作の『露団々』(1889)、男性彫刻家の失恋と芸術を絡ませて神秘的に描いた『風流仏』(1889)で文壇に認められた。名作には、大工の十兵衛が熱烈な芸術意識で五重塔を建てる物語『五重塔』(1891)がある。ほかには、身を持ち崩して農具鍛冶をしていた男が一振りの名刀を鍛え上げる物語『一口剣』(1890)、輪廻思想を基調とし、市井に生きる人々の様々な運命を描く『風流微塵蔵』(1893)などの作品も書いた。大正期には中国の明朝を題材にした壮大な歴史小説『運命』(1919)を発表した。また漢文学・日本古典や諸宗教にも通じ、多くの随筆や史伝のほか、『芭蕉七部集評釈』(1920-1947)などの古典研究などを残して高い評価を受けた。明治、大正、昭和と三つの時代を通じて健筆をふるい、1937年に第1回文化勲章を受章した。

作風はよく尾崎紅葉と比較される。二人ともに市井凡人から題材を取るが、紅葉は市井凡人の世界の人情の機微を残らず汲み取って描き出そうとしているのに対して、露伴は市井凡人の世界を素材にして人間の信念や生甲斐を強く取り立てて描き出そうとしている。また、紅葉は女性の振る舞いや身振りを書いては無類であるといわれるのに対して、露伴は男性の気骨や精神を書いては並ぶものがないといわれた。写実の紅葉、理想主義の露伴と併

称される紅露時代を現出させた。

谷中天王寺五重塔
幸田露伴の『五重塔』のモデルとなった。

（四）樋口一葉

　樋口一葉（1872－1896）は日本初の女性職業作家。
　本名を樋口奈津という。東京生まれ。長兄、次兄、姉と妹があるが、姉は両親反対の結婚をして経済的に困窮し、次兄は身勝手で頼りにならない。長兄と父親が相次いで病没した後、18歳の樋口一葉は一人で母と妹の面倒を見る責任を負った。生活のため、小説を書いて原稿料を稼ぐという発想で、大衆作家の半井桃水に師事して通俗小説を学んだ。師との噂が広まるので、身を引いて自分の力で小説に専念することを決意した。幸田露伴の作品に親しみ、井原西鶴に開眼して、典雅な擬古文で書くようになった。『文学界』に発表の場を得て、珠が故郷で世話をしてくれた伯母を

偲んで少女時代の軽率を思って深い悔恨に落ち込む『雪の日』（1893）、山村家に奉公に出るお峰の大晦日を描いた『大つごもり』（1894）、遊郭の吉原を舞台に、少女美登利と少年信如の淡い恋を抒情的に描いた『たけくらべ』（1895）を発表する。他の小説に遊女のお力が、落ちぶれて妻子と別れた源七と情死するまでを描く『にごりえ』（1895）、不幸な結婚をしたお関を通して封建的な社会の矛盾を女性の立場から描いた『十三夜』（1895）、随筆に『すずろごと』（1896）がある。代表作『たけくらべ』は『文学界』で連載されたあと、一流雑誌の『文芸倶楽部』に一括掲載し、森鷗外らの目に止まり絶賛された。新聞や雑誌から原稿依頼が来て、『文学界』や硯友社の作家も一葉の家を訪れ、これからの活躍が期待されたが、肺結核のため24歳で夭折した。1年2カ月の短い期間の間に多数の名作を残した。

　樋口一葉は作風から擬古典主義作家に帰属することもできるが、浪漫主義の文芸誌『文学界』を発表の場とすることや森鷗外の推挙などから浪漫主義作家に帰属することもある。女流文学は平安時代の繁栄以降、下火となり、特に江戸時代、朱子学を官学として認められ、治世に用いられた影響で女性の地位は低くなり、女性の手による文学もほとんど出現しなくなった。明治という新時代になっても女性の立場はまだ弱いままであったが、樋口一葉の才能と文豪であった森鷗外の推挙があって、文壇に出ることができた。その業績が称えられ、2004年から5000円札の肖像画として採用された。

樋口一葉

『たけくらべ』から

　龍華寺の信如が我が宗の修業の庭に立出る風説(うはさ)をも美登利は絶えて聞かざりき、有し意地をば其まゝに封じ込めて、此處しばらくの怪しの現象(さま)に我れを我れとも思はれず、唯何事も恥かしうのみ有けるに、或る霜の朝水仙の作り花を格子門の外よりさし入れ置きし者の有けり、誰れの仕業と知るよし無けれど、美登利は何ゆゑとなく懷かしき思ひにて違ひ棚の一輪ざしに入れて淋しく清き姿をめでけるが、聞くともなしに傳へ聞く其明けの日は信如が何がしの學林(がくりん)に袖の色かへぬべき當日なりしとぞ。

　（中国語訳）

　　龙华寺的信如要去僧侣学校学习本派教义，这消息美登利并无丝毫耳闻，她只将从前那争强好胜的意气一心收敛，连日来为了那件奇异的事儿心神恍惚，动不动便要害起羞来。一日晨起，寒霜降下，也不是知何人，从格子门外插进来一枝人造水仙花。美登利莫

名地感怀起来，拿了插在多宝格架上的小花瓶里，赏它那清雅寥落之态。后来不经意间却听人讲，原来就在发现水仙花的第二天，信如正式穿上了那个佛门学林的法衣。

四、浪漫主義と森鷗外

（一）浪漫主義概要

　浪漫主義はロマン主義とも表記する。18世紀末から19世紀の初めにかけてのヨーロッパで芸術・哲学・政治などの諸領域に展開された精神的傾向で、近代個人主義を根本におき、秩序と論理に反逆する自我尊重、感性の解放の欲求を主情的に表現する。明治中期（1890年前後）以降、西欧の浪漫主義文学の影響を受けて日本の浪漫主義が形成された。

　日本の浪漫主義文学は**森鷗外**（もりおうがい）の『**舞姫**』（まいひめ）（1890－1891）によって始まった。雅文体で書かれた青春の浪漫的な香りを撒き散らした悲恋の物語は擬古典主義の文壇へ西欧世界の空気をもたらした。その後、浪漫主義は『文学界』同人によって推進された。同人の多くは西欧の浪漫主義の影響を受けて、近代精神に目覚め、当時の文壇を支配していた硯友社の文学を封建的で卑俗なものだと対抗した。中心人物は**北村透谷**（きたむらとうこく）（1868－1904）で、ほかに**島崎藤村**（しまざきとうそん）、戸川秋骨（とがわしゅうこつ）らも編集を担当した。透谷は恋愛の純粋性と説いた評論『厭世詩家と女性』（えんせいしかとじょせい）（1892）を書き、『内部生命論』（1893年）で「吾人は人間の根本の生命に重きを置かんとするものなり」と主張した。自由律の長詩『楚囚之詩』（そしゅうのし）（1889）、長編劇詩『蓬莱曲』（ほうらいきょく）（1891）を発表した。恋愛の神聖や精神の真実を賛美し、森鷗外と並んで浪漫

主義の先駆者として道を開いたが、現実と理想の隔たりに苦悩して1894年27歳で自殺した。透谷の死によって強い衝撃を受けた島崎藤村は透谷を偲びながら『若菜集』(1897)の浪漫的抒情詩を中心に多くの詩歌を発表して輝かしい成果を上げた。

『文学界』

　ほかの浪漫主義文学の主な作品は、樋口一葉の短編小説『たけくらべ』(1895)、国木田独歩の随筆的小説『武蔵野』(1898)、徳冨蘆花の社会的視野を持った家庭小説『不如帰』(1899)、泉鏡花の幻想小説『高野聖』(1900)、与謝野晶子の歌集『みだれ髪』(1901)、高山樗牛の評論『美的生活を論ず』(1901)などである。浪漫主義の拠点となった雑誌は『文学界』(1893-1898)のほかに、森鴎外の手によって創刊され、浪漫主義最初の文学評論拠点となった『しがらみ草紙』(1889-1894)、高山樗牛が編集主幹を担当した日本最初の総合雑誌『太陽』(1895-1928)、与謝野鉄幹が主宰し、晶子と夫婦二人が活躍した浪漫主義の詩歌拠点『明

星』(1900−1908) などがある。

 それにしても、日本の浪漫主義文学は西欧のそれに比べて短命であった。国木田独歩はやがて浪漫主義から自然主義に作風が変化してゆき、島崎藤村は『破戒』(1906) により、浪漫主義から自然主義文学に完全に移行した。

(二) 森鴎外

 森鴎外(もりおうがい)(1862−1922) は明治・大正期の小説家、評論家、翻訳家、劇作家。反自然主義の文豪であり、夏目漱石と並び称される。

 本名を森林太郎(もりりんたろう)という。島根県生まれ。陸軍軍医としてドイツに留学して衛生学を学ぶが、美学や文学にも傾倒し、帰国後は啓蒙家として翻訳、評論、創作、文芸誌創刊を行う。作風は三つの段階に分けられる。ドイツ留学から帰朝後、浪漫主義の作品を発表し、浪漫主義の先駆者とされる。一時期文壇を離れたが、復帰し反自然主義の作品を多く出した。晩年には歴史小説、史伝に開眼した。

森鴎外

1. 浪漫主義時期

　1888年ドイツ留学から帰国した森鴎外は広く文学・芸術・哲学にわたる新知識をもって意欲的な執筆活動を展開し、啓蒙活動に乗り出した。同人とともに訳した詩集『於母影(おもかげ)』(1889)が出され、明治の新体詩を生む母体となった。日本で最初の本格的文芸評論雑誌『しがらみ草紙』(1889-1894)を創刊して坪内逍遥と「没理想論争」などの論争をした。

　また、自分の異国生活の体験を短編小説『舞姫(まいひめ)』(1890-1891)に生かし、初期の代表作となって浪漫主義文学の代表作ともなった。ドイツのベルリンを舞台にして日本の若い官吏の太田豊太郎(おおたとよたろう)とドイツの踊り子エリスとの悲恋を描いた。同時期、日本画学生は、以前一目ぼれをした花売り娘と再会する『うたかたの記』(1890)、上流社会の材料をロマンチックに描写している『文つかひ』(1891)もドイツを舞台にしており、合わせて初期の三部作と称される。

『舞姫』紹介

　主人公の手記の形をとる日本人官吏とドイツ人舞姫の悲恋物語。19世紀末、ドイツ留学中の官吏、太田豊太郎は下宿に帰る途中、クロステル通りの教会の前で美少女エリスと出会い、心を奪われ、清純な交際を続けるが、仲間の讒言によって豊太郎は免職される。その後豊太郎はエリスと同棲し、エリスはやがて豊太郎の子を身篭る。友人の紹介で大臣のロシア訪問に随行し、信頼を得ることができた。復職のめども立ち、また友人の忠告もあり、豊太郎は日本へ帰国することを約する。しかし、豊太郎の帰国を

心配するエリスに、彼は真実を告げられない。その間に、その友人から事態を知らされたエリスは、衝撃の余り発狂し、治癒の望みが無いと告げられた。豊太郎はエリスを残して、心から嘆きながら日本に帰国した。

　1888年に森鴎外が帰国した直後に、ドイツ人女性のエリスが森鴎外を慕って来日したが、森家に説得されてドイツへの帰国をよぎなくされたという出来事があった。この物語は作者個人の秘めた青春を閉じ込めた悲劇と思われる。主人公が西洋の自由な空気に触れてまことの我に目覚めながら、自らの弱さと明治の官僚制度の重圧のために恋人を放棄して発狂までさせた。ある意味で近代日本の矛盾の象徴でもあった。

2. 観潮楼時期

　中日甲午戦争に出征して帰還後、「創作が本務に支障をきたす」と判断され、京都の小倉に左遷され、しばらく創作活動が抑えられた時期が、1907年、森鴎外は軍医の最高地位である陸軍軍医総監に就任して陸軍での身分が安定した。これ以降創作活動が展開され、文壇再活躍の時代を迎えるのである。この時期の鴎外は積極的に文壇に関わり、「観潮楼歌会」（1907－1910）を開催し歌壇の発展も促進した。文壇復帰の理由は、自分の地位が安定したということだけでなく、夏目漱石の『吾輩は猫である』、『坊ちゃん』の成功の刺激もあり、また当時文壇の自然

主義の主流に対する反感もあり、『スバル』① (1909－1913) と『三田文学』② (1910－) の創刊によって作品発表の場ができたのも一因と言える。

　1909 から 1912 の間、自分の生活経歴と社会現実に基づいた作品を書いた。最初の作品は『半日(はんにち)』(1909) であった。森鴎外の初めての口語体（言文一致体）小説で、ある大学教授の家庭の半日を写生的に描いた。『青年』(1910) は夏目漱石の『三四郎』を意識して書かれた長編青春小説で、作家志望の青年小泉純一は上京すると、著名作家のもとを訪ねたり、親しくなった医学生大村に啓発されたりしていた。ある日劇を見に行ったとき、偶然知り合った坂井未亡人と知り合い、以後親しくなる。次第に純一は坂井未亡人のことが忘れられなくなり、未亡人を追って箱根へ向かう。だが未亡人は岡村という画家と一緒であった。純一はそこで未亡人を、美しい肉体が横たわっているだけだと感じる。そのとき純一は、何か書こうと思えば書けるような気がした。そして当初思い描いていた現代小説ではなく、伝説を元にした小説を書こうと決心する。『雁(がん)』(1911) は高利貸しの妾のお玉を主人公に据えて、大学生岡田(おかだ)への結ばれない恋を描く。お玉は岡田に慕情を抱くも、結局その想いを伝える事が出来ないまま岡田は海外留学に行く。岡田の友人の「私」が語り手となって話が展開していき、

---

　① 文芸雑誌『明星』の廃刊後、森鴎外や与謝野鉄幹、与謝野晶子らが協力して発行した。反自然主義的、浪漫主義的な作品を多く掲載し、同人らはスバル派と呼ばれた。
　② 1910 年、慶応義塾大学は不振の文科刷新のため、永井荷風を教授に迎え、その 5 月、森鴎外、上田敏を顧問に、荷風を主幹として『三田文学』を創刊し、現在に至る。

女性のはかない心理を描いた。

3. 歴史小説・史伝時期

1912年、明治天皇の崩御(ほうぎょ)と乃木希典(のぎまれすけ)の殉死(じゅんし)に刺激を受けた森鷗外は、数日間で『興津弥五右衛門の遺書(おきつやごえもんのいしょ)』を書いた。江戸時代の書物に著わされていた興津弥五右衛門の記述を基に、長い間死に処を求めていた弥五右衛門が先君の十五回忌にその後を追って自殺した際の遺書として書かれている。これを契機に歴史小説に傾倒し、同じ武士殉死を題材とする『阿部一族(あべいちぞく)』(1913)、平安時代末期、荘園領主の山椒大夫に売られ、奴隷としてこき使われた安寿(あんじゅ)・厨子王(ずしおう)の幼い姉弟の物語『山椒大夫(さんしょうだゆう)』(1915)、弟を安楽死させて有罪になった犯人のことで法律裁判の合理性を問う『高瀬舟(たかせぶね)』(1916)を次々と発表し、江戸時代末期の医師・考証家・書誌学者の史伝『渋江抽斎(しぶえちゅうさい)』などを執筆した。

鷗外の歴史小説に作者自身の思想の変化が窺える。同じく江戸時代の武士殉死事件を題材としたが、『興津弥五右衛門の遺書』は武士の殉死を非功利的な忠君行為として賞賛したのに反して、一年後の『阿部一族』は家中の重職であった阿部一族が上意討ちで全滅したと書かれ、異なる価値観が感じられる。その内容は、1641年、熊本藩[①]の藩主が病状悪化に際し、側近たちは次々殉死を願い出た。老臣の阿部弥一右衛門も乞うが、許可が出ないまま藩主は死去する。旧臣たちが次々と殉死してゆく中、弥一右衛門は以

[①] 熊本藩：江戸時代、肥後国(ひごのくに)(熊本県)の大部分と豊後国(ぶんごのくに)(大分県)の一部を知行した藩。肥後藩、細川藩ともいう。

前どおり勤務していたが、彼が命を惜しんでいるように見る家中の評判を耳にし、一族を集め、彼らの面前で切腹を遂げる。しかし遺命に背いたことが問題となり、阿部家は藩から殉死者の遺族として扱われず家格を落とす事になった。鬱憤をつのらせた嫡子は先君の一周忌の席上で髻を切る行為および、非礼を咎められて捕縛され、盗賊同様に縛り首にされた。一族に及んだ度重なる恥辱に次男をはじめ一族は意を決し、屋敷に立て篭もり、藩のさし向けた討手との死闘の末に全滅するという。忠君の殉死、恥払いの殉死、非礼の反抗、一族の死闘および全滅という過程が描かれ、旧来道徳観と人間性の矛盾、武士殉死の合理性に対する思考と疑いが感じられる。

五、自然主義

(一) 概要

　自然主義は写実主義と浪漫主義の後に形成された力強い文芸思潮として、日本近代文学史上で重要な地位を占め、近代文学の発展へも深く影響している。

　自然主義は創作理論の一つとしてフランスのゾラ[①]によって唱えられ、ドイツ、イギリス、アメリカなどで共感を呼んで、小説界、劇界における最もモダン的な創作思潮になった。西洋の自然主義は様々な流派があるが、共通する特徴も持っている。それは、文学創作に自然科学、特に生物学の精神を貫くことである。遺伝

---

① ゾラ：Émile François Zola、1840－1902。フランスの小説家で、自然主義文学の定義者、代表的存在。中国訳「左拉」。

と環境を人物性格を形成する決定的な要素と認め、作者に一切の道徳観念と感情色彩を捨てさせて人間と人間社会を語ることを求める。

　日本の自然主義はゾラの自然主義の影響を受けて成り立った。ゾライズムの影響が大きかったが、ゾライズムには当時最新の科学的認識であった遺伝学を文学に持ち込み、登場人物の人格形成に遺伝が影響しているとする部分があったのに、日本ではそのような科学的な背景はなく、ただ、従来の封建的権威や道徳観の破壊というような側面だけが導入されたきらいがある。硯友社などの、江戸戯作文学の影響を受けている作家が再び人気作家となっていった状況に対して成長してきたものとして、「真実」を注目することからある程度、写実主義主張に立ち返ったともいえる。おおむね前期準備、確立、分化の三時期に分けられる。

前期自然主義

　日本自然主義の準備段階で、「前期自然主義」とも呼ばれる時期である。1890年前後、ゾラの自然主義は日本に紹介され、10年後にその理論に親しみ、真似て創作を試みる人が現れた。小杉天外（1865－1952）が『はやり唄』（1902）で環境や遺伝に左右される人間を描き、永井荷風（1879－1959）が『地獄の花』（1902）で人間の動物の側面に光を当てた。『はやり唄』の序と『地獄の花』の跋は日本最初の自然主義宣言とされる。『はやり唄』序に、「小説また想界の自然である。善悪美醜の何れに対しても、叙す可し、或は叙す可からずとき絆せらるる理屈はない」という叙述があり、

『地獄の花』跋には、「余は専ら、祖先の遺伝と境遇に伴う暗黒なる幾多の欲情、腕力、暴力等の事実を憚りなく活写せんと欲す。」がある。これらの叙述からすでに悪の暴露に傾く兆しが窺える。

確立期

　自然主義文学は日本で本格的な文学思潮となり、そして自覚的な文学運動となったのは1906年からである。その年に島崎藤村の長編小説『破戒』が発表され、文壇で大きな反響を呼び、日本の近代文学が新しい発展期に入った標識にもなった。『破戒』は現実主義傾向を持っているが、「ありのままの真実」という自然主義の特徴も確かに備えている。『破戒』によってもたらされた文学評論の活躍も自然主義文学運動の浸透、展開を推し進めた。そのため、『破戒』は文学史専門家から自然主義の画期的な意義を持つ第一作とされている。それについで田山花袋は中編小説の『蒲団』（1907）を出した。その露骨な描写は自然主義の思潮と一致したからすぐ評価され、自然主義の本格的なあり方だと認められた。すなわち『蒲団』は自然主義の方向を根本的に決めた。『蒲団』を代表とした自然主義文学思潮は、二葉亭四迷の『浮雲』によって開かれ、島崎藤村の『破戒』によって守られた現実主義の方向を離脱し、社会重大問題を回避してひたすらに自己暴露、自己反省の「告白小説」の方向へ進み始めた。描写については、「ありのままの真実を書く」という主張は、写実主義の主張を受け継いだものであるが、田山花袋の『蒲団』に代表されるように、その「ありのままの真実」が「人間が隠している性的な欲望や

性向を暴き出す」という方向に進んでしまう傾向をもつようになった。江戸文学に傾けた硯友社文学に対して時代精神に相応しい新文学を建設しようとするが、殊に人間の獣性と醜悪の描写や客観的な自己暴露と自己反省などを主張し、「露悪的」な傾向が強くなる。「露骨なる描写」、「平面描写」、「一元描写」、「無理想無解決」①などに日本的特徴が定着した。この点は大正時代の「私小説」への扉も開いた。

この時、様々な風格、傾向、流派の作家、評論家は、モダンな新説への憧れからか、新文学建設の理想からか、あいついで自然主義の旗のもとに集い、理論と創作の二方面から自然主義文学運動を高潮に推し進めた。この時期の自然主義はすでにゾライズムへの模倣から脱出し、次第に「日本化」して日本式の自然主義になった。自然主義作家は島崎藤村、田山花袋のほかに、徳田秋声（とくだしゅうせい）（1871－1943）、岩野泡鳴（いわのほうめい）（1873－1920）、正宗白鳥（まさむねはくちょう）（1879－1962）、国木田独歩（くにきだどっぽ）（1871－1908）がある。自然主義の三つの主要な拠点は、『早稲田文学』（1891－）、『文章世界』（1906－1920）、正宗白鳥（まさむねはくちょう）が担当した『読売新聞』の文芸欄である。

分化期

1912年ごろ、明治の終焉と大正の始まりとともに、自然主義は

---

① 露骨なる描写：荒々しい人間の獣性を描くこと。田山花袋が主張した。
　平面描写：作者の主観を排除して客観の人物の内面にも入らず、見たまま、聞いたままを書くこと。田山花袋が主張した。
　一元描写：描写の視点を一人の人物の主観に限定して一元化し、作者は客観的態度でその主観を描写すること。岩野泡鳴が主張した。
　無理想無解決：現実に対して理想を持たず解決もしないとすること。徳田秋声が主張した。

分化期に入った。既に社会問題を暴露する積極的な意義を失い、ひたすら自己暴露と自己反省を求めるために、作品の内容と格調はいっそう暗くなって退廃的になり、文壇の他の勢力の指摘・非難を受けるようになった。反自然主義運動も盛んになり、ヨーロッパから帰国した永井荷風らの耽美派、雑誌「白樺」を中心とする白樺派、余裕派の夏目漱石、高踏派の森鴎外、新現実主義の芥川龍之介らがそれぞれ活動しはじめた。それゆえ、自然主義は急速に衰退していき、作家の陣も分化していった。大正時代の半ばになって、かつて文壇を席巻した自然主義が他の文学思潮に地位を譲った。

（二）島崎藤村

島崎藤村（しまざきとうそん）（1872－1943）は浪漫派詩人から出発したが、明治30年代後半から文壇に吹き荒れた自然主義の中心的存在として活躍した。

本名を島崎春樹（はるき）という。岐阜県の地方名家に生まれた。浪漫主義詩人として出発し、北村透谷（きたむらとうこく）、戸川秋骨（とがわしゅうこつ）らと浪漫主義運動を推進し、『若菜集』(1897)で文名を高めたが、詩では憎悪や嫉妬などの激情（ぞうお　しっと）を表現することは不可能という認識を持っていた。長野県東部の小諸義塾（こもろぎじゅく）で教職を務めた時、小諸の千曲川（ちくまがわ）を中心に自然や人々の暮らしを写生した『千曲川のスケッチ』(1902年頃完成、1912年発表)を著し、詩から散文へ転じる過渡的な作品であった。この時期、長い月日を費やし小説『破戒』を書いた。1905年小諸義塾を辞して上京し、親戚から資金を借りて『破戒』

を自費出版した。

　『破戒』(1906)は藤村が小説に転じた最初の作品で、差別問題を提起して社会性を備える現実主義傾向もあるが、主人公の心の内面を客観的に描写し、自然主義の出発点になった。続く自分や北村透谷などをモデルとして恋や『文学界』での文学活動を描く自伝的小説『春』(1908)、自身の生家と姉が嫁いだ家をモデルとして二つの旧家の没落を、新時代の「家」と対比して描写している『家』(1910－1911)では自己の身辺の告白に終始した。その後、家事で窮したし、次回作のアイデアも出ず、家事手伝いに来た姪と関係を持ち、人生の行き詰まりを覚えて1913年にフランスに旅立った。その後、第一次世界大戦の戦火を避けて帰国し、自分と姪との実話をモデルにして禁断の関係を告白する『新生』(1918－1919)を発表した。世間に衝撃を与え、姪の父に当たる次兄にも義絶されたが、総じて道義的な非難よりも誠実な告白に対する評価が強く、文壇復帰を決定付けた。その後、父をモデルにして明治維新前後の波乱を背景に主人公の生涯を描いた『夜明け前』(1929－1935)は、明治維新から近代日本へと向かう激動の時代の中で翻弄され、苦悩し挫折していった庶民の姿を壮大なスケールで描かれた。1935年日本ペンクラブが結成され、初代会長に就任した。1943年脳溢血で死去した。

『破戒』紹介

　明治後期、被差別部落に生まれた主人公・瀬川丑松は、その生い立ちと身分を隠して生きよ、と父より戒めを受けて育った。そ

の戒めを頑なに守り成人し、小学校教員となった丑松であったが、同じく被差別部落に生まれた解放運動家、猪子蓮太郎（いのこれんたろう）をひた隠しに慕うようになる。丑松は、猪子にならば自らの出生を打ち明けたいと思うが、その思いは揺れ、日々は過ぎる。やがて学校で丑松が被差別部落出身であるとの噂が流れ、同僚などの猜疑の中で、更に猪子の壮絶な死に激しい衝撃を受けて、丑松は追い詰められ、遂に父の戒めを破りその素性を打ち明けてしまう。

　この小説を書いている間、妻は三人の子供たちを食べさせるため働いて栄養失調で亡くなり、子供達も相次いで亡くなった。藤村のすべてをかけた作品で、発表されてすぐ話題になった。世間はただちに賛否両論になり、今に至ってなお大いに研究され、様々な意見が出るほどの「問題作」である。

島崎藤村

映画『破戒』(1962)

（三）田山花袋

　田山花袋（たやまかたい）（1872－1930）は島崎藤村と同じように明治・大正・昭和にわたる小説家、自然主義のもう一人の代表作家。

　本名を田山録弥（ろくや）といい、群馬県の士族の家に生まれた。1891年尾崎紅葉に師事し、文壇に上った。『露骨なる描写』（1904）は著名な論文で、理想・技巧を排除した「平面描写」を唱えた。その大きな成果が自分と女弟子とのかかわりをもとにした小説『蒲団』（1907）であり、これによって自然主義が確立され、方向が決まった。

　さらに自分の家族を中心に『生』（1908）、『妻』（1909）、『縁』（1910）の3部作を書いた。自我に目覚めながら、貧しさのため片田舎で苦悩のうちに死んでゆく代用教員の悲劇を、モデルの日記と実地踏査をもとに描く長編小説『田舎教師』（1909）を書き、藤村と並んで代表的な自然主義作家となった。大正に入ってからは自然主義の衰退と新鋭作家の登場で次第に文壇の主流から外れていったが、『一兵卒の銃殺』（いちへいそつ）（1917）などの作品を発表した。また紀行文も秀逸（しゅういつ）で、晩年は宗教的心境に至り、精神主義的な作品を多く残した。1930年自宅で死去。

『蒲団』紹介

　妻子のある中年作家の竹中時雄のもとに、横山芳子という女学生が弟子入りを志願してくる。師弟関係を結び芳子は上京してくる。時雄は芳子に恋情を抱いたが、芳子の恋人も芳子を追って上京してくる。時雄は監視するために芳子を自らの家の2階に住ま

わせが、芳子と恋人の仲は時雄の想像以上に進んでいて、怒った時雄は芳子を破門し帰らせる。そして時雄は芳子のいない空虚感のために、芳子が寝ていた蒲団に顔をうずめ、泣くのであった。

末尾において主人公が女弟子の使っていた蒲団の匂いをかぐ場面など、性を露悪的に描き出した内容が当時の文壇とジャーナリズムに大きな反響を巻き起こした。日本の自然主義文学を代表する作品の一つで、自然主義の発展方向を決めた。また赤裸々な内面感情を表現したので私小説の出発点に位置する作品ともされる。

六、夏目漱石

夏目漱石（なつめそうせき）(1867－1916) は明治・大正期の小説家、評論家、反自然主義の文豪である。

本名を夏目金之助（きんのすけ）といい、東京に生まれた。「漱石」はペンネームで、中国の『晋書』の「孫楚伝」から出ている。西晋の孫楚は「石に枕（まくら）し流れに漱（くちすす）ぐ」と言うべきところを、「石に漱ぎ流れに枕す」と言ってしまい、誤りを指摘されると、「石に漱ぐのは歯を磨くため、流れに枕するのは耳を洗うためだ」と言ってごまかした故事から、という。1900年文部省第1回給費生として英語研究のため渡英した。1903年帰国して東京大学と第一高等学校の英語教師を兼任したが、小説に傾倒し、辞職して専門作家になった。立場は反自然主義であり、虚構の中に人間の真実を描くことを主張し、同時代の日本人の浅（あさ）はかな近代化意識に憂慮（ゆうりょ）した。西洋化、近代化の波に流されず、客観的な態度と冷静な思考で日本の現状

を直視することができた知識人であった。木曜会を通して多くの門人を育てた。文壇に影響力を持った明治期の文豪で、同時期の森鴎外と共通点も多いが、相違点も目立っている。夏目漱石は余裕派(ゆうは)、森鴎外は高踏派(こうとうは)と呼ばれ、両者はともに東大を卒業し、西欧留学し、傑出した文学作品を著した。しかし、陸軍軍医の最高位に昇りつめ、退職後も要職を歴任したた森鴎外と違って、夏目漱石は反官的で、東大の教職を辞して作家になり、1911年には文部省が授与する博士号も辞退した。博士号の価値が不当に高められ学問が学者的貴族に独占されるのは好ましくない、と辞退の理由を述べた。

夏目漱石

夏目漱石の創作活動は初期、中期、後期に分けられる。[①]

1. 初期

夏目漱石が文壇に上った時、日本はもう中日甲午戦争、日露戦

---

① 初期と中期をあわせて「前期」で捉えることもある。

争を経て帝国主義国家の道に進み始めた。国内において、盲目的な欧化風潮も悪果をもたらし、文壇も自然主義が圧倒的優勢になった。現状に面する漱石は友人の勧めもあり、俳句誌『ホトトギス』で、時弊を非難する**『吾輩は猫である』**(1905－1906)、**『坊ちゃん』**(1906) を発表した。中期と後期の作と比べて明るくユーモラスな作風で文明批判をした。『吾輩は猫である』は中学校の英語教師である珍野苦沙弥の家に飼われている猫である「吾輩」の視点から、珍野一家や、そこに集う彼の友人や門下の書生たち、明治社会の「太平の逸民」①の人間模様を風刺的に描いた。主人公苦沙弥と「くしゃみ」、美学者迷亭と「酩酊」、詩人東風と「豆腐」、名前の同音に興じるのもおもしろいところである。『坊ちゃん』は作者の松山での教師体験をもとにして書いた小説である。江戸っ子気質で血気盛んで無鉄砲な新任教師「坊ちゃん」の、正義感に駆られて活躍するさまを描いた。

2．中期

1907年4月、漱石は教職を辞して朝日新聞に入社して専属作家となった。第一作『虞美人草』(1907) は苦心を重ねて書いたという。その後、三部作『三四郎』(1908)、『それから』(1909)、『門』(1910) を書き、婚姻・恋愛をテーマとして倫理面から知識人の内面を分析・表現した。『三四郎』は地方から上京した青年の体験を描く。九州農村に生まれ、東大に入学するために上京した小川三四郎はさまざまな人と出会い、自分は三つの世界に囲まれている

---

① 逸民：官に仕えず気楽な生活を楽しむこと。

ことを整理する。一つ目は母のいる故郷の田舎、二つ目は先生のいる学問の世界、三つ目は恋慕する美禰子(みねこ)のいる華美溢れる世界であった。三四郎は美禰子の世界に心をひかれたが、美禰子は曖昧な態度を続けるのみで、ついには兄の友人と結婚してしまう。この美禰子は「無意識な偽善家」として描かれた。『それから』は裕福な生活をした代助(だいすけ)が友の妻である女性とともに生きる決意をするまでを描く。代助は実家の金で自由で気ままな生活を続ける。利害を度外視して友人のために尽くすことを自らの理想としたことから、三千代を愛するが、斡旋して自分の親友と結婚させた。三年後、生活の困窮と家庭の不幸に困った三千代夫妻に再会して、いろいろ工面をしているうちに、自分が三千代を愛していることにあらためて気づいた。三千代といっしょになる決意をしてそれぞれ三千代、友人に告白した。事情を知った父、兄からは勘当され、職業をさがして来ると言って、町に飛び出す。『門』は親友を裏切ってその妻と結婚した宗助が罪悪感から救いを求める様を描く。宗助は、かつての親友である安井の内縁の妻である御米(およね)を得たが、その罪ゆえに、ひっそりと暮らさざるをえなかった。喧嘩らしい喧嘩をせず、お互いに慈(いつく)しみあっている仲睦(なかむつ)まじい夫婦だが、どことなく暗い影が落ちている。淡々たる日常の中で、宗助の罪悪感から救いを求める様子が描かれた。

3. 後期

1910から1911年の夏目漱石は、社会の動揺、人生の苦難を経験した。1910年5月大逆事件が起こった。1910年漱石は胃潰瘍で

修善寺温泉に赴いて療養したが、病状悪化し人事不省(じんじふせい)に陥って、「修善寺(しゅぜんじ)の大患」を体験した。これらの影響で漱石の文学を人間の内面に向かわせた。後期三部作『彼岸過迄(ひがんすぎまで)』(1912)、『行人(こうじん)』(1912−1913)、『こころ』(1914)を完成させた。

『彼岸過迄』は六つの短編からなっていて、いくつかの短編小説を連ねることで一編の長編を構成するという試みがなされている。誠実だが行動力のない内向的性格の青年と、純粋な感情を持ち恐れるところなく行動する彼の従妹との恋愛の葛藤を主軸に、自意識をもてあます内向的な近代知識人の苦悩を描く。『行人』は四つの編から成り立ち、妻への不信感から人間社会自体へも憎しみを持つに至る主人公の深刻な孤独感を描く。『こころ』は「先生と私」、「両親と私」、「先生と遺書」からなっていて、「私」を語り手として物語を展開させた。「先生」からの遺書を通して、友情と恋愛の板ばさみになりながらも友人より恋愛を取ったために罪悪感に苛まれ、自殺に至った心理を描いた。この三部作は何れも雰囲気の暗い、これといったストーリーもない作品であるが、近代知識人の孤独と苦悶を描く一方、その利己心も問い詰めていた。

後に自伝的な『道草』(1915)を発表した。最後の大作『明暗』は人間のエゴイズムを追究した作品であったが、1912年に未完のまま亡くなった。

晩年に文学・人生の理想として「則天去私(そくてんきょし)」の境地を提唱した。これは漱石の造語で、天の定めに従って私心(ししん)を捨て去ることを示す。漱石文学は今でもなお読まれ、研究されている。

『こころ』集英社 1991 年版

4．漢詩と俳句

　夏目漱石には漢詩も俳句も身近な自己表現手段だった。幼少期から漢詩文に親しんでいて、漢詩創作はイギリス留学前、修善寺大患時代、東京に戻って新聞小説連載時期、晩年『明暗』を執筆する時期の四つに分けられる。作る時期と作らない時期があるが、「最後の漢詩人」、「中国語で吟じられていても美しい」と評価される。俳句は1889年正岡子規に出会ってから死去するまでほぼ毎年作っている。

漱石の俳句

　♣こがらしや　海に夕日を　吹き落とす

　（現代語訳）

　木枯らしがすさまじい勢いで吹きまわっている。そのさまは、西に傾いた冬の夕日を海に吹き落とすと思われるくらいだ。「こがらし」は冬の季語である。

（中国語訳）

冬日寒风狂，凛冽肆虐吹斜阳，飚落苍海上。

漱石の漢詩

題自畫①

唐詩讀罷倚闌幹

午院沈沈綠意寒

借問春風何處有

石前幽竹石間蘭

七、詩歌文学

（一）俳句と短歌

　明治時代、韻文以外の表現方法は口語体が普及していたが、韻文文学も新しい発展を遂げた。

　俳句は古くは俳諧、発句と呼ばれていたが、明治時代になると正岡子規はそれを俳句として改革し、写生句を唱え新しい境地に推進した。短歌は与謝野鉄幹・晶子夫婦を中心とした新詩社、正岡子規を中心とした根岸短歌会が共に発展し、和歌と言えば主として短歌を指すようになった。それから第二次世界大戦を挟んでさまざまな革新運動、議論や論争が起こりながら現在に至った。

1．正岡子規

　正岡子規（まさおかしき）（1867－1902）は俳句と短歌を革新し、明治という新時代にふさわしい短詩文学を確立した。夏目漱石の生涯の友人であった。

---

① 自筆の画に題する漢詩である。

本名を正岡常規といい、愛媛県に生まれた。17歳の時東京大学予備門予科に入学して翌年から俳句を作りはじめ、小説も書いたが、後に作家を断念して詩人になることを決意した。
　子規は、ヨーロッパの自然主義文学や画家中村不折から示唆を得た西洋画のリアリズムの技法を文章に応用した考え方で俳句・短歌を見直し、創作の理論として「写生①（写実）」を重んじた。
　血を吐くまで啼くと俗にいわれるホトトギスにちなんで「子規」と号する。
　1892年、新聞『日本』に『獺祭書屋俳話』を掲載し、旧派の俳句を批判し、俳句の革新に着手した。用語の制限について、音調が調和する限りは雅語、俗語、漢語、洋語を使うべきだとした。宗匠の権威や流派への盲従を否定して、俳句を自由な精神で詠むことを推奨した。以上の革新から旧来の「俳諧」という名称を改めて「俳句」を称した。この考えは日本全国に広がり、各地に俳句結社が作られた。新聞『日本』の俳句欄で俳句革新を主唱することにより、子規を中心とする俳句の一派を**日本派**と呼ぶ。江戸時代の俳人について、芭蕉より蕪村を再評価した。松尾芭蕉が俳諧を刷新したと讃えたが、与謝蕪村が松尾芭蕉を超越していると論じる。子規を主宰とした俳句雑誌**『ホトトギス』**（1897－）は子規の友人の手によって発刊され、俳句革新の支えとなった。夏目漱石が小説『吾輩は猫である』、『坊っちゃん』を発表し

---

① 写生：対象をありのままに写す方法。明治以降、スケッチ、デッサンの訳語として一般化していた。

たことで知られている。

　1898年2月『歌よみに与ふる書』を新聞『日本』に連載し、短歌革新を始動させた。ここで子規は「貫之は下手な歌よみにて古今集はくだらぬ集に有之候」と書き、歌人らに尊重されていた『古今集』、紀貫之を痛烈に批判したため、歌壇が受けた衝撃は大きかった。『万葉集』を高く評価し、江戸時代までの形式にとらわれた和歌を非難しつつ、歌は日常の中に題材を求め、自由に感情を表現するべきだと主張した。写生説に基づいて万葉風の復活を唱えた。1899年、子規が東京下谷区上根岸（現在の台東区内）の自宅で「**根岸短歌会**」を開いた。参加者は**根岸派**とも呼ばれるようになる。子規に共鳴する歌人が増え、短歌革新も順調に進んだ。

　しかし、体は不調一方であった。結核を患っていて病状は日々悪化し、時には大量喀血もした。雅号の子規とはホトトギスの異称で、結核を病み喀血した自分自身を、血を吐くまで鳴くと言われるホトトギスに喩えたものである。1902年9月、絶筆三句を書いて、その日の13時間後に死去した。短い生涯であったが、俳句と短歌を革新し、韻文文学を大きく発展させた。俳句24000句、短歌2500首のほかに、随筆『墨汁一滴』(1901)、『病床六尺』(1893)、『仰臥漫録』(1892−1893)を残した。また、たくさんの雅号の持ち主で、野球が日本に導入された最初の頃から興味を持っていて、自身の幼名である「升（のぼる）」にちなんで、「野球（のぼーる）」という雅号を用いたこともある。

正岡子規

子規の俳句

♣赤とんぼ　筑波に雲も　なかりけり

（現代語訳）

空は秋晴れで、遠くに見える筑波山の上には一片の雲もない。そんな空を一匹の赤とんぼがゆうゆうと飛んでいる。「赤とんぼ」は秋の季語である。

（中国語訳）

　　秋高万里晴，筑波山巅碧长空，悠悠红蜻蜓。

　写生を重視した子規のもとには「双璧」と称されている河東碧梧桐（1873－1937）と高浜虚子（1874－1959）がいるが、その句風にもともと違いがあることから、子規没後は両者の異なりが一層際立って対立した。河東碧梧桐は写実の立場に立ち、事物を表現するためなら造語や奇異な題材も構わないとし、個性的な俳句を志向したが、高浜虚子は事物の趣や情感を捉え、平易な言葉で表現する俳句を理想とした。河東碧梧桐は子規の後を継いで新聞『日本』の俳句欄を担当し、高浜虚子はかつて子規が編集

を担当した俳誌『ホトトギス』を主宰して、勢力が二分していた。河東碧梧桐にかかわって新傾向俳句と呼ばれる自由律の俳句(575の定型に束縛されない句)が現れたが、明治末期になると、高浜虚子が俳壇に復帰して定型律の句(575の定型を守る句)を作り、新傾向俳句を凌ぐようになった。

2．与謝野晶子

与謝野晶子（1878－1942）は本名を鳳志ようといい、大坂堺市に生まれ、実家は老舗の和菓子屋である。古典を読んでいて短歌も作り出し、16歳ではじめて『文芸倶楽部』に掲載された。東京の歌人、与謝野鉄幹の歌を知り、日常的な言葉で実感を伝わる作風に感化された。与謝野鉄幹も晶子の歌が目に止まり、晶子に自分の短歌結社の機関紙『明星』への投稿を促し、『明星』の第2号に晶子の短歌が掲載された。二人は1900年ごろ、与謝野鉄幹が関西を訪れた時に関係を深めていた。鉄幹には妻子がいたが、与謝野晶子は高まる思いを止められず、単身で上京した。鉄幹はただちに晶子の歌集出版を企画し、晶子の官能的な恋愛賛美の歌399首を集めた歌集『みだれ髪』(1901)が発刊された。『みだれ髪』は人気を博して『明星』の売り上げも上がり、ともに浪漫主義を推進する原動力となった。出版時の作者名は本名の「鳳志よう」であったが、同年の1901年、歌集刊行の2月後に二人は結婚した。

与謝野晶子は自分の意見をしっかりと持ち、主張する女性であった。日露戦争で弟が戦線に出された時、反戦詩『君死にたまふことなかれ』(1904)を書き、弟の無事を願った。1911年平塚雷

平塚らいてう[①]らが女性文芸誌『青踏』を創刊する時、与謝野晶子もそれに加わったが、のちに両者の間で論争が繰り広げられた。平塚は国家による母性保護を主張し、妊娠・出産・育児期の女性は国家に経済的に守られるべきと主張した。一方の与謝野晶子は母性保護を否定し、女性はどんな時期でも経済的・精神的に自立するべきであり、それが果たせないならば子供を産む資格がないと主張した。この母性保護論争は女性解放における母性の扱い方を日本で最初に論じたものとなった。口頭で主張するだけでなく、実生活の中にも自分の主義を貫いた。鉄幹と結婚後、苦しい時期も自ら働いたり原稿を書いたりして夫を支えて乗り越えた。また、夫の亡き後も歌人にとどまらない活躍を見せた。

与謝野晶子

『みだれ髪』から
　♣その子二十　櫛にながるる　黒髪の　おごりの春の　うつく

[①] 平塚らいてう：1886−1971。思想家、評論家、女性解放運動家。1911年『青鞜』を発刊し、日本の女権宣言と言われる創刊の辞「元始、女性は太陽であった」を執筆した。

しきかな

（現代語訳）

その子はいま二十歳となった。櫛を通すと流れるような黒髪にも、誇りあふれる青春を生きている美しさがよくあらわれているんだなあ。

（中国語訳）

二十岁的年华，是人生春天的花。梳齿间淌过，那乌黑光亮的发，今生最美的奢华。

『みだれ髪』1901年版

♣清水へ　祇園をよぎる　桜月夜　こよひ逢ふ人　みなうつくしき

（現代語訳）

桜の朧月夜、清水へ行こうと祇園をよぎって行くと月も桜も美しい。私の心が浮き立っているせいか行き逢う人がみな美しく見えました。

（中国語訳）

欲向清水行，今夜路由祇园经，朦胧月下樱。相逢来来与往往，芳心情动人如梦。

3．石川啄木

石川啄木（1886－1912）は本名を石川一といい、岩手県に生まれた。父は寺の住職であった。中学に進学して先輩金田一京助の勧めで『明星』を読み、与謝野晶子の歌集『みだれ髪』に開眼した。石川啄木はお金に苦しみながらも金田一京助、与謝野夫

婦などの友人の暖かい援助に支えられ、詩、短歌、小説を書いてきた。①1905年処女詩集『あこがれ』を出版した。77篇の詩を収め、上田敏の序詩と与謝野鉄幹の跋文を有した。1910年処女歌集『一握の砂』を刊行した。計551首の歌は生活を主題とし、形式も1行ではなく3行書きという形にし、話題を呼んだ。②1910年から1911年の大逆事件の後、国家権力に対抗するために奔走した。しかし健康に恵まれず、結核を患って日増しに悪化し、1912年27歳で亡くなった。

　日常生活の感情を歌う短歌一派を「生活派」と呼ぶ。『一握の砂』に代表される石川啄木の歌は言葉遣いがわかりやすく、人の優しさや友情を一身に受けた彼の作品には人生の美しさや悲しみが滲出している。3行書きなので区切りも明確で、表現に新鮮さがある。

『一握の砂』の代表歌

はたらけど

はたらけど猶わが生活楽にならざり

ぢっと手を見る

（中国語訳）

　　手脚不停閑，

　　手脚尽管不停閑，日子不得寛。忧愁百思不得解，

---

　① ただし、啄木は遊郭へ通ったり酒を飲んだりして浪費生活をしたため、亡くなった後も膨大な借金を残していたそうである。

　② 短歌を2行か3行に書く人はほかにもいるので、啄木がはじめてではない。また、啄木の3行書きは長短の組み合わせ方が内容によってさまざまで、決まった型ではない。

辛労双手凝眸看。

石川啄木

（二）新体詩

　近代新体詩の出発は 1882 年『新体詩抄』による新体詩の意義の提唱に始まった。外山正一(とやままさかず)、矢田部良吉(やたべりょうきち)、井上哲次郎(いのうえてつじろう)の三人が共著して刊行されたが、新しい形式で西洋詩を訳し、創作詩を収めている。稚拙(ちせつ)なものであったが、西欧詩の形に学んで新時代の思想や感情を盛ろうとした新しい詩の形式を求めることは画期的なものと評価され、詩を志す人々に影響を与えた。その影響の下で新体詩への動きが高まった。

　新体詩の展開は 1889 年森鴎外を中心とする新声社(しんせいしゃ)同人による訳詩集『於母影(おもかげ)』からである。前の『新体詩抄』の訳詩よりもはるかに洗練された文学的香気(こうき)を持つもので、中にはバイロン・ハイネ・ゲーテらの名詩が美しい訳で紹介される。北村透谷・島崎藤村らの『文学界』の同人をはじめ若い世代に大きな影響を与え、

芸術的な近代詩の発足を促した。明治期の近代詩は浪漫詩、象徴詩、自由詩などの流派がある。

浪漫詩

『文学界』浪漫主義の旗手である北村透谷は長詩『楚囚之詩』（1889）や長編劇詩『蓬莱曲』（1891）を書いて、詩の世界にはじめて近代の思想や感情を盛り込んで憂愁の心を歌った。田山花袋らの『抒情詩』（1897）が出版され、素朴な詩情を感傷的に歌った。島崎藤村は『若菜集』（1897）を刊行し、情熱な青春と自我の目覚めを肯定的に歌って近代的な抒情を表現した。土井晩翠は処女詩集『天地有情』（1899）を出して、藤村と併称された。晩翠の詩は力強い漢語を多用し雄渾的な男性調で独特な詩風となった。国家意識の高揚する時代で若者に愛読され、広く流行した。与謝野夫婦を中心に明星派の詩人たちも活躍している。河井酔茗、伊良子清白、横瀬夜雨なども続いて登場した。

象徴詩

言語の音楽的効果によって微妙な感情・情緒を表現しようとする象徴主義の文芸傾向の影響で、象徴主義を中心とする象徴詩が19世紀後半にフランスの詩壇に起こった。『明星』を中心に活躍した詩人の中で、上田敏、蒲原有明、薄田泣菫らは浪漫的な詩風の上に象徴詩を作ろうと苦心し、創作の試みをしたりした。後に永井荷風はフランス詩と詩論の翻訳をして三木露風、北原白秋、佐藤春夫に多大な影響を与え、日本の象徴詩をさら

に展開させた。

自由詩

　自然主義の思潮は詩壇にも影響した。川路柳虹、相馬御風、三木露風らが口語自由詩を試みた。同時期、北原白秋、三木露風による文語自由詩がもっと盛んになった。白秋と露風とともに白露時代と呼ばれた。

八、劇文学

（一）演劇改良

　明治維新後、新政府が伝統歌舞伎の革新を求め、**演劇改良**を呼びかけた。この気運の中で、坪内逍遥は従来歌舞伎に対して史実尊重と人物の性格を重視する新史劇への改革に努力し、西洋演劇の様式や方法を導入して日本国劇の向上に尽くした。『桐一葉』（1894－1895）を発表し、1904年に上演させた。豊臣氏の末路を背景に、忠節の家臣片桐且元の苦衷を中心に多くの人物像を描いている。坪内逍遥は幼い頃から伝統演劇を愛好し、また西洋文学の造詣も高く、特にシェイクスピアの影響を受ける。『桐一葉』は、台詞はそれまでの歌舞伎の科白と違い、難解な語句を多用しながらも芸術性豊かな出来であり、堅牢な筋書きと登場人物の内面にまで迫る描写を持ち、品格もドラマ性も高い作品に仕上がる。逍遥が近松とシェイクスピアという東西の戯曲家を意識してこの作品を仕上げたことが伺われる。一般に「新歌舞伎」と呼ばれる一群の歌舞伎演目の嚆矢となり、数多くの名優がそれを演じて近代劇創造の舞台で活躍していた。

（二）新派劇

　明治期の新しい演劇は最初、自由民権運動の余波として**新派劇**(しんぱげき)が生まれて発展した。旧劇すなわち歌舞伎は過去の歴史を題材にした史劇を中心としているが、新派劇は当代の問題や世相を演ずる世話物(せわもの)を中心とする演劇である。「新派」の名称は、当時のジャーナリズムが便宜的に歌舞伎を「旧派」、新しい演劇を「新派」と呼んだのに始まる。歌舞伎と新劇との中間的な性格を持つとされている。

　自由民権運動は 1874 からの自由・民主を唱える政治運動であり、1884 年自由党解体、運動の高潮が過ぎていても、全国に散在する政治青年すなわち「壮士」が、演劇という文芸手段を利用して自由民権運動の政治主張を民衆に訴え続ける。角藤定憲(すどうさだのり)らが大阪で**壮士芝居**を旗揚げしたのに始まり、川上音二郎(かみかわおとじろう)の**書生芝居**の影響が大きかった。また、井伊蓉峰(いいようほう)、河合武雄(かわいたけお)、喜多村緑郎(きたむらろくろう)らによって新派劇団も結成され、演目としては小説の舞台化が目立っている。新派劇は自由民権運動思想を広める目的で始めた素人演劇で、政治宣伝の手段として出発したため、初期は芸術性より政治が重要視されていた。形式は昔のままで、伴奏や花道も保留されるほど旧劇の伝統様式を保っている。ただし、当代の社会生活を演じることは、旧劇と違って民衆の実生活に接近し、時代の空気が感じられる。

　1894 年、中日甲午戦争が勃発し、新派劇の各座に刺激を与えた。本来反体制の新派劇は一転して対外戦争に応援する姿勢となっ

て、争って戦争劇を上演し、一時に異常な人気を集めた。しかし、芸術性が足りないので長く続かなかった。川上音二郎は1899年から1903年の間、2度欧米漫遊の旅に出て、西洋演劇を考察して帰朝し、新派劇に対し、囃子減少、花道不要、劇場管理、脚本改善などの改革を行った。しかし、やはり良質な脚本が不足しているため、明治末期の1909年頃、新派劇の不振が来た。

(三) 新劇

結局、西洋近代劇の影響を直接に受けて、新劇（しんげき）が登場した。それを作り出したのは、二つの知識人グループ、自由劇場と文芸協会である。

自由劇場は小山内薫（おさないかおる）が2代市川左団次（いちかわさだんじ）と結んだ劇団体で、1909から1919の間9回公演を行った。西洋の近代劇を翻訳して脚本とし、歌舞伎の俳優がそれを演じた。会員の総数は興行資本や観客の状況を見て決めることから運営者の市場意識も伺われる。森鴎外訳のイプセンの劇を第一回試演とし、後にもチェーホフ、ゴーリキーの作品など多くの翻訳劇が上演され新劇運動を推進した。

文芸協会は坪内逍遥（つぼうちしょうよう）、島村抱月（しまむらほうげつ）らによって組織された演劇団体で、役者は全く旧劇俳優に頼らず、素人の新人を自ら養成する。1907年から1913年の間6回公演した。第一回公演は坪内訳のシェイクスピア「ハムレット」である。坪内によっては、新劇振興の第一要件は「新しい科白術の研究」にほかならぬ、その研究のために最も適当なのがシェイクスピアであると思っている。

当時自由劇場は西洋近代劇を扱って好評を得たが、文芸協会は古いシェイクスピアを選んで時代遅れと感じられ、一部の人気を失った。しかし、芸術の向上を追及する真剣さは最後まで貫いている。

この時期、日本留学の中国青年が日本新劇の発展の刺激を受け、東京で演劇を主とする「春柳社」を組織し、演劇活動を始めた。成員が帰国後も活躍し、日本の新劇運動は中国の「話劇」の形成にも影響を与えた。

練習問題と研究課題

一、空欄を書き込めなさい。

1. 明治前半の20年間、文学の近代的な条件がしだいに準備されていった。まず、＿＿＿＿＿がその首座を占めるようになった。韻文では外山正一らの＿＿＿＿＿によって漢詩・和歌に代わる新体詩が提出された。西欧のように口語と文章を一致させて国民の教育水準を高めることを急務とし、＿＿＿＿＿＿も進められた。

明治中期、＿＿＿＿＿が『小説神髄』で本格的な近代文学を開始させ、＿＿＿＿＿は近代小説の先駆け『浮雲』を発表した。＿＿＿＿＿は文学結社「硯友社」を結成し、擬古典主義を掲げた。彼は＿＿＿＿＿と紅露時代を構成し文壇を支配した。続いてドイツ留学から帰国した＿＿＿＿＿が浪漫主義文学の立場を鮮明にした。女性作家の＿＿＿＿＿が現れたことも明治文壇の特記すべき出来事である。甲午戦争以後、悲惨な人生を描き

出す悲惨小説や社会問題を取り上げる＿＿＿＿＿＿が登場した。近世まで盛んだった韻文も発展を遂げた。＿＿＿＿＿＿は俳句革新、短歌革新をした。＿＿＿＿＿＿＿＿夫婦の短歌も近代性を持つものである。

　明治後期の文学は自然主義が隆盛し、＿＿＿＿＿＿や＿＿＿＿＿が写実的な小説を書いた。自然主義に反する作家も多かった。その代表的存在はイギリス留学経験のある＿＿＿＿＿＿であるが、森鷗外もこのごろ文壇に復帰した。自然主義と対抗しうる各勢力も形成していった。

　2. 坪内逍遥は文学論＿＿＿＿＿＿＿＿を発表して＿＿＿＿＿＿主義、小説の芸術的価値を主張した。同年、その理論の実践として＿＿＿＿＿＿＿＿を書いた。森鷗外と日本近代文学史上初めての文学論争＿＿＿＿＿＿＿を展開した。＿＿＿＿＿＿を最後に小説をやめ、活動の中心を演劇に据えた。島村抱月と＿＿＿＿＿＿協会を創立して会長を務め、新劇の発展に大いに影響した。二葉亭四迷は文学論＿＿＿＿＿＿を発表し、近代小説の先駆け＿＿＿＿＿＿をはじめ、ツルゲーネフの翻訳、『其面影』、『平凡』も残した。

　3. 尾崎紅葉は日本初めての文学結社＿＿＿＿＿＿を設立した。代表作は金銭と愛と人間性を扱う＿＿＿＿＿＿＿で、紅葉が死去したため未完だった。ほかに＿＿＿＿＿＿、＿＿＿＿＿＿、＿＿＿＿＿＿などもある。幸田露伴の名作には＿＿＿＿＿＿、＿＿＿＿＿＿などがある。樋口一葉は少年少女の淡い恋を描いた＿＿＿＿＿＿

＿＿で森鴎外の目に止まり絶賛を受けた。

4. 浪漫主義の拠点となった雑誌に＿＿＿＿＿＿があり、北村透谷、島崎藤村らが編集を担当した。島崎藤村は浪漫主義の抒情詩集＿＿＿＿＿を発表した。森鴎外は早年浪漫主義の先駆者とされ、ドイツから帰国後、訳詩集＿＿＿＿＿＿を編み、自らの体験を元にして小説＿＿＿＿＿を書いた。しばらく創作活動が抑えられた時期もあるが、文壇復帰後、鴎外はじめて口語体小説＿＿＿＿＿、長編青春小説＿＿＿＿＿＿、高利貸しの妾を主人公に据えた＿＿＿＿を完成した。1912年以降歴史小説・史伝に転じ、＿＿＿＿＿、＿＿＿＿＿＿、＿＿＿＿＿＿を発表した。

5. 自然主義は創作理論の一つとしてフランスの＿＿＿＿＿によって唱えられ、その人物と自然主義は1890年前後日本に紹介された。＿＿＿＿＿＿が『はやり唄』で環境や遺伝に左右される人間を描き、＿＿＿＿＿＿が『地獄の花』で人間の動物の側面に光を当てた。

6. 1906年から1912年は日本自然主義文学の確立期である。1906年に島崎藤村が長編小説＿＿＿＿＿＿を発表し、文壇で大きな反響を呼んで、自然主義の画期的な意義を持つ第一作とされている。続いて＿＿＿＿＿、＿＿＿＿＿、＿＿＿＿＿＿を発表した。田山花袋は中編小説の＿＿＿＿＿を出した。その露骨な描写は自然主義の本格的なあり方だと認められ、根本的に自然主義の方向を決めた。続いて家族を中心に扱う三部作＿＿＿＿、＿＿＿＿、＿＿＿＿＿を書いて、代用教師の悲劇を描く長編小説＿＿＿＿＿

＿＿＿を書いた。

7. 夏目漱石は創作初期、現状に面して時弊を非難して、猫の視点から中学教師の一家や周囲を描く＿＿＿＿＿＿、自分の教師体験を下敷きに＿＿＿＿＿＿を出した。朝日新聞に入社して専属作家となってから第一作＿＿＿＿＿の後、婚姻・恋愛をテーマとする三部作＿＿＿＿＿＿、＿＿＿＿＿＿、＿＿＿＿＿＿を書いた。「修善寺の大患」を体験してから文学を人間の内面に向かわせ、後期三部作＿＿＿＿＿＿、＿＿＿＿＿＿、＿＿＿＿＿＿を完成させた。晩年、文学・人生の理想として＿＿＿＿＿＿の境地を唱えた。

8. 新体詩の出発は外山正一らの＿＿＿＿＿によってのものだが、森鴎外を中心とした同人の訳詩集＿＿＿＿＿は新体詩の展開と見なされる。浪漫主義の北村透谷は＿＿＿＿＿、＿＿＿＿＿を書いた。田山花袋らは＿＿＿＿＿を出版し、島村藤村は＿＿＿＿＿を出した。土井晩翠は処女詩集＿＿＿＿＿を出版した。＿＿＿＿＿、＿＿＿＿＿らが象徴的な詩風を作るのに苦心し、＿＿＿＿＿、＿＿＿＿＿らが口語自由詩を試みた。

9. ＿＿＿＿＿は俳句と和歌を革新し、韻文文学を大いに発展させた。大量の俳句、短歌のほかに、随筆＿＿＿＿＿、＿＿＿＿＿なども残した。門下に＿＿＿＿＿、＿＿＿＿＿がいて「双壁」と称された。与謝野晶子は歌集＿＿＿＿＿を刊行し浪漫主義を推進する原動力となり、石川啄木は代表歌集＿＿＿＿＿を出した。

二、**質問に答えなさい。**
1. 言文一致運動について簡単にまとめなさい。
2. 坪内逍遥と二葉亭四迷の業績を比較して述べなさい。
3. 尾崎紅葉と幸田露伴を比較して検討しなさい。
4. 樋口一葉の作風、女流文学史においての存在を述べなさい。
5. 森鴎外の三つの創作時期と作風特徴を簡単に述べなさい。
6. 日本の自然主義の発展を簡単に述べなさい。
7. 島崎藤村と田山花袋の自然主義文学を比較して述べなさい。
8. 夏目漱石文学の方向性の変遷を説明しなさい。
9. 正岡子規の俳句、短歌における業績をそれぞれ説明しなさい。
10. 与謝野晶子の歌風を簡潔に述べなさい。
11. 石川啄木の業績を簡潔に述べなさい。

三、**論文作成の手がかり**

❋坪内逍遥の人と文学(『小説神髄』を中心とする小説理論、真実と人情を中心とする写実主義、その小説観と日本伝統文学との関係、西洋の概念と日本文化伝統の結合においての問題)

❋二葉亭四迷の人と文学(『浮雲』の主人公から見る近代社会の人間の内面、『浮雲』から見る近代恋愛の挫折、作者の批判意識)

❋紅露研究(尾崎紅葉の作品に見る社会衝突および資本主義の発展過程の投影、幸田露伴の作品に見る男性気骨、紅露の比較)

❋樋口一葉の人と文学(生活状況と出世の憧れ、作風の変遷、作品の女性像、家庭観、封建社会への抗争と妥協)

❋森鴎外の人と文学(作風の変遷、『舞姫』の浪漫主義特徴、『舞姫』に見る日本人の文化心理、歴史小説に見る道徳観)

❋島崎藤村の人と文学(出身・個人経歴と文学の関連、作品に見る自然観・女性観・告白性・自我意識、藤村の『家』と巴金の『家』の比較)

❖『破戒』研究（部落解放運動の意義、宗教の角度からの解釈、告白小説の性格）

❖田山花袋の人と文学（『蒲団』に見る自然主義の方向、他の作品の現実性・社会性）

❖夏目漱石の人と文学（作品に見る明治精神、作品に見る文明批判、作品の知識人像、作品の人物像、「則天去私」までの思想変遷、進歩性と保守性、漱石・鴎外と魯迅の比較）

❖明治期の韻文研究（正岡子規の文学観、与謝野晶子の激情的人生と浪漫主義、『みだれ髪』の伝統道徳反逆性、石川啄木の民衆性・叙情性・短歌の形式改革）

❖明治期の漢詩文（明治漢詩文の社会背景、詩社林立の状況、漢文作成者の活躍、夏目漱石の漢詩）

近代文学（大正）

一、社会、文学の発展

　大正時代は一般的に大正天皇在位の1912から1926までの15年間を言う。明治の欧化風潮がさらに高まっていく一方、世界大戦、大震災などの社会変動を経て、社会矛盾がさらに深まる面もある。第二次世界大戦前の日本における転換期に当たる。

　大正年間、**大正デモクラシー**という傾向が強まり、政治・社会・文化の各方面における民主主義、自由主義的な運動、風潮、思潮が起こる。様々な団体が結成され、社会運動が盛んになった。特に、2度に及ぶ**護憲運動**（憲政擁護運動）が起こり、明治以来の藩閥支配体制が揺らいで、政党勢力が進出するようになった。また、1914年から1918年まで行われた第一次世界大戦も日本に大いに影響した。ヨーロッパを主戦場とした同盟国と連合国（協商国）の間の戦争だが、日本は日英同盟を理由に連合国（協商国）に加わり、ヨーロッパにも兵隊を派遣して参戦した。そのため戦後、日本は戦勝国の一員となり、アメリカ合衆国・イギリス・フランス・イタリアの5カ国と並ぶ国際連盟の常任理事国となる。戦後の国際秩序の変化も日本思想界に影響した。戦争で敗れた帝国が続々と解体され、ソ連をはじめ共和国が多数成立した。同盟国の帝政の崩壊がデモクラシーの勝利とされて、ロシア革命で目的が達成された共産主義思想も日本のインテリ層の思想に影響を与えた。大正デモクラシーの政治運動の中で、資本主義を批判す

る社会主義・共産主義の影響力が強まった。

　大正年間、日本の経済も大きな変動を迎えた。

　第一次大戦は日本経済に転機をもたらした。日本は国土が戦火に見舞われなかった上に、戦火に揺れたヨーロッパの列強各国に代わり、日本とアメリカが物資の生産拠点として貿易を加速させ、日本経済は空前の好景気となり、大きく経済を発展させた。特に世界的に品不足となった影響で繊維などの軽工業や造船業・製鉄業など重工業が飛躍的に発展して、多数の「成金」が出現するまで**大戦景気**に沸く。政府財政も日露戦争以来続いた財政難を克服することに成功する。このブームは1915年下半期に始まって1920年の戦後恐慌の発生までつづき、戦前の日本経済の大きな曲がり角となり、日本の都市社会にも大きな変貌をもたらした。

1914年、東京の表玄関を飾る東京駅開業ヨーロッパ風赤レンガ3階建て

1915年、東京銀座に
「カフェプランタン」開業
コーヒー・洋酒提供

1917年、東京歌劇座が
浅草で公演開始

　1923年に**関東大震災**が起こり、東京は未曾有の大災害に大きな損害を受けるが、震災での壊滅を機会に江戸時代以来の東京の街を大幅に改良し、道路拡張や区画整理などを行いインフラストラクチャーが整備され、大変革を遂げた。この際、江戸の伝統を受け継ぐ町並みが一部を残して破壊され、東京は下水道整備やラジオ放送が本格的に始まるなど近代都市へと復興を遂げた。明治時代まで呉服屋であった老舗が次々に「百貨店」に変身を遂げ、銀座はデパート街へと変貌した。一般家庭にはガス・電気が普及し、家庭電気器具の扇風機・電気ストーブ・電気アイロン・電気コンロが広く使われ、上流階級や富裕層を中心に自家用車の普及も始まった。また、関西では、東洋一の貿易港となっていた神戸港に夥しく流入する最新の欧米文化を彼ら衛星都市の富裕層が受け入れて広まり、モダンな芸術・文化・生活様式が誕生した。大阪・神戸は関東大震災後に東京から文化人の移住等もあって、文化的に更なる隆盛をみた。日本の都市部では新たに登場した中産階級

を中心に「洋食」が広まり「カフェ」、「レストラン」が成長して、飲食店のあり方に変革をもたらした。カレーライス・とんかつ・コロッケは大正の三大洋食と呼ばれた。和製洋食に米のご飯と云う、戦後の日本人の食事の主流は大正時代に定着した。

　しかし、1920年に発生した**戦後恐慌**が大正時代への影響も無視できない。戦中は欧州諸国が自国の工業力を軍需優先に振り向けたので、海外市場は日米の製品が席捲することになったが、戦後の欧州諸国はだんだんと輸出余力が生まれて海外市場に輸出を再開できるようになり、日本の輸出は伸び悩む。しかし、日本人の経済力が向上し生活水準が上がって輸入は減らないので、**輸入超過**となった。また、関東大震災の影響で、関連企業の資金の流れが止まり、連鎖的に影響が拡大し生産が滞ってしまう。これも輸出が減り、輸入が増える要因となる。経済の変調が察知され銀行がつぶれる心配が起こり、取り付け騒ぎが発生した。現金不足の対策として日本銀行が大量に紙幣を印刷する。これが**金融恐慌**である。国際的には、円の信用が下がり、為替レートが円安になってしまう。大正年間を通じて都市に享楽的な文化が生まれる反面、貧民街の形成、民衆騒擾の発生、労働組合と小作人組合が結成されて、労働争議が激化するなど社会的な矛盾が深まっていった。景気回復の見通しが全く立たないままに昭和金融恐慌・世界恐慌を迎えることになる。

　この大正文学は耽美派(たんびは)、白樺派(しらかばは)、新思潮派(しんしちょうは)の登場で特徴付けられた。

耽美派と白樺派

　明治末期の大逆事件の後、自然主義の衰退の中で暗くなりがちな文壇であるが、耽美派、白樺派の動きは文壇を支える明るい流れを作って大正時代にも及んだ。永井荷風、谷崎潤一郎らの耽美派は、美を至上とし、美の追求や陶酔(とうすい)に文学を求める。谷崎の作品『刺青』、『痴人の愛』によくその本質が表れている。
武者小路実篤(むしゃのこうじさねあつ)、志賀直哉、有島武郎(ありしまたけお)らの白樺派は、理想主義、人道主義を唱え、強烈な自己肯定を特色として、自由平明な文体によって成り立った。この二つの流派は大正前期の文壇の主流となり、それぞれに享楽の風潮と大正デモクラシーの空気が感じられる。

　詩のほうでも、萩原朔太郎(はぎわらさくたろう)の『月に吠える』に近代人の神経の戦慄が歌われ、近代の口語自由詩の完成に大いに役割を果たした。

新思潮派

　耽美派、白樺派よりやや遅れる時期であるが、第一次大戦がもたらした社会不安を前に改めて現実を見つめ、解釈しようと、また耽美派、白樺派の、現実を直視しないため真実を知りえない弱点を取り直そうとして、新思潮派および他の作家から構成された新現実主義が文壇に加わった。閉ざされた個人の内側に目を向ける私小説(ししょうせつ)の傾向もあって、通俗文学への加盟によって文学の大衆化も見られる。

大正末期の文壇新風

　大正末期には、国際上のプロレタリア運動の影響を受けて社会

主義の立場から労働者階級の現実を描くプロレタリア文学が起こり、小林多喜二、徳永直らが代表的作家である。前衛的芸術思想を吸収した新感覚派の川端康成、横光利一も文壇に新風を吹き込んだ。具体的なのは次の昭和時代に移したい。

二、耽美派

（一）概要

　耽美主義は19世紀後半のヨーロッパに現れた文芸思潮であり、美の追求に人生最大の価値を置く。明治末期に森鴎外、上田敏などによって日本に紹介された。その影響を受けた日本の耽美派は、自然主義の隆盛期に真・善・美のうちの「真」のみが強調されたのに対して、生活を享受し芸術の「美」に重きを置く作家たちによって形成されたグループである。外部の世界を写実するのではなく、空想力で美的な世界を築き上げ、享楽的・退廃的・官能的で情緒・雰囲気を重んじた。唯美派ともいう。その極地の悪魔主義は人間の暗黒面にも美を見出す。耽美派の代表作家は外遊生活からの帰国者永井荷風と華やかにデビューした谷崎潤一郎の二人である。他の作家には、1907年に第1次『新思潮』を創刊した小山内薫が『大川端』(1913)、久保田万太郎が『朝顔』(1911)、水上滝太郎が『山の手の子』(1911)、佐藤春夫が『田園の憂鬱』(1917)、『都会の憂鬱』(1922)を書いた。

　耽美派は森鴎外主導の『スバル』(1909-1913)、永井荷風主宰の『三田文学』(1910-)、若い文学者と美術家の談話会「パン①の

---

① パン：ギリシア神話に登場する牧神で、享楽の神でもある。

会」(1908－1912ごろ)で盛り上がりを見せたが、『スバル』は1913年廃刊、「パンの会」はほぼ同時期解散、『三田文学』は健在であったが1916年永井荷風が辞職してから精彩を失った。耽美派という運動は消失したが、耽美的作品は谷崎潤一郎を代表とした作家個人によって書き続けられた。

(二) 永井荷風

永井荷風(ながいかふう)(1879－1959)は自然主義の先駆者であるが、耽美派の代表作家でもある。

東京生まれ、本名を永井壮吉(そうきち)という。青年時代から放埓(ほうらつ)な生活を続けていたが、出世作の『地獄の花』(1902)がフランス文学のゾラから影響を受けて書いたもので、自然主義の先駆作だった。父は永井荷風の将来を案じ、実学を学ばせるためにアメリカとフランスに留学させたが、外国生活は文学者としての永井荷風を形成し、帰国後に『あめりか物語』(1908)を書いた。4年間のアメリカ滞在で観察した娼婦(しょうふ)の生活、召使(めしつかい)として働く日本人の生活を描き、自然主義の作家・評論家に好評を持って迎えられた。

その後『ふらんす物語』(1909)、『歓楽』(1909)は発禁処分を受けた。文明批評の『新帰朝者日記』(1909)、『すみだ川』(1909)、『冷笑』(1909－1910)で明治社会へのあきらめを示し、近世への憧憬(しょうけい)を強め、反近代的な美学を築き上げていった。1910年森鴎外と上田敏の推薦で慶応義塾大学主任教授に就任し、機関紙『三田(みた)文学(ぶんがく)』を創刊した。自然主義文学の牙城である早稲田大学の機関紙『早稲田文学』に対抗し、耽美的な作品が『三田文学』を飾っ

た。教授時代の創作は下火であったが、教授職を辞してから花柳界を舞台にした長編小説『腕くらべ』(1916)と『おかめ笹』(1918)を書いて評価を得た。1937年『朝日新聞』夕刊に連載した『濹東綺譚』は夕刊が売り切れるほどの好評を博して永井荷風の最高傑作となった。私娼街として有名な玉の井で中年作家大江匡と私娼のお雪との交情を四季や風俗を絡めて描いた随筆的な小説である。戦争反対の立場であったが、傍観者であり、文学で政府を糾弾したりはしなかった。戦後作品の数も減り、1959年死去した。

永井荷風

(三) 谷崎潤一郎

谷崎潤一郎（1886−1965）は明治末期から昭和中期まで終生旺盛な執筆活動を続け、国内外でその作品の芸術性が高い評価を得た。官能美、女性崇拝を基調とした耽美的な作品がよく知られるが、その作風や題材、文体・表現は生涯にわたって様々に変遷を続けた。

東京生まれ。家計は苦しかったが成績は優秀で、高校時代から文学を志し、1908年東京大学国文科に入学。このうちに永井荷風

の『あめりか物語』を読んで深い感銘を受け、自己の文学の方向を見つけた。1911年に東大授業料滞納で退学となったが、この前年1910年に既に文壇に出て、小山内薫、和辻哲郎らと同人誌第2次『新思潮』を創刊し、美女の体に己の魂を彫り込みたい刺青師が満足する女と出会って宿願をかなえた『刺青』(1910)を発表して、尊敬していた永井荷風から大いに推奨を受けた。

　大正期の谷崎は、当時のモダンな風俗に影響を受けた諸作を発表、探偵小説の分野に新境地を見出したり、映画に深い関心を示したりもし、自身の表現において新しい試みに積極的な意欲を見せた。1923年関東大震災の後、谷崎は関西に移住した。大阪『朝日新聞』に『痴人の愛』(1924)を連載して読者の反響を得たが、その官能的な描写から検閲当局に警告を受け、発表の場を雑誌『女性』に移して書き続き、完成させた。カフェの女給から見出した少女ナオミを、立派なレディーに仕立てて自分の妻にしようと思った男が、次第ナオミにとりつかれ、その肉体の奴隷として生きていくというあらすじである。谷崎はかつて変態的快楽の問題を大胆に取り上げた『悪魔』(1912)を発表したこともあるし、『痴人の愛』以来、悪魔主義の代表作家とみなされるようになった。

　昭和期に入っての谷崎は私生活も大きな変化をなした。佐藤春夫との1930年「細君譲渡事件」や2度目の結婚・離婚を経て、1935年松子と3度目の結婚をして私生活も充実する。松子は谷崎と同じく既婚者で、その夫は大坂屈指の綿布問屋を営んでいたが、二人はそれぞれ離婚して新しい夫婦関係を結んだ。昭和期からの谷

崎は創作力も旺盛になった。園子による氏名不詳の「先生」に対する告白録という形式で女性の同性愛を語る『卍』(1928)、愛情の冷めた夫婦を中心に描いている『蓼食う虫』(1928－1929)、盲目の三味線女師匠春琴に丁稚①の佐助が献身的に仕えていく『春琴抄』(1933)、陰影の日本の美を発見してそれと建築や食器との関係を論じる随筆『陰翳礼讃』(1933)と次々と書いた。

戦争中、『源氏物語』の現代語訳を行うと同時に、時局を越えて『細雪』(1943－1948)を執筆した。戦後執筆活動を再開する。74歳の時右手に書痙を病んだが、口述筆記で老人の性欲が主題の『瘋癲老人日記』(1961)などを書いた。志賀直哉のように父との葛藤がないので初めから創作に専念して才能を発揮することができたし、芥川龍之介や有島武郎のように精神に苦しんで自殺に至ることもなかった。肉体的にも健康であり、宮沢賢治や石川啄木のように若くして病没してしまうことも避けられ、80歳で死去するまで現役作家であり続けた。

谷崎潤一郎

---

① 丁稚：職人・商家などに年季奉公をする少年。雑用や使い走りをした。

『春琴抄』紹介

　江戸末期から明治にかけての時代を背景にしている。大阪商家の美貌で驕慢な娘春琴は幼くして失明し、音曲を学ぶようになり、三味線の世界で天才ともてはやされた。春琴の身の回りの世話をしていた丁稚(でっち)の佐助も春琴の門弟となり、激しい稽古をつけられるが、春琴の衣食住の世話を一生懸命しながら稽古する。ある夜、何者かが春琴の屋敷に侵入して春琴の顔に熱湯を浴びせ、大きな火傷を負わせる。春琴は醜く変相した自分の顔を見せることを嫌がり、佐助を近づけようとしない。春琴を思う佐助は自ら両眼を針で突き、盲目な身となり、生涯春琴に仕えた。

　美貌な女師匠への佐助の愛と献身を描き、女性崇拝の世界を完成した。内容のほかに文体も独自な特徴をなしている。鈎括弧などの記号文字も使わず、通常なら明らかに句読点を必要とする場所でも句読点を使わずに書き、改行も避ける。特徴的かつ実験的な文体で書かれている。

映画『春琴抄』(1976)
山口百恵・三浦友和が出演

近現代編

『細雪』紹介

　第二次世界大戦前の大阪船場(せんば)を舞台にする。古い暖簾を誇る蒔岡家(まきおかけ)の四人姉妹、「鶴子」「幸子」「雪子」「妙子」の物語を、三女雪子の縁談を中心に繰り広げる。三女雪子は美人なのだが、なぜか縁遠く、三十路に入っても嫁(とつ)げない。兵庫県芦屋市(ひょうごけんあしやし)で居を構える蒔岡家の分家、姉の幸子夫婦が奔走すると同時に、四女妙子は恋愛事件をおこして姉達をてこずらせている。それらの出来事を四季折々の風物を絡めながら描く。

　舞台の船場は大阪市中央区の商業地域で、商社、銀行、問屋などが集まり、大阪経済の中心地となっている。豊臣秀吉が大阪城下町(じょうかまち)経営のために商人を集めて形成し、地名は運河の船着き場の意から来ている。谷崎自身は東京出身であるが、全編の会話が船場言葉で書かれた。二女幸子は谷崎の夫人松子をモデルにしたといわれる。上流の大阪人の生活を描き絢爛でありながら、戦争直前の崩壊寸前の滅びの美を内包し挽歌的切なさも醸し出している。近代文学の代表作に挙げられ、各国で翻訳されている。

　1943年『中央公論』に連載したが、奢侈(しゃし)な記述が多いとして陸軍省報道部から連載禁止を言い渡された。その後、密かに書き続き、翌1944年上巻200部を自費出版して友人らに配った。中巻は印刷を中止されたが、終戦後ようやく表現の自由が得られ、1946年から1948年にかけて上・中・下巻が刊行された。

映画『細雪』(1983)
吉永小百合などが出演

三、白樺派

(一) 概要

明治時代の終わりとともに、主観を排除する自然主義に反対して、大正デモクラシーの空気を背景に、人間の生命を高らかに歌い、人道主義、理想主義、自我の肯定を旗印に挙げる**白樺派**(しらかばは)が台頭し、大正文壇の中心的な存在をなした。

メンバーは同人誌『白樺』(1910－1923)によって登場し、ほとんど学習院出身の上流階級の子弟で、キリスト教、トルストイ主義、メーテルランク、ホイットマン、ブレイク[1]などの影響を受けつつ、人間の個性の尊重、内的生命の重視を奉じて、個人の充

---

[1] トルストイ：Lev Nikolaevich T.、1828－1910。ロシア小説家、思想家。中国語訳「列夫・托尔斯泰」。
　メーテルランク：Maurice Maeterlinck、1862－1949。ベルギー詩人、劇作家。中国語訳「莫里斯·梅特林克」。
　ホイットマン：Walt Whitman、1819－1892。米国の詩人。中国語訳「沃尔特·惠特曼」。
　ブレイク：William Blake、1757－1827。イギリス詩人、画家。中国語訳「威廉·布莱克」。

実が人類の幸福につながると考え、「自己を生かす」という方向に進んできた者が多い。思想面での代表者、**武者小路実篤**に典型的なように、総じて自我中心主義や普遍主義やコスモポリタニズム①は、あるべき前提と社会意識とを欠いた、良くも悪くも楽天的なものであった。自我中心主義を小説の技法として純化し、大成するのが**志賀直哉**であるとすれば、思想、行動の面で白樺派の作風を逸脱していったのが**有島武郎**であった。

しかし、大正時代後半、社会不安や労働運動の激化に伴い、観念的な白樺派の思想は揺らぎ出し、『白樺』が関東大震災で幕を閉じるとともに有島武郎が自殺を遂げ、白樺派の終焉が象徴された。

『白樺』創刊号

---

① コスモポリタニズム：民族や国家を超越して、世界を一つの共同体とし、すべての人間が平等な立場でこれに所属するものであるという思想。古くは古代ギリシャから今日までみられる。世界主義。世界市民主義。世界公民主義。コスモポリティズム。

（二）武者小路実篤

武者小路実篤（1885－1976）は『白樺』を創刊し、その思想的指導者、代表的作家として活躍した。

東京出身で公家華族の家系に生まれ、青年時代にトルストイに傾倒し、その影響を強く受けたが、やがて禁欲的なヒューマニズムから脱出して自我の徹底的な肯定に至った。初期の代表作『お目出たき人』（1911）は、片思いをした少女が自分のことも好いていてくれるはずだと根拠もなく信じていて、彼女が結婚してからもその確信を持ち続ける主人公の自我の強さが描かれる。第一次世界大戦が開始してから楽天的な自己肯定を保持したまま熱心な人道主義に傾斜して反戦思想を抱いて、優れた画家が戦争で視力を失う戯曲『その妹』（1915）などを発表した。

文学活動以外、自分の理想を実現しようと、社会実践を積極的に行った。1918年、より理想の国家の建築を目指して、人道主義の実験場としてのユートピア「**新しき村**」の建設に着手した。私財を投じて宮崎県に約1万坪[①]の土地を買い、同士19人と共同生活を送った。メンバーは共同で労働し、公共食堂で食事をし、財産は委員会で共同管理し、かつての中国の「人民公社」の形である。昼間は農作業に勤しみ、夜と休日・祭日は芸術を楽しんだ生活を6年間続け、その間に『幸福者』（1919）、『友情』（1919）、『或る男』（1921－1923）、『人間万歳』（1922）など旺盛な創作力を示した。1924年以後、実篤は執筆に専念するために村から出て

---

① 坪：土地面積の単位。1坪は約3.3平方メートルに相当する。

おり、後は会員により維持されている。1939年には「新しき村」が埼玉県に移り、また建設された。現在も存続している。

1936年、ヨーロッパ旅行中に体験した黄色人種としての屈辱によって、実篤は戦争支持者となってゆく。1941年の太平洋戦争開戦後、実篤はトルストイの思想に対する共感から発する個人主義や反戦思想をかなぐり捨て、日露戦争の時期とは態度を180度変えて戦争賛成の立場に転向し戦争協力の行為を行い、戦後、批判を受けた。また戦後にも『真理先生』（1949－1950）などを書いた。

武者小路実篤

新しき村の入り口

『友情』紹介

脚本家の野島（のじま）は、作家の大宮（おおみや）と親友。野島はもう一人の友人の妹、杉子に恋をする。大宮に包み隠さず打ち明けると、大宮は親身（しんみ）になってくれる。杉子の家へ連れとして行く時、大宮は杉子には

いつも冷淡だった。突然、大宮が「ヨーロッパに旅立つ」と野島に告げる。それ以来、杉子とはあまり遊ばなくなる。思い切ってプロポーズをしたが、断られた。杉子は突如ヨーロッパへ旅立った。大宮からは彼が抱き続けていた心のうちを明かした本が届いた。野島は友人からこの本が届いたことにひどく驚き、また、ひどく悲しむ。

一人の女性をめぐる二人の青年の恋愛と友情の葛藤を通し、理想主義を追究した作品である。作者はかつて、「この小説は実は新しき村の若い人たちが今後、結婚したり失恋したりすると思うので両方を祝したく、また力を与えたく思ってかき出した」と述べている。

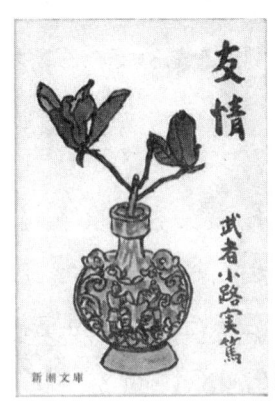

『友情』新潮社 1967 年版

（三）志賀直哉

志賀直哉（1883－1971）は白樺派の中で創作成果の一番豊かな作家である。

宮城(みやぎ)県生まれ、東京育ち。次男として生まれたが、長男が夭折したので実質的には長男として育っていた。志賀家は相馬藩(そうまはん)で代々普請奉行(ふしんぶぎょう)①をつとめた家格で、維新後、祖父の直道は没落した相馬家の立てなおしのために家令②を引きうけ、銅山経営に参与し、成功させた。実業界に転じた父の直温(なおはる)は明治期の財界で重きをなした人物で、総武鉄道、帝国生命保険などの大企業の取締役をつとめ、志賀を学習院初等科に入学させた。

1910年学習院の同人と『白樺』を創刊した。簡潔な文体と鋭い観察力で自己の身辺・経験に根ざした短編を中心にしている。内容的に社会制度への反感がないので調和型の私小説家、心境小説家と言われる。その文体、作風は多くの青年の憧れとされ、「小説の神様」と称される。1949年文化勲章を受章した。創作活動は家庭関係、特に父親との関係を絡めている。おおむね前後二期に分けられる。

1. 前期

父とは不仲の時期であった。社会事件、結婚問題、人生の道、さまざまなことを絡ませて父と衝突した。1901年、祖父関係の足尾(あしお)銅山(どうざん)に鉱毒事件が起こった時、人道主義思想を持つ直哉は銅山側支持の父親と対立が生じて不和になった。1907年、女中と結婚する意志をあらわし、父やほかの家族と争った。1910年、武者小

---

① 普請奉行：武家職名。江戸幕府では、老中の下で土木工事・武家屋敷の管理などにあたった。

② 家令：明治維新後、皇族や華族の家の事務・会計を管理し、使用人の監督に当たった人。

路実篤らと『白樺』を発刊し、文学的スタートを切った。この文学活動も父の意志に反したもので、益々父親との仲が険悪になっていった。1914年武者小路実篤の従妹と結婚するとき、周囲の反対を振り切って自分の意思を通し、父との関係が完全に決裂した。

　この時期の作品には同じく父子の対立が根底に流れている。『白樺』創刊号に掲載した『網走（あばしり）まで』(1910)は、列車で赤ちゃんとわがままな男の子を連れて網走へ行く若いお母さんと出会い、その苦労を見て同情してこの人を不幸にさせる亭主をいろいろ想像して下車する話である。『大津順吉（おおつじゅんきち）』(1912)は結婚問題で自分の意思を貫こうとした主人公と父親、周りの人との対立を書き、自分と父との対立が明らかに投影された。子供世界を題材にする『清兵衛（せいべえ）と瓢箪（ひょうたん）』(1913)は、大人は自分の価値観でしかものを判断できず、子供の個性を抑圧するというところに趣旨がある。

2. 後期

　1917年、父との確執が解消された。その喜びを中篇『和解』(1917)に表した。それ以降、穏やかで調和的な作品が特徴的になった。『城崎にて』(1917)は、自らの事故体験から徹底した観察力で生と死の意味を考え執筆し、簡素で無駄のない文体と適切な描写で無類の名文とされる。また、かつて構想しかけた作品に虚構を加えた唯一（ゆいいつ）の長編小説『暗夜行路（あんやこうろ）』(1921-1937)を完成した。この小説は原題『時任謙作（ときとうけんさく）』、父親との不仲時期から構想された

もので、和解の成立によって元の構想が行き詰まりになり、断続して17年にわたって書き上げた。主人公の時任謙作は放浪の毎日を送るが、祖父の妾と結婚したいと望むようになっており、実は自分が祖父と母の不義の子であったことを知って苦しむ。ようやく回復し直子という女性と結婚するが直子が従兄と過ちを犯したことで再び苦悩を背負い、大山に行って一人こもる。大自然の中で精神が清められてすべてを許す心境に達した。暗夜を行く魂の遍歴を写した名作で、晩年の穏やかな心境小説の頂点に位置づけられる作品である。白樺派の代表作にもなる。

志賀直哉

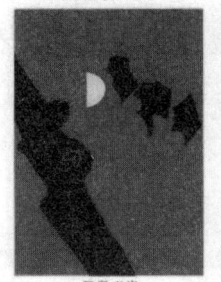

『暗夜行路』新潮社1990年版

（四）有島武郎

有島武郎（ありしまたけお）(1878－1923)は他の同人と同じく上流階級の出自であるが、自己肯定の度合いの強い白樺派の中で最も思想的に苦しんでいた。

東京生まれ。大蔵省官僚を経て実業家として成功した父を持ち、その長男である。若い時キリスト教に入信したがのちに離脱して社会主義に傾倒した。自己の実現だけでなく、階級、社会の矛盾にも目を向けるが、知識人としての限界を悟り、遂に自ら命を断った。

　アメリカに留学した経歴を持った。帰国した後、武者小路実篤や志賀直哉とともに『白樺』を発刊した。1916年『カインの末裔(まつえい)』で北海道の荒涼たる自然に挑戦し、野生を生きる農夫を、『生まれ出(い)づる悩み』(1918)で芸術と生活の間で苦悩する青年を描いた。全盛期の十年近い制作期間を費やして『或(あ)る女』(1919)で因襲的な道徳に反抗する強烈な自我と個性を持つ明治の女性、皐(さ)月葉子(つきようこ)の自滅に至る悲劇を描き、『暗夜行路』と並んで白樺派を代表する長編小説である。自分の出自、理想と現実の乖離に苦悶して、随筆『宣言一つ』(1922)で、第四階級である労働階級・農民と自分との絶望的な距離感を告白した。翌年、人妻の女性と情死を果たすのであった。

有島武郎

四、新思潮派

（一）概要

　　大正文壇は耽美派、白樺派、新現実主義から構成された。美に陶酔する耽美派と理想主義を掲げる白樺派は現実を見過ごすきらいがある。これと対照的な潮流が新現実主義であり、現実を理知的に捉え直す文学を志向した。新現実主義は複数の作家・集団の総称であり、新思潮派、奇跡派（新早稲田派）、三田派などがあるが、**新思潮派**はその中のもっとも重要な一つで、新理知派、新技巧派とも称される。東京大学帝国大学の文学青年によって作られる同人誌第1次『新思潮』は小山内薫が登場し、第2次『新思潮』は谷崎潤一郎が登場したが、第3次、第4次『新思潮』（1914、1916創刊）は大正文壇で活躍した新思潮派と言う。代表作家は 芥川龍之介（あくたがわりゅうのすけ）、菊池寛（きくちかん）、久米正雄（くめまさお）、山本有三（やまもとゆうぞう）などがいる。

（二）芥川龍之介

　　芥川龍之介（あくたがわりゅうのすけ）（1892－1927）は新思潮派の代表作家である。

　　東京生まれ。夏目漱石の門下に入る。本格的な告白的な私小説に反して人生を超える芸術至上主義を実践した人生の中で、キリスト教や日本古典など東西の文献を 渉 猟（しょうりょう）し、様々な様式を駆使し、技巧的な短編を書いた。文体は現代口語体、敬語体、漢文直訳体、候文体、切支丹教義体など多様であり、形式も書簡体、独白体、考証体、記録体など多岐にわたる。創作は早期、中期、晩期に分けられる。

1. 早期

歴史事件、伝説を題材とする短編が中心で、歴史の芸術性を再建築する中で現実の人生に対する認識を表す。『今昔物語集』を題材にした『羅生門』(1915)、『鼻』(1916)、『芋粥』(1916) がある。『羅生門』は老婆が生きるために悪をなし、主人公の下人もまた生きるために老婆の着物を盗み去るという筋で、厭世感を理知的に表現した傑作である。『鼻』は滑稽な長い鼻を持つ僧の悩みを通して、「人の幸福をねたみ、不幸を笑う」人間の心理を描写した。第4次『新思潮』創刊号に発表して夏目漱石の激賞を受けた。『芋粥』(1916) は芋粥を飽きるほど食べたい侍が、大量の芋粥を前にしたらかえって食欲を失ったことで、欲望を満たされた後の人間の心理を捉えて描いた。歴史物語に芸術創作の価値を探ったものとして、『宇治拾遺物語』を題材とした『地獄変(じごくへん)』(1918) が代表になる。主人公である絵師良秀(よしひで)は溺愛(できあい)していた娘の死を目の前にして、「地獄変」の屏風絵を完成して自殺した。その「芸術の完成のためにはいかなる犠牲も厭わない」姿勢が、芥川自身の芸術至上主義と絡めて論じられる。また、キリシタン文献を題材にした『奉教人(ほうきょうにん)の死』(1918) は戦国時代の長崎を舞台に、周囲の誤解と偏見から教会を追い出されたキリシタンの生き様を描いた。児童向けのものとして、インドのものを題材とした『蜘蛛の糸』(1918)、中国古典を題材とした『杜子春』(1920) も書いた。

2. 中期

作風の変化が見られ、歴史小説以外に現実を直接反映したもの

が書かれた。「私」と故郷から奉公に行く娘との汽車でのひと時を、作者の体験をもとに描いた『蜜柑』(1919)、姉妹と従兄の三角関係を通じて、その揺れ動く心情を姉の視点で緻密に描写した『秋』(1920)、トロッコに興味を持った幼い少年が大人の世界を垣間見る体験を綴った物語『トロッコ』(1922) が書かれた。

3. 晩期

創作は、体と精神が衰弱していく中で、私小説的な詩情に満ちた創作に賞賛を覚え、自伝体小説に中心を置いた。河童の世界に託して人間世界を痛烈に風刺・批判した『河童』(1927)、地獄的な人生を生きる主人公の恐ろしい幻影が描かれる『歯車』(1927)、自分の人生を書き残したと思われる『或阿呆の一生』(1927) などが名作である。

30歳より健康が衰え、神経衰弱、胃痙攣、痔などに悩まされ続けた。プロレタリア文学の台頭など時代の変化に追いつけず神経衰弱が深刻化した。生後7ヶ月ごろ実母の発狂に対する遺伝の恐れも彼を苦しめ、1927年睡眠薬で自殺した。

芥川龍之介

羅城門（羅生門）復元模型

五、大衆文学と私小説
(一) 大衆文学

　大衆文学、大衆小説は、大衆の興味を主眼とし、その娯楽的要求にこたえて書かれた文学で、純文学に対して「芸術性」よりも「娯楽性」に重きを置いている小説を総称するもので、「娯楽小説」「娯楽文学」も同義語であり、「通俗小説」「通俗文学」とも呼ばれた。

　日本の近代文学は西欧の19世紀文学に範を仰ぎ、それに追いつき追いこそうとするあまり、近世以来の庶民的文芸や話芸の伝統を拒む傾向があった。それで文芸の庶民的流れは底流化し、それが顕在化するのが大正デモクラシー以後である。新聞業の発展や大衆雑誌が創刊されて人気を集め、雑誌、新聞に連載する小説が求められるようになる。そして関東大震災を乗り越えてよみがえったマス・メディアの躍進の上に大衆文学は開花した。すなわち、大衆文学は大正末年にマス・メディアの成熟を基礎として成立したもので、またマス・メディアの発達があるからこそ、大量生産、大量伝達、大量消費を実現することができるものである。日本メディアで「大衆文芸」という言葉が現れたのは1924年ごろで、その前後、多くの大衆作家が登場した。

　白井喬二（しらいきょうじ）（1889－1980）は大衆文学の創始者の一人で、草分け的存在となる。神奈川県横浜生れ、本名井上義道。歴史小説を主とする。著作に、幕末を題材にする『新撰組』（1924－1925）、富士の裾野の築城問答を熊木・佐藤両家が展開する『富士に立つ影』

（1923－1927、）直情的な侍、阿地川盤岳を主人公にした物語『盤岳の一生』(1941)などがある。1926年直木三十五、江戸川乱歩らと大衆作家の親睦機関「二十一日会」を結成し、機関誌『大衆文芸』を創刊して大衆文学の発展をはかった。1927年、このグループを中心に企画される『現代大衆文学全集』(平凡社)が刊行された。圧倒的部分は時代物であり、ほかに探偵小説をふくむ程度で、当時の大衆の心理的要求が反映されている。いずれにしても新しい文学として庶民の読書欲に応え、かつてない読者層の広がりがあり、現在の歴史小説とミステリーの隆盛のベースが築かれた。それ以来、大衆文学は文壇の重要な一部分となった。

直木三十五（1891－1934）は大阪生まれで本名は植村宗一。関東大震災以後、娯楽雑誌の編集に当たってから次第に歴史小説を書くようになった。歴史小説『南国太平記』(1931)で流行作家となり、大衆文学の向上に貢献した。

江戸川乱歩（1894－1965）は日本推理小説の基礎を築き、発展の道筋を示した作家である。三重県生れで本名は平井太郎。多彩な職業遍歴ののち執筆した『二銭銅貨』が認められ、文壇にデビューした。以後『D坂の殺人事件』(1925)、『人間椅子』(1925)、『陰獣』(1928)等怪奇な謎を秘めつつも科学的推理に基づく探偵小説を次々と発表、また『怪人二十面相』(1936－1962)等の少年少女向けのものでも幅広い人気を集めた。戦後は内外探偵小説の紹介・研究評論、江戸川乱歩賞の創設等、後進の育成にも力を注いだ。探偵作家クラブ賞を受賞し、日本推理作家協会初代

理事長も勤めた。

　この時期、新思潮派の菊池寛、久米正雄らをはじめ、純文学作家も新聞小説を執筆するようになり、かれらの大衆文学領域への進出が注目すべきものだ。これらの作品は多く男性を主人公とする純文学から見逃された女性の世界に注目し、人気を博した。

　「微苦笑」という語の発明者として有名な**久米正雄**（1891～1952）は第三次・第四次『新思潮』同人として活躍し、第3次『新思潮』に戯曲『牛乳屋の兄弟』（1914）を発表したが、のち、通俗小説に転じた。長野県出身で芥川と同じく夏目漱石に師事し、漱石の長女筆子に失恋した。その経緯を『蛍草』（1918）、『破船』（1922－1923）などの長編小説に描き、流行作家となった。一方、芸術小説への憧れが強く、私小説こそ人の肺腑をつく芸術の本道で、真の純文学であると、小説擁護の立場に立っていた。

　特筆に値するのは**菊池寛**（1888－1948）で、純文学から大衆文学への転身のほかに、文学関連事業での活躍も目立っている人物であった。本名菊池 寛、香川県出身。戯曲の『屋上の狂人』（1916）と『父帰る』（1917）を第4次『新思潮』に発表した。『屋上の狂人』は狂人であることのほうが、かえって幸福ではないかとする人生への懐疑と皮肉を描く。『父帰る』はかつて家族を顧みずに家出した父が、20年ぶりに落ちぶれ果てた姿で戻って来た時の家族の葛藤を描く。簡潔な描写、的確な心理分析、明快な主題に特色を持つ。史実にもとづいた作品『恩讐の彼方に』（1919）もある。通俗小説に転じたのは、資産階級の婦人に向け、時代流行の風俗

を背景に人生の実相を伝える『真珠夫人』(1920)からであり、新しい領域を開拓して成果を収めた。一方、創作以上に文学関連事情において目覚しい活躍を見せ、文芸誌『文芸春秋』の創刊と文芸春秋社の経営に取り組み、横光利一、川端康成などの新進作家に文壇デビューの場を作った。文芸家協会①の設立、芥川賞と直木賞の創設などを行った。この二つの賞は、純文学作家の芥川龍之介および大衆文学作家の直木三十五を讃えて創設され、優れた作品を書いた新人作家に授与される。現在でも日本の数ある文学賞の中でもっとも権威のある賞となっている。

菊池寛

文芸春秋社本館

(二) 私小説

またこの時期、私小説という特徴的な文学が生まれた。

私小説とは、身の回りや自分自身のことを芸術として描くもの

---

① 文芸家協会：菊池寛の尽力で劇作家協会と小説家協会が成立し、のちに統合されて文芸家協会となり、戦後、日本文芸家協会となった。

で、作者の直接的な生活体験や心境にもとづいた小説のことである。大正中期から後期へかけて、自然主義文学はかつての勢いを失ったが、その影響による事実尊重は近代的な自我意識と結合して、私小説が生まれた。1920年ごろからその呼び名が出たが、用語例として「私小説」が確立される以前、田山花袋『蒲団』(1907)が赤裸々な恋愛感情を表現したのが私小説の事実上の発祥とされている。

私小説はおおよそ、自己暴露的性質を持っていた**破滅型**と、対象を見た著者の内面、心的境地を如実に描く事を主眼とした**調和型**に分けることができる。破滅型私小説の作家は近松 秋江、葛西善蔵などがあり、葛西善蔵は『子を連れて』(1918)をもって頼りのない悲惨な私生活を告白した。調和型私小説は志賀直哉、徳田秋声などがあり、志賀直哉は『城崎にて』(1917)で自我と周囲の矛盾から生じた煩悩を離脱し、新しい境界への昇華を通して調和的な自我志向を表した。久米正雄などの作家によって擁護され、昭和初年には純文学の中核理念とみられたこともあり、今でもしばしば話題にされている。

私小説は一定の思想類型を排除し、日本特有な抒情性を生かし、個人の内面世界へ関心を示し、その起伏を記録して作者の感情の世界を表現するものである。人間の内面本質を言葉によって探求し表現し続け、日本文学の中に確たる位置を占めている文学様式となった。内面の世界だけに集中して社会・政治を無視する、と批判されることが多かったが、多くの日本作家は私小説に強烈な

魅力を感じ、私小説的な作品を書いた。私小説は日本語、日本文化の性格から生まれ成長してきたもので、最も日本的な文学形態と言えよう。

六、詩歌文学

大正期になると、口語自由詩は**高村光太郎**(たかむらこうたろう)と**萩原朔太郎**(はぎわらさくたろう)を経て真の完成を遂げた。

耽美派、白樺派は詩の世界にも大きな影響を与え、耽美的傾向から出発した**高村光太郎**(たかむらこうたろう)(1883-1956)は、白樺派の影響も受け、人道主義的内容も詩に詠むようになった。代表詩集『**道程**(どうてい)』(1914)は前後の詩風の変化が見られる。前半は耽美的傾向の文語自由詩、後半は人道的傾向の口語自由詩である。その表現は口語自由詩の先駆けとなる。

大正中期のデモクラシーとホイットマンなどの西洋の民主詩人の影響の下で、詩の言葉の平民化と表現の社会性を重視した**民衆詩派**が誕生した。**白鳥省吾**(しらとりせいご)などがいて、一時的に多くの読者を得たが、詩壇からは批判され、短くして衰えていった。

結局、近代詩としての口語自由詩の完成は、**萩原朔太郎**(はぎわらさくたろう)(1886-1942)によって成し遂げられた。『月に吠える』(1917)は幻想的・神経的なイメージを創造し、『青猫』(1923)は近代の憂鬱を象徴風に表した。また、佐藤春夫が恋人への思いを綴った『殉情(じゅんじょう)詩集(ししゅう)』(1921)は文語定型詩の絶品と称され、近代詩の傑作とも言われる。

またこの時期、特異な詩人、童話作家として、**宮沢賢治**(みやざわけんじ)(1896

－1933）が活躍した。岩手県生まれで日蓮宗の信者、農学校教師、農業技師として農民とともに生きた。37歳の若さで急性肺炎で死去した。生前出版の著作は宗教性や宇宙的感覚で詩の世界を築いた詩集『春と修羅』(1924) と短編童話集『注文の多い料理店』(1924) の二冊である。遺稿として出版されたものの中で、『銀河鉄道の夜』(1934)、『風の又三郎』(1934) など有名なものもある。『銀河鉄道の夜』は孤独な少年ジョバンニが、友人カムパネルラと銀河鉄道の旅をする物語で、宮沢賢治童話の代表作のひとつとされている。『風の又三郎』は、小さな小学校に、ある風の強い日、不思議な少年が転校してくる。少年は地元の子供たちに風の神の子ではないかという疑念とともに受け入れられ、さまざまな刺激的行動の末に去っていく。宮沢賢治の童話や詩には郷土への愛着が感じられ、世界主義的な雰囲気もあり、また人文主義や平和主義的側面が注目され、特に近年は環境運動思想とも関連づけられて高く評価されることが多く、個性的な魅力を見せている。生前ほぼ注目されなかったが、死後多くの読者を得た。有名な『雨ニモマケズ』も没後、手帳の中で発見された。

『雨ニモマケズ』冒頭

雨ニモマケズ　風ニモマケズ

雪ニモ夏ノ暑サニモマケズ

丈夫ナカラダヲモチ

慾ハナク／決シテ瞋ラズ

イツモシヅカニワラッテキル

（中国語訳）
不怕雨，不怕风，
不惧酷夏与严冬，
结实的身骨铁铮铮。
不近贪欲，不生嗔怒，
脸上常带恬静的笑容。

宮沢賢治生家の跡

練習問題と研究課題

一、空欄を書き込めなさい。

1. 大正時期、永井荷風、谷崎潤一郎らの＿＿＿＿派、武者小路実篤、志賀直哉らの＿＿＿＿派は前期の文壇の主流となった。詩のほうでも、＿＿＿＿＿＿の『月に吠える』は近代の口語自由詩の完成に大いに役割を果たした。やや遅れて、芥川龍之介を

中心とする＿＿＿＿＿＿派などの新現実主義の文学が文壇に加わった。同じ時期、個人の内側に目を向ける＿＿＿＿＿＿の傾向と、純文学から通俗文学への文学大衆化の傾向も見られる。生前無名の詩人・童話作家＿＿＿＿＿＿もこの時期の特筆すべき人物である。

2. 耽美派の代表的な作家＿＿＿＿＿＿は、ゾラの影響を受けて出世作の『地獄の花』を発表して自然主義の先駆作となった。慶応大学の機関紙＿＿＿＿＿＿を創刊して、耽美的な文学がそれを飾った。教授職を辞してから花柳界を舞台に長編小説＿＿＿＿＿＿で好評を受け、私娼街を舞台とする＿＿＿＿＿＿は『朝日新聞』夕刊に連載して最高傑作とされた。

3. 谷崎潤一郎は第2次『新思潮』で＿＿＿＿＿＿を発表して文壇にデビューした。生涯旺盛な創作意欲が貫き、美しい女性ナオミに翻弄される男を描く＿＿＿＿＿＿、盲目の三味線奏者春琴に佐助が献身的に仕えていく＿＿＿＿＿＿、大阪の旧家の四人姉妹の物語＿＿＿＿＿＿と、次々と書いた。

4. 武者小路実篤の初期代表作は、片思いをした少女が自分を好いてくれると確信している主人公を描く＿＿＿＿＿＿で、その後、反戦戯曲＿＿＿＿＿＿、親友としての二人の青年と一人の女性の友情と愛の葛藤を描く＿＿＿＿＿＿などを書いた。行動力も目立つもので、私財を投じて人道主義の実験場「＿＿＿＿＿＿」を建設した。

5. 志賀直哉の文体・作風は多くの青年の憧れとなる。＿＿＿＿＿＿

は父との対立を昇華させ、結婚問題で自分の意思を貫こうとする主人公を描いた。中篇　　　　　は父と和解成立の喜びを表した。　　　　　は事故の体験をもとにしたもので心境小説の代表作とされる。唯一の長編　　　　　は苦しい人生を行く主人公の魂の遍歴を写して白樺派の代表小説である。

　6. 有島武郎の作品は北海道の農夫の姿を描く　　　　　、芸術と生活の中で悩む青年を描く　　　　　がある。そのほかに、十年を費やした長編小説　　　　　は強烈な自我と個性を持つ明治女性を描くもので、白樺派を代表する小説にもなった。

　7. 芥川龍之介は　　　　至上主義を実践し、技巧的な短編が中心である。歴史・伝説を題材とした作品が多く、生きるために悪をなす人間を描く　　　　　、娘の死を目にして屏風絵を完成した後に自殺した絵師を描く　　　　　がある。現実を直接反映したものとして、「私」と故郷から奉公に行く娘との汽車でのひと時を描く　　　　　などがある。児童向けのものとして　　　　　、　　　　　も書いた。晩年、体と精神が衰弱していく中で、河童の世界に託して人間世界を痛烈に風刺する　　　　　、地獄的な人生を生きる主人公の恐ろしい幻影を描く　　　　　を書き残した。

　8. 菊池寛は新思潮派の作家であるが、資産階級の婦人に向ける　　　　　から通俗小説に転じた。文学関連事情に目覚しい活躍を見せ、文芸誌　　　　　を創刊し、　　　　　賞と

＿＿＿＿＿賞を創設した。

9．大正中期から後期へかけて、文壇を特色付けたのが私小説で、近松秋江、葛西善蔵の＿＿＿＿＿＿型私小説、志賀直哉、徳田秋声の＿＿＿＿＿＿型私小説が今でもしばしば話題にされている。

10．大正期、耽美的傾向から出発した＿＿＿＿＿＿＿は代表詩集『道程』を出して口語自由詩の先駆けとなった。中期になって詩の言葉の平民化と表現の社会性を重視した＿＿＿＿＿＿詩派が誕生した。また、近代詩としての口語自由詩の完成は、＿＿＿＿＿＿＿の『月に吠える』と『青猫』がある。詩人・童話作家の宮沢賢治が生前発表した著作は詩集＿＿＿＿＿＿＿と童話集＿＿＿＿＿＿＿の二冊だけで、生前ほとんど注目されなかったが、死後＿＿＿＿＿＿＿、＿＿＿＿＿＿＿＿などの遺稿も出版され、多くの読者を得た。

二、質問に答えなさい。

1．耽美派の歴史、特徴について簡単に述べなさい。

2．谷崎潤一郎の作風や題材、文体表現の変遷について簡単に述べなさい。

3．白樺派の思想を述べなさい。

4．武者小路実篤の社会実践、志賀直哉の文体、有島武郎の精神的苦悶について感じることを述べなさい。

5．新現実主義の存在意義と新思潮派の特徴について述べなさい。

6．芥川龍之介の作風の変遷について説明しなさい。

7. 芥川龍之介の文学に見る『今昔物語集』の影響を述べなさい。

8. 菊池寛の功績を二つの方向に簡単にまとめなさい。

三、論文作成の手がかり

❉永井荷風の人と文学（作品に見る伝統と現代、作品に見る江戸情緒と異国情緒、その唯美主義の時代・社会・個人境遇・東西文学伝統の背景、その花柳小説と江戸時代人情本の関係、周作人との比較）

❉谷崎潤一郎の人と文学（その唯美主義の表現・変遷、その美意識と古典文学との関連、作品に見る中国観、三回の結婚と女性崇拝、翻訳と創作、文体面の多彩の試み、作品と『源氏物語』の関連、中国での谷崎研究・翻訳）

❉武者小路実篤の人と文学（文学に見る自己肯定、作品における女性像、新しき村の建設と発展趨勢、周作人との交流、夏目漱石との関連、トルストイの影響、思想転向の考察）

❉志賀直哉の人と文学（家族関係が文学における投影、作品に見る人道主義・調和意識、『城崎にて』をめぐる生死観の変遷・心境小説の検討）

❉有島武郎の人と文学（作品に見る人生観、民衆意識）

❉白樺派研究（人道主義、個人主義、大正知識人像、中国作家との関連）

❉芥川龍之介の人と文学（作品における人間性の分析、芸術至上主義、『今昔物語集』などの日本古典との関連、中国文学との関連、死の感覚をめぐる検討、各時期の作品の主題をめぐる検討、

作品における中国人像、作品の中国での翻訳・受容）

❇菊池寛の人と文学（作品に見る家族観、作品に見る女性像、中国での翻訳と受容）

❇宮沢賢治の世界観・宇宙観・自然観（仏教の影響、『春と修羅』からの現象の相互作用や不生不滅、童話からの生死輪廻観）

❇大正文学研究（大正デモクラシーと文学、大正期のモダニズムと外国の影響、明治・大正文学における民族主義）

現代文学（昭和の戦前戦中）

一、社会、文学の発展

　昭和元年の1926年から第二次大戦終戦1945年までの文学を解説する。①

　第一次世界大戦以降、帝国解体・社会主義国家成立の**国際秩序変化**を背景に、プロレタリア運動が世界的に展開され、文学の発展に影響を与えた。特に1929年**世界的経済危機**の中、各国でプロレタリア文学が盛んになった。日本では、大正後期の戦後恐慌、金融恐慌は解決の手が見つからず、そのまま昭和時代に運ばれ、1927年の**昭和金融恐慌**となった。立ち直らないうちに1929年からの世界恐慌の波に襲われ、日本経済は1930年に新たな**昭和恐慌**に見舞われた。特にもともと基盤の弱い農村が深刻な影響を受け、貧困な地域は「間引き」、「娘の身売り」があり、大きな社会問題となった。この時代情勢の下で、日本も世界プロレタリア文学発展の気運に乗じて、**「革命の文学」**としての**プロレタリア文学**が誕生した。1924年創刊の『文芸戦線』と1928年創刊の『戦旗』はプロレタリア文学の勃興を示した。プロレタリア文学は文学を革命闘争の一部分として、文学で社会、階級、政治を表現しようとしているから、文学を近代写実主義の個人・内面の狭い表現範囲からより広大な範囲へ導いた。

---

　① 歴史上は第二次大戦の戦前までを「近代」、戦後からを「現代」とされるが、文学史上、他の区分方法も許される。この時期の文学の変質から「現代」として扱いたい。

街道を歩くモガ　　昭和金融恐慌の取り付け騒ぎ

　一方、19世紀末から20世紀前半にかけて、世界中、芸術の諸分野における**モダニズム**が展開された。そのピークは1920年代にあり、この時期の日本文学も世界と同様な発展を見せた。昭和初期の日本は既に資本主義を着実に発展させ、相当高度な都市文化を育成した。この発展の中でそれまでの近代的な世界観、人生観への疑いが深まりつつある。昭和初期、写実方法による自我と市民階層の現実を表現する近代文学の伝統は強烈な反抗と猛烈な破壊に遭遇し、日本文学は斬新な方向へ進行した。プロレタリア文学誌『文芸戦線』創刊と同じ年の1924年に、**新感覚派**の文学新人の手によって『文芸時代』が創刊された。世界文学と同調する現代主義文芸方法を導入して文学の表現様式を変革し、斬新な言語形式で新時代の新感覚を表現しようとする。近代写実主義の伝統への挑戦、転覆から「**文学の革命**」と言わ

れる。当時台頭したプロレタリア文学にも否定的な態度で、プロレタリア文学と文学観念、文学理論でいろいろ対立が見られる。が、近代文学の写実主義の伝統を批判対象とすることには共通点が見られる。新感覚派は三年未満で解散したが、後に1929年から1931年の**新興芸術派**は新感覚派の延長線で模索を続けた。同じ昭和初期の**新心理主義**も新感覚派と多少関連を持つ文壇思潮として成長した。

　大正デモクラシーの中で成し遂げられた政党内閣、政党政治が相次ぐ不況下で困窮する国民の不信と怒りを買い、中国侵略による事態の打開と国家改造を志向する勢力の台頭を招いた。1920年代末から独立性を強めた軍部は、1930年以降は政府の意思に反した軍事活動や戦闘を多数引き起こし、相次ぐ軍事クーデターにより、ついには政党政治を葬り去った。プロレタリア運動への弾圧が断行され、1933年ごろ、プロレタリア文学運動が下火になった。

　1933年から1937年までの時期に、多くの既成作家が文壇復帰し、文学史上の「**文芸復興**」とされる。また同時に、プロレタリア文学の元参与者によって**転向文学**が作られた。それまでの強い思想、政治傾向がなくなり、個人の内面の苦しみ、転向の反省を主要内容にした。一方、この時期、主流ではないが、後に認められた新人作家も現れた。

　1937年、日本は盧溝橋（ろこうきょう）事件を起こし、中国への全面的侵略を始めた。1941年、日本は真珠湾攻撃を行い、太平洋戦争が勃発し

た。戦時の文学も基本として政府の侵略政策の道具として利用された。この時期の戦争文学は、ナショナリズムを強調した国情に適応した**国策文学**と、ヒューマニズムに基づいた**反戦文学**の流れに分けられるが、反戦も公言せずに国策にも沿わず、自分の文学性を貫いた作家も相当いる。

1937年盧溝橋事件の発生地

1941年真珠湾奇襲、炎上されるアメリカ戦艦

二、プロレタリア文学

（一）概要

　プロレタリア文学は戦前文学の潮流の一つで、1920年代から1930年代前半にかけて流行した。個人主義的な文学を否定し、社会主義思想や共産主義思想と結びついた文学である。

　明治末年の大逆事件で社会主義運動の弾圧が険しくなったが、一部の作家や思想家は果敢に雑誌を創刊して啓蒙活動を推進した。大正末期の1921年、小牧近江が同人を集めて『種蒔く人』を創刊した。初期は進歩的文芸者の団結を強調し、戦争に反対する。一定の意味で「社会主義思想の啓蒙」を唱えたが、プロレタリア文学早期理論家、青野季吉が評論を発表してからプロレタリア文学運動の基地となった。1923年9月関東大震災が発生し、多くの死傷者が出て、社会が混乱に陥る中で、無政府主義・社会主義への弾圧が断行され、『種蒔く人』も廃刊になった。

　1924年、『種蒔く人』の後継誌として『文芸戦線』(1924－1932)が創刊され、労農芸術家連盟の機関紙になってプロレタリア文学誌となった。雑誌発足の最初三年は労働者出身の作家の作品を数多く刊行した。葉山嘉樹の『淫売婦』(1925)、『セメント樽の中の手紙』(1926)、『海に生くる人々』(1926)、黒島伝治の『二銭銅貨』(1926)、『豚群』(1926)、『渦巻ける烏の群れ』(1928)、平林たい子『施療室にて』(1927)、プロレタリア文学史に重要な一ページを残した。

『文芸戦線』創刊号

　1925年「日本プロレタリア文芸連盟」が成立し、翌年1926年に再組織された。1927年また分裂し、葉山嘉樹らの労働者作家が急進的な若手の知識人たちとの対立は目立つようになり、葉山嘉樹らが組織から離脱して「労農芸術家連盟」(略称「労芸」)を作り、『文芸戦線』を機関誌とし、**文戦派**という。「日本プロレタリア文芸連盟」は自己反省を経て1928年3月に「全日本無産者芸術連盟」(略称ナップ)[①]を成立し、それから機関誌『**戦旗**』(1928－1931)を創刊し、**戦旗派**という。ナップ成立後、文戦派は戦旗派の掲げる「政治優先の創作」などに反対して対立抗争を繰り広げたが、内部分裂もあって衰微した。『戦旗』はプロレタリア文学発表の重要な舞台となり、小林多喜二、徳永直、宮本百合子らを擁してプロレタリア文学を牽引した。

[①] その年12月、組織の形態を少し改め、全日本無産者芸術団体協議会としたが、略称ナップはそのままであった。

『戦旗』1930年2月号

　1929年、世界経済危機の発生に伴って、プロレタリア文学運動も好調になった。1931年、ナップを母体として、プロレタリア文化運動の12団体が「日本プロレタリア文化連盟」（略称コップ）を結成した。小林多喜二、中野重治（なかのしげはる）、文芸理論家蔵原惟人（くらはらこれひと）らが中心になり、小説家、演劇家、美術家、音楽家、教育家らと共に活動した。ナップは新組織の中で「日本プロレタリア作家同盟」（略称ナルプ）となり、機関誌**『プロレタリア文化』**（1931－1934）を創刊した。

　しかし、1931年九・一八事変以来の帝国主義的風潮の中で、治安維持法と特別高等警察による社会主義、共産主義的思想の弾圧は年々厳しくなっていく。幹部の逮捕も続き、1933年小林多喜二が獄死し、共産党員が続々と転向する中、プロレタリア文学も徐々に衰退していった。すでに1932年に「労芸」は解散し、1934年、コップの中心であったナルプも解散を表明し、コップも活動停止し、プロレタリア文学運動も終息するのであった。戦後、プ

ロレタリア文学運動にかかわった者の多くは、民主主義文学運動の旗掲げをすることとなった。

プロレタリア文学運動の経緯

成立	組織名	略称	機関誌名	備考
1921			『種蒔く人』	関東大震災後廃刊
1925	日本プロレタリア文芸連盟			後に再組織、分裂
1927	労農芸術家連盟	労芸	『文芸戦線』	文戦派
1928	全日本無産者芸術連盟	ナップ	『戦旗』	戦旗派
1931	日本プロレタリア文化連盟	コップ		12団体の連盟
1931	日本プロレタリア作家同盟	ナルプ	『プロレタリア文化』	元ナップでコップの核心
1934	プロレタリア運動終息			

　プロレタリア文学運動は、プロレタリア作家陣を組織し、日本近代作家と異質な文学新人を育て、日本文壇に新鮮な血液を注いだ。日本近代文学の狭い体裁(ていさい)、個人感情への執着を超越し、日本現代文学の表現範囲を拡大させ、文学と社会・政治・階級とを緊密に連結させた。日本文学者が工場労働者、農民などの下層労働者の生活現実、その覚醒および反抗を作品に表現するようになった。

　プロレタリア文学運動は優秀な作品を数多く生み出した。**小林多喜二**は『一九二八年三月十五日』(1928)、『蟹工船(かにこうせん)』(1929)、『党生活者(とうせいかつしゃ)』(1933)、**徳永直**は印刷工場勤務の経験から『太陽のない街(まち)』(1929)を発表した。印刷工場が38人を解雇し、ストライキなどの争議が起ったが、結局経営者側の巧みな作戦で労働者

が敗北（はいぼく）するという実話にもとづく作品である。**宮本百合子**は 17 歳の時に『貧しき人々の群』（1916）で文壇に登場し、その後もプロレタリア作家として活躍した。

（二）小林多喜二

小林多喜二（こばやしたきじ）（1903－1933）はプロレタリア文学の代表作家として知られている。

秋田県生まれで、貧しい農家の小林家は生活の手立てを求めて北海道に移住し、伯父の経営するパン工場で働きながら通学し、1924年小樽高等商業学校を卒業した。在学中から小説を書き、投稿した。北海道拓殖（たくしょく）銀行小樽支店に勤務して以降も創作を続けていた。この時期、社会の変革はプロレタリアートの階層の権力奪取（だっしゅ）によって実現されるという理念のもとにプロレタリア文学・文化運動が展開され、ロシア革命の支持、反戦平和運動などが行われた。小林多喜二もマルクス主義に傾倒し、文学的方向性を見つけた。志賀直哉に憧れ、志賀直哉の家を訪れてもいる。初期にはその影響を色濃く出しているが、後期の作品は志賀の文体から脱却している。

1928年3月15日、社会主義運動への大規模（だいきぼ）な弾圧が決行され、全国の運動に携わる労働者・農民・知識人が検挙され投獄（とうごく）された。まだ日本共産党と直接の繋がりはないが、小林多喜二はこの「三・一五事件」の革命指導者たちの英雄的行動を題材に『一九二八年三月十五日』（1928）を書き、『戦旗』に発表した。作品中の特別高等警察による拷問（ごうもん）の描写が、特高警察の憤激を買い、後に拷問

死させられる引き金となった。翌年同誌に発表した『蟹工船』(1929)は過酷な労働を強いられる労働者が団結して蜂起する過程を描き、プロレタリア文学の代表作となった。続いて『不在地主』(1929)、『工場細胞』(1930)を発表した。政府当局から危険視される作風のため銀行から解雇されたが、その後も『オルグ』(1931)、『転形期の人々』(同年)を書いた。1931年春、東京に転居し、「日本プロレタリア作家同盟」書記長となり、1931年10月日本共産党[①]に入党した。1932年春にプロレタリア文化団体への弾圧があってから小林多喜二は地下生活者となり、危険と背中合わせで活動した。この非合法な党生活を元に『党生活者』(1932)[②]を書いたが、発表されないまま時が過ぎ、1933年2月20日、小林多喜二は逮捕され、その当日、警察署で虐殺された。

『蟹工船』紹介

　労働者たちはオホーツク海の蟹工船で、劣悪な環境で蟹缶詰を作る。地獄のような生活で、暴力・虐待・過労や病気で次々と倒れてゆく。当初無自覚だった労働者たちはやがて覚醒し、指導者のもとでストライキ闘争に踏み切る。最初のストライキは鎮圧され失敗し、全てのリーダーが逮捕されたが、その後すぐに全労働者が立ち上がり、再度のストライキに踏み切り、成功させた。小林多喜二の労働者階級への希望が感じられてくる。

　近年来、若い世代における非正規雇用の増大と働く貧困層の拡

---

① 日本共産党は当時、非合法組織である。
② 『党生活者』の完成は1932年で、1933年4月と5月、『転換時代』という仮題で発表されたが、五分の一が伏字になっていて、当作品の全貌が公表されたのは戦後であった。

大、低賃金長時間労働の蔓延などの社会経済的背景のもとに、『蟹工船』が再評価され、「蟹工船ブーム」までになった。作品が再版してベストセラーになり、映画化された。世界各地で旧訳、新訳が出版され、世界的な反響も呼び起こしている。

『蟹工船』初版（戦旗社）

特高警察の拷問で殺された小林多喜二

三、新感覚派

（一）概要

19世紀末から20世紀前半にかけて、世界中、芸術の諸分野においてモダニズムが展開された。伝統主義やリアリズムを排して内容、形式、手法の大幅な刷新を企図する運動と考えられ、象徴主義、印象主義、キュビスム、ダダイズム、シュルレアリスム[①]などの前衛的芸術運動は、すべて広義のモダニズムに含めて考える

[①] キュビスム：キュービスムともいう。立体派。ダダイズム：第一次世界大戦に対する抵抗やそれによってもたらされた虚無を根底に持っており、既成の秩序や常識に対する、否定、攻撃、破壊といった思想を大きな特徴とする。中国語訳「达达主义」。シュルレアリスム：シュールレアリスムともいう。超現実主義。

ことができる。その特徴は、まず、19世紀的な安定した時間・空間構造の解体、断片化への志向にある。それに、意識の流れや無意識的記憶など、意識下の世界への着目が注目される。また、方法意識の尖鋭化などが、その全般的な傾向である。モダニズムのピークは、それが世界的同時性をもって展開された1920年代にあった。この時期の日本文学も、世界と同様な展開を見せた。

　大正末期から昭和初期頃の1920年代、日本は資本主義的な発展を遂げ、人口の20%が都市に住むようになり、相当な都市文化を形成した。第一次大戦中、日本の若い男女が同盟国であるイギリスをはじめとするヨーロッパの先進国やアメリカの流行や風俗への模倣から、大正末期から昭和初期、モダンな洋装を身につける青年男女が都市を闊歩し脚光を浴び、モボ、モガ[①]という新しい流行が現れた。しかし、1923年関東大震災が発生し、戦後恐慌、金融恐慌も続いた。近代以来作られた物質文化を壊したばかりでなく、人々の精神面に大きな衝撃を与え、かつて安逸の夢を持つ人々を不安、懐疑に陥らせた。この社会背景のもとで、**新感覚派**は世界の前衛的な芸術運動の栄養を吸収して成長してきた。

　1924年、『文芸時代』（1924－1927）が創刊された。同人は、菊池寛が創刊した『文芸春秋』を通して文壇デビューした若手の文学者によって構成され、**横光利一**（よこみつりいち）、**川端康成**（かわばたやすなり）、**中河与一**（なかがわよいち）、**片岡鉄兵**（かたおかてっぺい）、**今東光**（こんとうこう）らが積極的であった。西欧の前衛的な芸術の影響を受けて文学上の模索を始めた同人たちは近代文学の写実主

[①] モボ、モガ：それぞれ「モダン・ボーイ」、「モダン・ガール」を略していう語。

義伝統に不満を持ちそれを超えようとする同時に、当時台頭していたプロレタリア文学とリアリズムをも否定した。モダン都市文化を基盤とするその感覚の斬新さ、暗示や象徴に依拠した手法、新奇な文体が特徴的であった。当時の評論家、千葉亀雄(ちばかめお)がこれらの作家の文学創作において新時代のぱっとしたところを発見し、文芸時評「新感覚派の誕生」(1924)を書いて、「新感覚派」と命名された。千葉亀雄の命名は、これらの若手文学者により明確に自身の文学特徴を認識させた、名称どおりに新しい感覚で外部の現実を把握することに努め、意識的にそれまでと違う文学創作した。新感覚派はモダニズム文学として、プロレタリア文学派とともに大正末期から昭和初期にかけての大きな文学潮流となり、西欧文学の手法を導入した新しい文体は広く広まった。1927年『文芸時代』停刊、新感覚派文学運動も終止した後も、新感覚派によって確立された文体は同時代の作家に影響し、後の新興芸術派に伝承された。

『文藝時代』第2巻第9号

（二）横光利一

　横光利一(よこみつりいち)（1898－1947）は川端康成と同様に新感覚派としてよく知られる作家である。川端康成が後日、日本文壇に高くそびえた山になったが、新感覚派時期の代表作家、中心的存在は横光利一にほかならない。

　本名横光利一(としかず)、福島県生まれ。早稲田大学に入学したが後に除籍された。文学に傾倒し、志賀直哉があこがれだった。1920年ごろ菊池寛を知ってから師事し、また菊池寛の紹介で川端康成らと知りあいになって『文芸春秋』の同人になった。新文学の手法を積極的に吸収して、写実主義や私小説とはっきりと違う『蠅』（1923）、『日輪(にちりん)』（同年）を発表し、新しい文体で認められ、注目される新進作家になった。『蠅』は馬車に止まった一匹の蠅だけが馬車の墜落から命を留められた話で、『日輪』は卑弥呼が征服欲に駆られ、野望(やぼう)を遂げる過程を描いている。新感覚派が成立する以前の作品だが、新感覚派の創作特徴がもう十分に見られる。その後、新感覚派の代表作家として一連の小説を書いた。『頭ならびに腹』（1924）は列車が故障した時、引き返す列車に乗るか、故障線の回復を待つか、乗客の選択・行動を描いた。『春は馬車に乗って』（1926）は不治の病で入院する妻と、それを見守る夫の話で、悲運に置かれた夫婦の葛藤と愛情が描かれ、春の訪れる終章では生と死との対比が詩的に描かれる。自分の実体験をもとにし、亡妻への愛を込めた作品である。「妻」のモデルは横光の同人仲間の妹、家族に反対されたが横光と二人で同居し、その後結核が発作(ほっさ)して23歳で亡くなった。『ナポレオンと田虫(たむし)』（1926）は

腹の田虫に悩まされるナポレオンを描き、その壮挙と破滅の原因を顕微的な存在に求めた。その後、新感覚派の集大成作品として『上海』(1928－1931)が発表された。1925年の上海の五卅惨案に触発されて、政治的現実世界を舞台にしている。最初の長編小説で、1929年から2年ほど『改造』に連載された。

そのあと**新心理主義**①に転じて『**機械**』(1930)、『**紋章**』(1934)などを書いた。1936年毎日新聞社の特派員としてヨーロッパへ訪問し、東洋精神と西洋精神の対決を主題にした『旅愁』(1937)はこの時期の経歴に触発されたが、未完に終わった。

戦前の重要な文学者として、作風の特徴は目新しい言語表現、映画的な描写方法、暗示に富む比喩、物質的力の強調、偶然が物事における決定的作用などがあり、これらの新感覚的要素はもう横光利一の早期創作に鮮明に見られる。新しさを求める意識で西洋文学の方法を大胆に取り入れ、最後まで実験的な手法による作品を発表して時代思潮を先導し、日本現代文学の形成、発展に大いに貢献した。

横光利一

---

① 新心理主義：「意識の流れ」や「内的独白」の手法によって人間の深層心理を描く文芸思潮。

（三）川端康成

　川端康成（1899－1972）は横光利一らと『文芸時代』を創刊し、新感覚派文学を推進した。また、日本人文学者でノーベル賞を受賞した第一人者である。

　大阪生まれ。幼少期から肉親と相次いで死別した。2歳で父が死去して母の実家に移るが、翌年に母が亡くなった。以降は祖父母に育てられたが、7歳の時祖母が死去した。10歳の時、唯一の兄弟である姉を亡くした。中学3年の時、祖父も死んでしまった。これで唯一の肉親を失った。中学時代、川端康成は学校に通いながら盲目で寝たきりの祖父を看病し、その様子を記録してのちに『十六歳の日記』を発表している。執筆は1914年15歳のときだが、1926年作者二十七歳のとき、伯父の家の蔵を整理していて発見し、注釈を加えて『文芸春秋』に発表したのだという。

　中学から小説家を志し、1920年東京大学英文科に入学し、翌年国文科に転じた。在学期間『招魂祭一景』（1921）で菊池寛の好評をもらい、同年に菊池寛の自宅で芥川龍之介、久米正雄、横光利一を紹介され、1923年に菊池寛主宰の『文芸春秋』の編集同人になった。1924年、『文芸時代』を創刊し、新感覚派の代表作家となった。短編小説集『感情装飾』（1926）は新感覚的な要素はあるが、主な作品はむしろ新感覚派の後に書かれたのである。西洋の心理描写の方法を日本の抒情伝統と結びつけて日本の美意識の趣に満ちた世界を開いた。『伊豆の踊子』（1926）は成功的な試みで初期代表作になった。

『文芸時代』が1927年に廃刊した後、川端康成はまた同人を集めて小説や評論化を活性化させ、活躍を遂げた。東京浅草の風俗人情を題材として『浅草紅団(あさくさくれないだん)』(1929)、『花のワルツ』(1936)を書いた。『水晶幻想(すいしょうげんそう)』(1931)は新心理主義の手法が使われている①。『禽獣(きんじゅう)』(1933)は非情な目と透徹した感覚によって描かれた虚無の世界で、独自な作風を完成させた。代表作の一つ『雪国』(1935－1937)②は日本の伝統的な抒情、余情の美を表現する手段として、西洋の現代文学の「意識流れ」の手法を使って人物の深層心理を発掘し、西洋現代文学の方法と日本伝統の美意識を有機的に結合させた。『雪国』は旅人島村の目を通して雪国に精一杯生きる駒子や葉子など、女性の「徒労」な情熱を非功利的な美しい日本精神として雪国の特有な自然の中に哀しくも美しく描いた。「国境の長いトンネルを抜けると雪国であった。夜の底が白くなった。信号所に汽車が止まった。」という冒頭文は名文として知られている。

　『雪国』の発表は大きな成功をもたらし、その後も続けられた。二戦の敗戦後も社会現実を拒否し、ひたすら日本伝統美の世界に注目し、『千羽鶴(せんばづる)』(1949－1951)、『山の音(おと)』(1949－1954)、『古都』(1962)など一連の作品が発表された。日本の伝統的な美を描いた作品が世界中に高く評価され、1968年、「日本人の心の粋をきわめて高い感受性をもって表現した物語作者としての業績と

---

①　川端康成はその前年、新人作家の伊藤整の『感情細胞の断面(さいぼう)』の批評文を書いており、新心理主義文学に注目していた。

②　1947年に火事のシーンなどを描いた「続雪国」を発表し、「続雪国」も含めた翌1948年刊行の『雪国』(創元社版)が決定版とされた。

資質」により、ノーベル文学賞を受けた。記念講演「美しい日本の私」を行った。

創作以外の活動にも精力的に行っていた。新人発掘にも力を注ぎ、芥川賞の選考委員を第1回から晩年まで務めた。無名だった三島由紀夫などを文壇に登場させた。日本ペンクラブ会長、国際ペンクラブ副会長も歴任した。また、戦中の厳しい状況で、文学者の生活難を解消するのを目的として、神奈川県鎌倉市在住の作家たちが蔵書を持ち寄って貸し本屋「鎌倉文庫」を開き、ほかの文学者と協力して経営し、活字に飢えていた読者を多く得て成功を収めた。ノーベル賞受賞後の発表作品が少なくて、ノーベル賞授与が重圧になったといわれる。1972年4月16日夜、仕事部屋でガス自殺した。

川端康成

『雪国』駒このモデルとされる松栄

『伊豆の踊子』紹介

天城峠から下田に向かう旅芸人一座と道連れになった、孤独に悩む青年の淡い恋と旅情。生身の人間同士の交流を通して、青年が

人の温かさを肌で感じ、自分の孤児根性（こじこんじょう）から抜け出せると感じる。

川端自分の19歳のときの伊豆の旅をもとにして書いた青春文学。6回も映画化された人気作品で、ヒロインである踊子の薫は田中絹代（たなかきぬよ）から山口百恵（やまぐちももえ）まで当時のアイドル的な女優が演じている。

映画『伊豆の踊子』
（1974・ＤＶＤ表紙）
山口百恵・三浦友和
が出演

（四）新興芸術派と新心理主義

3年未満で解散した新感覚派を受けてその延長線に模索を続ける動きから、**新興芸術派**が誕生した。プロレタリア文学の流行に対し、反マルクス主義をかかげて結成されたモダニズムの文学流派として、1929年から1931年にかけて活動した。1928年、雑誌『新潮』の編集長だった中村武羅夫（なかむらむらお）（1886－1949）は、評論『誰だ？花園を荒す者は！』を書き、純文学の花園を踏み荒らそうとするプロレタリア文学にたいする危機意識を表明した。1929年には、廃刊された『不同調』にかわって創刊された『近代生活』を中心に、中村武羅夫が音頭をとって竜胆寺雄（りゅうたんじゆう）らで芸術主義の文学集団「十三人倶楽部」が結成された。その倶楽部を母体に、1930

年舟橋聖一、井伏鱒二、堀辰雄などの作家が参加して「新興芸術派倶楽部」が生まれ、新興芸術派の命名はここからきている。反プロレタリア文学作家の大同団結を図り、芸術の自律性確保を訴えたが、統一した主張、傾向を持たない。1931年末に解消した。新興芸術派の中で、井伏鱒二、梶井基次郎などの作家がいる。

井伏鱒二（1898－1993）は『山椒魚』（1929）、『屋根の上のサワン』（同年）で文壇の注目を集め、二戦の後は戦後の社会現実、戦争での人間性の歪みの作品を書いた。原爆の悲劇を表現した**『黒い雨』**（1966）は野間文学賞を受賞した。同年文化勲章も受章した。**梶井基次郎**（1901－1932）は短編中心の作家で、簡潔な描写と詩情豊かな小品を残した。志賀直哉の影響を受け、作品は心境小説に近く、身辺に基づいて書いたものが多い。文壇に認められてまもなく肺結核で没した。代表作は**『檸檬』**（1925）、『城のある町にて』（同年）、『冬の蝿』（1928）がある。命日は代表作の『檸檬』から「檸檬忌」と呼ばれる。

井伏鱒二

梶井基次郎作品の文学碑
（三重県松阪市）

同じ時期の**新心理主義**も新感覚派と多少関連を持つ文壇思潮である。新心理主義というのは、20世紀の初め、精神分析学を背景に「意識の流れ」や「内的独白」の手法によって人間の深層心理をとらえて描こうとする文芸思潮で、アイルランドのジョイスやフランスのプルースト[①]がその代表である。日本では昭和初期、伊藤整(いとうせい)、堀辰雄(ほりたつお)らがそれを取り入れ、新感覚派の横光利一、川端康成が影響を受けてその作風をさらに深めた。**伊藤整**（1905－1969）は小説家・評論家。本名伊藤 整(ひとし)、北海道生まれ。ジョイスの『ユリシーズ』、ローレンスの『チャタレイ夫人の恋人』を翻訳紹介した。新心理主義文学を唱え、中年文学者の思想・心情・行動を表現する小説『鳴海仙吉(なるみせんきち)』(1946－1948)、評論『小説の方法』(1948)、『日本文壇史』(1952－1969)などを残した。ほかに新心理主義文学としてよく知られるのは横光利一の『機械』、川端康成の『水晶幻想』、堀辰雄の『風立ちぬ』などである。**堀辰雄**（1904－1953）は新興芸術派にも加入したが、新心理主義作家としての成果は更に知られている。芥川龍之介の知遇(ちぐう)を得てその芸術至上主義の影響を受け、ジョイスやプルーストの影響も受けた。人の意識の流れをそのまま写し取る作風で、綿密な心理描写と知的な抒情に長じる。日本の古典にも新しい命を見出した。代表作は、芥川龍之介の死によって創作した『聖家族』(1930)、結核に

---

　① ジョイス：James Joyce、1882－1941。アイルランド小説家、詩人。20世紀の最も重要な作家の1人と評価される。中国語訳「詹姆斯・乔伊斯」。
　プルースト：Marcel Proust、1871－1922。フランス小説家。20世紀を代表する作家として位置づけられる。中国語訳「马塞尔・普鲁斯特」。

冒されている婚約者に付き添う体験を元にする『**風立ちぬ**』(1936
－1938)、既婚女性の家庭での自立問題に関わる『**菜穂子**』(1941)
がある。

堀辰雄

四、「文芸復興」と転向文学

　1933年プロレタリア文学が弾圧されて低迷になってから1937
年まで、日本文学史上で「文芸復興」と言われる相対的な繁栄期
になった。「**文芸復興**」というのは、14世紀から16世紀にかけて
イタリアを中心に起こったルネサンスになぞらえて純文学の復興
を意味するもので、プロレタリア文学や新感覚派の活躍期に発表
を抑えられた既成作家が文壇復帰し、数多くの新作品が現れるこ
とによってもたらされた文学の繁栄である。この時期、プロレタ
リア文学の下火にかわって純文学①の高揚が目指された。1933年
以前、純文学雑誌は新潮社の『新潮』だけだったが、1933年になっ

---

　① 純文学：普通、大衆小説に対して「娯楽性」より「芸術性」に重きを置いているもの
を指す。大正末期から昭和初期にかけて、大衆小説が広く読まれるようになり、芸術性重視
の作家たちは、大衆小説との差別化を図るために、自らを「純文学」と定義するようになっ
た。この頃の「純文学」はプロレタリア文学の隆盛に対抗する意味もある。

て文芸春秋社の『文学界』、河出書房新社の『文芸』らが続出した。既成作家は旺盛な創作意欲を示しており、各自の作風、美意識を守りながら書き続けた。島崎藤村が『夜明け前』(1929－1935)、永井荷風が『濹東綺譚(ぼくとうきだん)』(1937)、谷崎潤一郎が『春琴抄』(1933)、志賀直哉が『暗夜行路』(1937)、川端康成が『禽獣』(1933)、中篇小説『雪国』(1935－1937)を発表し、ほかに徳田秋声、正宗白鳥、山本有三らも各自の作品を提示した。

「文芸復興」とほぼ同時に出てくるのは**転向文学**である。これもプロレタリア文学の低迷と深く関連している。1933年2月、日本プロレタリア作家同盟の指導者である小林多喜二は特高警察に虐殺された。同年6月、日本共産党委員長である佐野学(さのまなぶ)は幹部の鍋山貞親(なべやまさだちか)とともに獄中(ごくちゅう)から転向声明を出した。ソ連の指導を受けて共産主義運動をおこなうのは誤りであり、今後は天皇を尊重した社会主義運動をおこなうという内容であった。三・一五事件のときに検挙された水野成夫が1929年に転向するなど、かなり早い時期から共産党員の転向が始まっていたが、このたびの最高指導者の転向は世間や獄中にあった運動家に大きな衝撃を与え、日本共産党の大量転向の動きを加速させた。この時、投獄されたプロレタリア作家も相次いで転向声明を出した。これらの作家は監獄から出た後、作品に「転向」まで辿る心理過程や内面の悩みを描き、政治的挫折を経歴したインテリの内面独白として文壇の話題になった。**島木健作**(しまきけんさく)は転向問題を扱った『**癩**(らい)』(1934)を発表して世評を呼び、後の『**生活の探求**』(1937)は青年層を中心に

多くの読者に迎えられ、ベストセラーになった。**中野重治**の『**村の家**』(1935)などの転向小説五部作①が知られた。劇作家、演出家の**村山知義**も転向文学のはしりとして『**白夜**』(1934)を出した。

　この時期の文学新人誕生も注目に値することである。1934年、新人推奨を目的とした芥川賞、直木賞が設立され、石川達三、石川淳、高見順、太宰治、石坂洋次郎などは個性に富む小説で文壇デビューし、30年代の重要な新人作家になった。石川達三はブラジル農場での体験をもとにした『蒼氓』で(1935)第1回芥川賞を受賞した。石川淳は『普賢』(1936)で第4回芥川賞を受賞し、主人公の周りの、観念世界では立派なことを言うが、現実世界では窮乏して、堕落している頭でっかちな若者を描いた。転向経歴を持つ高見順は左翼運動から脱落した男たちを描く『故旧忘れ得べき』(1935)で第1回芥川賞候補となり、作家としての地位を確保した。同様に共産主義放棄を経験した太宰治は『逆行』(1935)で第1回芥川賞候補となった。石坂洋次郎はまだ教職時代であるが、すでに『若い人』(1933－1937)『麦死なず』(1936)で文壇に認められ、独特のユーモアと健康で明るい庶民感覚のあふれた作品が多いといわれる。これらの新人作家たちはプロレタリアの革命の文学と違い、新感覚派の前衛的文学とも違って、改めて写実的な方法で各面から生活に合致する現実を描いた。彼ら

---

① 転向小説五部作：それぞれ「第一章」、「鈴木　都山　八十島」、「村の家」、「一つの小さい記録」、「小説の書けぬ小説家」である。

は戦中にも書き続け、戦後も活躍し、文壇や読者の注目を集めた。

五、戦時下文学

（一）概要

1937年、日本は中国への全面的侵略を始め、それから日本は中国を中心に東アジアから東南アジア、太平洋地域一帯に対して行われ、占領地域の民衆に重大な被害を与えた。この戦争は1945年日本の敗戦で終止符を打った。

戦時下の日本は国民精神総動員が唱えられ、文化・思想は徹底的に統制されるようになった。文学も政府の侵略政策の道具として利用された。戦時下の国策を迎合して書かれた文学は総称して**国策文学**という。国策文学は政治に従属するもので、文学を広く国策実施の場に求め、様々な分野にわたって書かれた。一部の文学者は時勢に順応し、国策を高揚する作品を書くことを余儀なくされたが、また一部の文学者は自ら進んでその当時の国情に適合する作品を書いた。

戦争の拡大とともに、作家が軍の報道班員、いわゆる「ペン部隊」として徴用され、中国などの戦地へ派遣された。戦争関連のものが書かれるようになり、やがて**戦争文学**は流行した。戦争文学とは戦争を題材とした文学のことである。日本の場合、古代から戦争を扱った軍記物語の系譜もあるが、近現代の戦争文学は、ナショナリズムを強調したものと、ヒューマニズムに基づいた反戦文学の流れに分けられる。前者の例として、兵士から従軍作家に転じて活躍した文学者は**火野葦平**（1907－1960）が挙げられ、

『麦と兵隊』、『土と兵隊』、『花と兵隊』(すべて1938)の兵隊三部作はベストセラーになった。火野葦平は出征前、労働組合や北九州プロレタリア芸術連盟を結成して活動していたが、逮捕されて転向した。第一作には作品の中に悪の意識があったが、第三作目の『花と兵隊』は戦争に肯定的である。戦後は「戦犯作家」として戦争責任を追及され、1948年から1950年公職追放を受けるが、追放解除後、再び創作を始めた。火野葦平と対照的なのが石川達三(1905－1985)で、ヒューマニズムに基づいた反戦文学を数多く残した。本来、社会批判をテーマとした小説を書くが、従軍記者として一ヶ月足らず中国大陸に滞在し、帰国後に『生きてゐる兵隊』(1938)を書いて侵略戦争の悪を暴き、残酷な戦地を描写したので発禁処分を受け、石川達三も有罪となった。要するに、戦時中、軍の検閲の下にあった文筆活動は非常に制限されていて、反戦・反軍国主義という類の戦争文学の多数刊行は戦後を待たなければならなかった。戦後、石川達三は社会に注目する作家として活躍する一方、選挙に出て政治にも参与し、ペンクラブ会長、日本芸術院会員、日本文芸協会理事長なども務めた。

　この時期、反戦を公言することはしないが、国策にも沿わず、自分の文学性を貫いた作家もいる。徳田秋声の代表作『縮図』(1941)、谷崎潤一郎の『細雪』(1943－1948)、堀辰雄の中篇『菜穂子』(1941)、すべてこの時期の作である。文化統制によって発表の場を奪われたが、細々と書き続けて実績を収めた。また、生前無名の中島敦(1909－1943)も戦争とは無関係に、自分の興味のま

まに中国古典などを題材にした小説『山月記』(1942)、『李陵』(1943)などを書いた。

（二）中島敦

中島敦（1909－1942）は生前無名で没後注目された作家の一人である。

東京出身。漢文系の家系に生まれ、漢学に精通していた祖父、父などの影響で文学的風土が形成された。高等学校の時代、文学雑誌の編集、校内発表をしたが、れい膜炎にかかり、喘息の発作が出るようになり、健康に不安の影を落とした。1930年21歳で東京帝国大学国文学科に入り、1933年卒業して横浜高等女学校の教師として勤務すると同時に大学院にも進んだが、翌年大学院中退した。1941年、女学校を休職してパラオ南洋庁へ国語編集書記として赴任。この時期、『文学界』同人の友人・深田久弥の推薦で『山月記』(1942)が『文学界』誌上に掲載された。中国唐の伝奇小説『人虎伝』に創造を加えて成った作品で、原作の枠を借りたが、主人公が虎に変身したのは「臆病な自尊心と、尊大な羞恥心」という性情が原因だと書かれる。現実に挫折した悲劇的な知識人の自己懐疑・自己分析・自己反省を描く。中学や高校の国語教科書によく採用されるため中島敦の作品の中では最も有名である。その後、第一作品集、南洋生活記の『光と風と夢』(1942)も刊行された。作品が文壇に認められ、作家としての一歩を進めたが、喘息が酷くなり、1942年南洋庁を辞職した。この持病のため33歳で亡くなった。遺作は李陵を中心に司馬遷、蘇武を描く『李

陵』(1943)、孔子と弟子の関係を描く『弟子』(同年)などがある。『李陵』は中島敦が題名を付けていなかったため、深田久弥が代わりに命名した。

中国古典の教養をもとに自分の現実への理解と思考を加え、格調高い文章を成す。早世のため作品の数はそれほど多くないが、特別な魅力で読者を引き付けている。中国文学以外では南洋庁勤務の経験も作品に反映されているほかに、和歌への関心も示される。和歌を作り、『和歌でない歌』(1937)として発表された。

中島敦

『山月記』から

人間であった時、己は努めて人との交を避けた。人々は己を倨傲だ、尊大だといった。実は、それが殆ど羞恥心に近いものであることを、人々は知らなかった。勿論、曾ての郷党の鬼才といはれた自分は、自尊心が無かったとは云はない。しかし、それは臆病な自尊心とでもいふべきものであった。己は詩によって名を成さうと思ひながら、進んで師に就いたり、求めて詩友と交つて切磋琢磨に努めたりすることもしなかった。かと

いって、又、己は俗物の間に伍することも潔しとしなかった。共に、わが臆病な自尊心と、尊大な羞恥心との所為である。己の珠に非ざることを惧れるが故に、敢えて刻苦して磨かうともせず、又、己の珠なるべきを半ば信ずるが故に、磔々として瓦に伍することも出来なかった。己は次第に世と離れ、人と遠ざかり、憤悶と慙恚とによって益々己の内なる臆病な自尊心を飼ひふとらせる結果となった。人間は誰でも猛獣使であり、その猛獣に当るのが、各人の性情だといふ。己の場合、この尊大な羞恥心が猛獣だ。虎だったのだ。之が己を損ひ、妻子を苦しめ、友人を傷け、果ては、己の外形を斯くの如く、内心にふさわしいものに変へて了つたのだ。

（中国語訳）

当我还是一个人的时候，总是尽力避免与他人交游，人们说我狂妄自大、高傲孤僻。其实，没有人了解，这是出于一种近乎自卑的心理。当然，既然曾在乡党之中被誉为鬼才，我不可能没有自尊，但是，我的自尊却源自于内心的怯懦。我想借着诗作来名扬千古，却既不拜师求学，又不结交诗友来互相切磋琢磨以求增进，但又不屑与一介俗物为伍。之所以如此，全是由于我那源于怯懦的自尊、源于自大的自卑在作祟。我害怕自己不是一颗明珠，因此不去加以琢磨；同时又有些许相信自己是一颗明珠，因此不甘湮没于碌碌瓦砾之中。于是，我渐渐隔膜世间，远离众人，满心愤世嫉俗，结果使得源于内心怯懦的自尊不断膨胀。其实，每个人都可能有猛兽之性，那堪比猛兽的就是各人的性情。就我来说，这狂妄而自卑的心

理就如猛獣一般，就好比一只猛虎。它毀了我自己，苦了我的妻儿，伤了我的友人。到最后，我的外表也化成了恰如我内心一般的形貌。

練習問題と研究課題

一、空欄を書き込めなさい。

1. 1924年創刊された＿＿＿＿＿と1928年創刊された＿＿＿＿＿は日本のプロレタリア文学の勃興を示した。代表作家は＿＿＿＿、＿＿＿＿、＿＿＿＿がいる。同じく1924年に創刊された＿＿＿＿は「新感覚派」の文学新人から伝統文壇への挑戦であり、代表作家に＿＿＿＿、＿＿＿＿がいる。その後、＿＿＿＿派は新感覚派の延長線で活躍し、＿＿＿＿文学はプロレタリア文学の元参与者によって作られたもので個人内面の苦しみ・反省を主要内容にした。一方、1933年から1937年の既成作家文壇復帰の＿＿＿＿期に、後に認められた新人作家も現れた。やがて戦時中になって、文化統制の下で文学の発展も政治に左右されるようになった。

2. プロレタリア文学の勃興期、小林多喜二はプロレタリア文学の代表作＿＿＿＿、非合法の地下生活を元にした＿＿＿＿を出し、徳永直は印刷工場勤務の経験から＿＿＿＿を発表した。宮本百合子は17歳の時に＿＿＿＿で文壇に登場し、その後もプロレタリア作家として活躍した。

3. 新しい感覚で外部の現実を把握することに努める新感覚派は、菊池寛が創刊した＿＿＿＿を通して文壇デビューした若手の文学者によって構成される。横光利一は新文学の手法を積極的

に吸収して、馬車に止まった一匹の蠅だけが馬車の墜落から命を留められた＿＿＿＿＿＿、卑弥呼が征服欲に駆られ、野望を遂げる＿＿＿＿＿＿を発表し、認められた。その後、一連の小説を書き、集大成として1925年の上海の五卅惨案に触発された＿＿＿＿＿＿を発表した。

4. 川端康成の初期代表作は自分の19歳のときの伊豆の旅をもとにして書いた青春文学＿＿＿＿＿＿である。＿＿＿＿＿＿は旅人島村の目を通して女性の美しい精神を描いた。戦後も社会現実を拒否し、ひたすら日本伝統美の世界に注目し、＿＿＿＿＿＿、＿＿＿＿＿＿、＿＿＿＿＿＿など一連の作品を発表した。

5. 新興芸術派の作家の中で、梶井基次郎は＿＿＿＿＿＿を出し、井伏鱒二は＿＿＿＿＿＿を出して文壇の注目を集め、戦後は＿＿＿＿＿＿で原爆の悲劇を表現した。新心理主義作家として知られる堀辰雄は芥川龍之介の死に関わった＿＿＿＿＿＿、結核に冒されている婚約者に付き添う体験を元にする＿＿＿＿＿＿、既婚女性の自立問題の＿＿＿＿＿＿を出した。

6. 転向文学として、島木健作の＿＿＿＿＿＿、＿＿＿＿＿＿、中野重治の＿＿＿＿＿＿、村山知義の＿＿＿＿＿＿などが知られる。

7. 1933年－1937年の純文学復興を意味する「＿＿＿＿＿＿」の後、戦時下の文化統制の時期になった。国策を高揚する作品を書く作家もいるが、反戦文学を書く作家もいる。また、自分の文学性を貫いた作家もいる。中島敦は中国唐の伝奇小説『人虎伝』に創造を加えて＿＿＿＿＿＿、李陵を中心に司馬遷、蘇武を描く

を書いた。

二、**質問に答えなさい。**

1. 小林多喜二の創作とプロレタリア文学運動を結びつけて論じなさい。

2. 新感覚派の特徴と横光利一の作風と結びつけて論じなさい。

3. 川端康成の生育環境と文学的特徴について述べなさい。

4. 日本文学史上の「文芸復興」について簡単に説明しなさい。

5. 転向文学について説明しなさい。

6. 文化統制について簡単に説明しなさい。

7. 国策文学について説明しなさい。

8. 中島敦の小説の特徴を述べなさい。

三、**論文作成の手がかり**

✽小林多喜二研究（文芸思想、作品の時代意義、30年代の左翼作家の小林多喜二認識、近年の小林多喜二作品再評価の社会背景）

✽プロレタリア文学（その文学理論、国際・国内環境、発展過程、進歩性と限界性、歴史功績、中国左翼文学への影響、中国での翻訳・伝播）

✽横光利一研究（『上海』の中国認識、作品に見る新感覚手法、作品に見る新心理主義、）

✽川端康成の人と文学（人生体験と文学、作品に見る孤独・繊細な感覚、絵画的感覚、禅・幽玄・もののあわれ等の伝統的美意識との関連、西洋文学の現代意識と技巧、『伊豆の踊り子』のテーマ検討、『雪国』の駒子、葉子の女性像、『雪国』の人物関係と作者の人格解析、作品の中国語訳文の研究）

❖新感覚派研究（その文芸理論、作品に見る小動物のイメージ、新感覚派から新心理主義への変遷、中国文壇においての影響と変容）

❖新興芸術派研究（堀辰雄の『風立ちぬ』の生死観・『菜穂子』の女性像、梶井基次郎の作品に見る志賀直哉の投影・『檸檬』の色彩運用、井伏鱒二の『黒い雨』の反戦思想）

❖転向文学研究（島木健作・村山知義・中野重治などの転向小説に見る時代背景と知識人の内面）

❖戦時下文学（国策文学の背景、火野葦平の兵隊三部曲に見る戦時下の報国文学、石川達三の反戦文学の現実意義、中島敦の小説人物の内面省察、中島敦の中国文学関連作品と中国原典との比較・分析）

現代文学（戦後経済復活）

一、社会、文学の発展

　第二次世界大戦後から現在まで、文学も社会、経済にともなって大いに発展を遂げた。戦後の文学について、まず高度成長の前の、1945年敗戦から50年代半ばの経済復活までの文学を述べたい。

1945年8月6日、9日の広島・長崎に原子爆弾投下

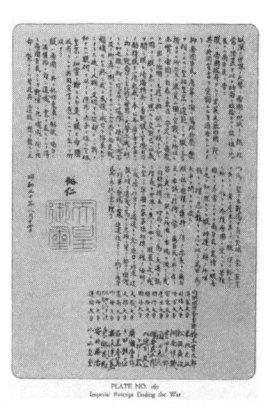

昭和天皇
終戦（敗戦）の詔書

戦後初期

　1945年8月15日、日本は降伏した。アメリカの軍隊が進駐して日本非軍事化と民主化の促進政策を実施し、戦争犯逮捕、政治犯釈放、各党派と組合組織を成立させ、日本社会に新しい活力を注いだ。一方、戦後インフレを抑えるために強行されたデフレ政策のなかで、激しい労資の対立やストライキが発生し、多くの失業者を生み出し、企業の倒産も相次いでいた。食料をはじめ生活

資料の欠乏で生計に苦しむ人が多かった。そのため、戦後初期、戦火を免れて生きていける喜び、長い抑圧状態から解放された幸福と感じると同時に、社会・政治の巨大な変化に驚きと戸惑いを覚える人も少なくない。

　激変した社会政治は権威喪失や価値観混乱をもたらした。戦後初期の日本は、様々な主義や価値観が混雑共存の時代となり、日本文学者にとって様々な創作可能性と選択肢のある環境であった。この中で、各種の文学誌が復刊、創刊され、戦後文学の復興に外部条件をそろえた。日本語の表記には現代仮名遣い・新字体化という改革が行われた。全国規模のメディアの発達も、日本文学に大きな変化をもたらした。この時期、まず、既成作家たちが戦時中発表を抑えられた作品を次々と公開した。戦後初期、志賀直哉が『灰色の月』（1946）、永井荷風が『浮沈』（1947）、『勲章』（1947）、『踊子』（1948）、谷崎潤一郎が『細雪』（1943－1948）、正宗白鳥が『戦災者の悲しみ』（1946）を一斉に出した。それと同時に、**民主主義文学**、**無頼派**、**戦後派**などの新しい文学流派も文壇デビューした。戦争体験に基づいてものを書く、あるいは戦後初期の社会現実に直面した作家たちが活躍ぶりを示した。

経済復活

　日本経済は荒廃や混乱を経た上、1950年に勃発した朝鮮戦争の特需により経済はよみがえる。特需景気と呼ばれる物資の大量需要が、企業経営を急速に立ち直らせ、新しい技術を海外から導入

する契機となった。1953年後半ごろには第二次世界大戦前の水準に復興し、経済の面において高度成長のための前提条件が整えられた。この時期、文学において次第に伝統への自信が戻される兆しがあり、近代の写実主義伝統への回帰志向の作品を書く**第三の新人**が登場した。一方、社会各階層の広い需要から、純文学と大衆文学の間に位置づけられた**中間小説**の作家もそれぞれの道を開いた。

二、民主主義文学

（一）概要

　戦後いち早く動きを見せた文学一派は、1945年12月30日に結成された「**新日本文学会**」であった。**民主主義文学**の普及を目指したもので、発起人は蔵原惟人、徳永直、宮本百合子、中野重治などの9人であり、いずれも元プロレタリア文学者である。1946年3月に機関紙『新日本文学』（1946－2004）が創刊され、戦後日本の民主主義文学の確立を目標に刊行され、政治と文学、戦争責任問題、国民文学論などに活発な議論が展開された。**宮本百合子**は『播州平野』（1946－1947）を発表して、思想犯の夫の釈放の迎える女性の目を通して戦後社会の悲惨な状況を描いた。それから、続いて自伝的小説『二つの庭』（1946－1947）、『道標』（1947－1950）を書いた。**徳永直**は空襲で亡くなった妻を描いた『妻よ眠れ』（1946－1948）なども新日本文学会の成立初期の成果であった。他に、壷井栄、佐多稲子、平林たい子のように、この派に関係ある多くの女流作家も活躍しており、戦後の解

放感の中で、被弾圧的立場にいた人間の怒りや悲哀が表現された。その後、新日本文学会は内紛や分裂も起こしたが、2005年まで存続した。

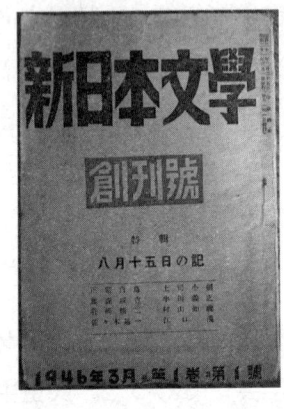

『新日本文学』創刊号

（二）壺井栄

　壺井栄（つぼいさかえ）（1900－1967）はよく知られている女性作家の一人で、かつて作品は中国の中学教科書に編入されたこともある。

　旧姓岩井、香川県の醤油樽職人の家に生まれ、実家の経済状態が悪くなり苦労を重ねる。高等小学校を卒業して、郵便局、役場に勤め、1925年26歳のとき上京してプロレタリア作家壺井繁治（つぼいしげじ）と結婚。夫とその友人だった宮本百合子、佐多稲子などの影響で38歳のとき処女作『大根の葉』（1938）を発表、以後小説と童話の多彩な創作活動に入った。小説に『暦』（1940）、『柿の木のある家』（1949）などがあり、代表作、抒情溢れる反戦小説『二十四の瞳（にじゅしひとみ）』（1952）はベストセラーになった。数多くの作品を執筆して芸術選奨文部大臣賞を始め、新潮文芸賞児童文学賞などを受賞した。香

川県小豆郡小豆島町(しょうずぐんしょうどしまちょう)の二十四の瞳映画村内に壺井栄文学館がある。

壺井栄文学館（香川県小豆島町）

『二十四の瞳』紹介

　1928年、師範学校を卒業したばかりの大石久子(おおいしひさこ)は島の岬(みさき)の分教場に赴任する。そこに入学した12人の児童の、それぞれの個性にかがやく二十四の瞳を前に、この瞳をどうしてにごしてよいものかと感慨を持つ。若く朗らかな大石先生に子供たちはすぐになつき、いろいろな出来事の中で日々を過ごした。1934年春、戦時教育に憂いを持った大石先生は教え子たちの卒業とともに教職を辞する。12人の生徒たちはそれぞれの運命を歩む。1946年、夫を戦争で、相次いで母親も末娘も亡くした大石先生はふたたび教壇に復帰する。12人のうち消息のわかるものは大石先生と会合をもつ。時代の傷を背負って大人になり、大石先生を囲んだ彼らは、小学1年生のあの日みんなで一緒に撮った写真を見る。

日本の軍国主義化、中国への侵略、第二次世界大戦、そして敗戦へとつながる時代を背景に、登場人物たちのたどった運命を描いたこの作品は、必然的に反戦・平和の主題を展開させている。作者自身が戦時中を生きた者として、この戦争が一般庶民にもたらした数多くの苦難と悲劇を描いた。ベストセラーになった作品で、数多く映画化、テレビドラマ化され、親しまれている。

映画『二十四の瞳』(1954)の大石先生と12人の子役

三、無頼派

（一）概要

　無頼派（ぶらいは）も敗戦直後に出現した文学流派である。既成文学全般への批判に基づいて同傾向の作風を示した作家たちを総称する呼び方として、**新戯作派**（しんげさく）とほぼ同義である。戦後社会の混乱、権威の喪失、価値観の転倒に直面して反権威、反道徳的言動を示すところが共通しているが、象徴的な同人誌もないし、明確な範囲も具体的な集団も存在していない。代表作家の多くは「文芸復興」時

期の新人作家として文壇デビューし、1935年－1945年の昭和10年代に活躍した。中に次のような作家がいる。

♣ **太宰治**(だざいおさむ)（1909－1948）

東京帝国大学中退。井伏鱒二に師事。左翼活動に巻き込まれたが挫折を受けた。戦後は無頼派文学の旗手として活躍した。『逆行』(1935)、『晩年』(1936)で芥川賞候補に上がった。『斜陽』(1947)、『人間失格』(1948)を書いて世相への否定的な態度を表した。『人間失格』の完成後、愛人と入水自殺した。

♣ **坂口安吾**(さかぐちあんご)（1906－1955）

戦前は小説よりも随筆で注目されたが、戦後の混乱期に随筆『堕落論』(1946)と小説『白痴』(はくち)(1946)を発表して人気作家となる。『堕落論』は、戦時の美は死の美学、戦後生きるためには、徹底的に堕ちきることが大事、そこに真実の救いがあるという、当時の若者に大きな影響を与えた。『白痴』は伊沢という男性が白痴の女性と同居することになり、アメリカ軍の空爆から共に逃れて走るという筋書きである。両作品は敗戦による喪失感や絶望にあえぐ日本人の心境に適合し、広く読まれた。

♣ **石川淳**(いしかわじゅん)（1899－1987）

『普賢』(ふげん)(1936)で芥川賞を取ったが、小説だけではなく評伝や随筆も書いた。戦後に『黄金伝説』(1946)、『処女懐胎』(1948)、『焼跡のイエス』(やけあと)(1946)などを発表して無頼派作家となる。

♣ **織田作之助**(おださくのすけ)（1913－1947）

『夫婦善哉』(めおとぜんざい)(1940)で文壇に出て、戦後は混乱した世相を描く

『アド・バルーン』(1946)、『世相』(同年)、『競馬』(同年)を発表して流行作家になった。『可能性の文学』(1946)では志賀直哉の私小説が文壇の主流となり、日本文学の発展が阻害されていると非難し、更に志賀直哉を賞賛した評論家小林秀雄にもその責任の一端があると主張する。結核で34歳で死去した。

(二) 太宰治

太宰治(1909-1948)は無頼派の代表作家として知られ、四回自殺未遂の人生も異色的である。

本名を津島修治(つしましゅうじ)という。青森県生まれ。津島家は曾祖父(そうそふ)の代に新興商人地主となった。父は県会議員を経て衆議院議員になり、地元では権力者であった。家の中でいっしょに過ごした家族は使用人を加えると30人を超えたという大家族で、太宰治は10番目の子供である。

中学時代芥川龍之介や菊池寛の文学に熱中したが、高校に入って心酔した芥川龍之介が自殺してから生活が乱れ始め、花柳界に出入りし、芸妓の小山初代(おやまはつよ)と深い関係に入る。一方、プロレタリア文学の傾向を持ち、文芸誌を創刊したり学生ストライキに参加したりして、精力的な活動も示した。芸妓との結婚問題や成績低下で苦悩もあり、1929年20歳のとき鎮静睡眠薬のカルモチンを多量に服用して自殺を図った。これが一回目の自殺未遂。

1930年21歳のとき東京帝国大学文学部に入学し、井伏鱒二の門人になった。この頃から太宰治と名乗るようになる。小山初代

との結婚は義絶を条件に認められたが、長兄が初代を連れて実家へ帰っている間に、太宰治はカフェの女給の田部シメ子と心中を図った。女が死んだため、太宰治は自殺幇助罪に問われた。二回目の自殺未遂。

　翌年小山初代と同棲した。左翼活動に巻き込まれたが、逃亡生活に疲れ、警察署で左翼活動と絶縁することを誓約した。大学の授業に出ていなかったため、卒業予定の年に留年した。実家から２年の猶予をもらって仕送りを続けさせたが、２年後の1935年も卒業できなかった。就職しようと新聞社受験したが失敗した。行き詰まって一人で鎌倉山に入り縊死を図ったが、三回目の自殺未遂となった。大学は結局、授業料未納で除籍された。

　苦悩が続く中でも創作意欲は衰えなかった。『逆行』（1935）は第１回芥川賞の最終候補にあがり、太宰治は歓喜し熱望したが、選考の結果、石川達三の『蒼氓』に決まった。残念な結果であったが選考委員の佐藤春夫の知遇を得ることができた。『文芸春秋』の９月号で選考委員の川端康成が太宰治について「作者目下の生活に厭な雲があって、才能の素直に発せざる憾みがあった」と述べた。パビナール①中毒による奇行などを指摘した文章だった。太宰治は『文芸通信』10月号で『川端康成へ』と題した抗議文を載せた。「小鳥を飼い、舞踏を見るのがそんなに立派な生活なのか」と。そして第２回芥川賞の候補作が決まる前に、選考委員の佐藤

---

　①　パビナール：Pavinal 。鎮静・鎮痛・鎮咳薬の商標名。麻薬の一種で作用が速く強さはモルヒネの四倍。

春夫に手紙を書いたが、結果として第2回は「該当者なし」に終わった。『晩年』(1936)が第3回芥川賞候補に上がったことを佐藤春夫から知らされたとき、太宰治はかつて中傷した川端康成にも懇願の手紙を書いた。しかしまたも落選した。入院して薬物中毒を根治させるときに、内縁の妻の初代が姦通事件を起こしたことを知ると、1937年、山麓でカルモチンを多量服用し小山初代と心中自殺を図った。四回目の自殺未遂。同じ年小山初代と別れた。

1938年27歳のとき、井伏鱒二の仲人で石原美智子と結婚した。結婚の影響で作風も明るくなり、『走れメロス』(1940)などの佳作を発表し、職業作家としての安定を見せた。文学青年が太宰治を慕って尋ねてくるようになった。のちに愛人関係になった太田静子は女性ファンの一人だった。

太平洋戦争の時期、小説の題材はごく限られ、厳しい検閲制度もあったため、多くの作家は国策文学に走ったが、太宰治は実家から仕送りを受けていたので不本意な小説を書かなくても生活は支えられた。また1941年11月に文士徴用令書を受けたが、胸部の疾患のため免除された。それで自分の文学性の範囲内で創作を続けることができ、翻案物、中国小説を土台にしたもの、疎開の地元津軽をスケッチする『津軽』(1944)、魯迅と藤野先生と私の関係を描く『惜別』(1945)などを書いた。

終戦後、没落華族の家を描いた『斜陽』(1947)を構想し、資料として愛人の太田静子の日記を参照した。1947年刊行されべ

ストセラーになり、戦後の改革による社会の急激な変化で没落した上流階級の人々を指して言う「斜陽族」という流行語も生まれた。この時期、山崎富栄(やまざきとみえ)と知り合い、急激に深い関係に落ちていった。『人間失格』(1948)を書いているころ、肉体的に衰弱し、喀血(かっけつ)もあったが、愛人の山崎富栄の看護の下で最後まで書き続けた。1948年二人は玉川上水(たまがわじょうすい)①から身を投げて心中自殺を遂げた。

◦『人間失格』紹介

　太宰治の代表作の一つとして、その文学の総決算ともいえる『人間失格』は「はしがき」、「第一の手記」、「第二の手記」、「第三の手記」、「あとがき」から構成される。「はしがき」では小説家の「私」が大庭葉蔵(おおばようぞう)という男性の3枚の写真を見て、幼年時代の顔は薄気味悪く、学生時代の顔は作り物のようであり、3枚目の写真は年齢が判別できず、すでに死んでいるようだと感想を述べる。三つの手記では、大庭葉蔵が生まれてから27歳現在までの人生を語る。東北の田舎の裕福な家に育ち、学生時代に左翼思想に染まり、カフェの女給と心中自殺して自分だけが助かる、という人生を辿る。社会に対するこの異常な認識は他者と決定的に異なり、自分が人々の生活の外にいることを自覚する大庭葉蔵は自分を道化(どうけ)させて他者を笑わせることで目障りな存在にならないよう努力し、ありのままの自分を隠した。太宰治自身が投影されていることは明白である。「あとがき」では、「私」が再登場する。知り合いの

---

① 玉川上水：東京都羽村市で多摩川の水を取り入れ、新宿区四谷大木戸に至る用水路。

バーのマダムから「小説の材料になるかもしれない」と大庭葉蔵の写真と手記を渡される。

太宰治

『斜陽』初版本

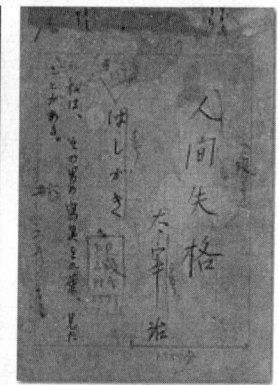
『人間失格』原稿

四、戦後派

（一）概要

　戦後派は敗戦直後の新しい文学の重要な一派で、1946 年、1947 年に文壇に登場した作家を**第一次戦後派**、1948 年と 1949 年に登場した作家を**第二次戦後派**と呼ぶ。文壇デビューの時期には差異があるが、作風には共通しているところが多い。

　新日本文学会の主張と対立し、平野謙・埴谷雄高・小田切秀雄らの 7 人を同人に『近代文学』（1946－1964）が創刊された。マルクス主義文学運動批判を展開する一方、戦前の私小説、心境小説的な方法も捨てる。政治から独立した文学の重視、政治に対する文学の自律性と人間の主体性を強調し、戦争責任の問題なども

提起した。多くの作家と評論家を育て、戦後派文学推進の拠点となった。

『近代文学』第1巻第1号

　戦後派文学が文壇をリードしたのは戦後から1948年前後で、この期間、彼らの主張、創作に共通点が現れ、派としての特徴が顕著であった。1949年以降、創作の円熟化に伴い、戦後派作家の個性も鮮明になり、各自の文学発展の可能性を示した。1950年朝鮮戦争の勃発は戦後派文学の転換点となり、この時期から、戦後派作家は派の一員より独立の作家として個性的な創作活動を始めた。

第一次戦後派
　左翼活動から転向や戦争の経験のある作家が多く、それらの体験をもとに作品を創り、社会問題に積極的に発言した。代表作家には次のものがいる。

♣**野間 宏**（の ま ひろし）（1915－1991）
　京都帝国大学仏文科に入学後、マルクス主義に傾倒した。戦時

中、思想犯として投獄されたこともある。1941年フィリピンの戦線に送られた。戦後、自らの体験に基づいた『暗い絵』(1946)は左翼運動の弾圧における学生たちの挫折を描き、代表作家になった。太平洋戦争末期、軍需工場に勤務する深見進介は、自分の住む寄宿舎に空襲の火災が及び、愛蔵する画集が炎に包まれ焼けていくのを目前にしながら、その画集を貸し与えてくれた亡き友人のことを回想する。大陸侵略の進む時代、大学生であった深見の周囲に集う友人たちは左翼運動に青春を賭け、次々に弾圧と獄死の運命をたどっていく。彼はそのなかで友情と運動、恋愛の板挟みに悩み苦しみつつも自分の進むべき道を思い定めていくのであった。またさらに、人間性を奪われる戦争体験は『真空地帯』(1952)に著され、軍隊という社会の日常生活から切り離された特殊な環境の中で、自己を埋没させている兵隊たちの暮らしぶりと、軍隊上層部の腐敗とそれによって翻弄された一兵士を描いている。日本の軍国主義を批判した。

野間宏

♣ **椎名麟三**（しいなりんぞう）（1911－1973）

電鉄会社に入って組合活動をし、共産党員になったが、投獄された。その後、ニーチェ、キルケゴール、ドストエフスキー[①]を耽読し、思想を深めて、暗鬱な生態を虚無的に描く『深夜の酒宴』(1947)、『重き流れのなかに』(同年)で文壇に出た。以後も実存主義[②]的に書き続き、作風は戦後文学の一時期を代表するものとなる。50年のキリスト教入信後は『美しい女』(1955)などに独自の宗教的作風を示した。

♣ **梅崎春生**（うめざきはるお）（1915－1965）

1944年に軍隊に召集され、敗戦を迎えた。自己の戦火での極限状態をモチーフにして、米海軍の本土上陸に備えて坊津（現鹿児島県南さつま市）に赴任した体験をもとに『桜島』(さくらじま)(1946)、敗色濃厚のフィリピン戦線での人間の葛藤を描く『日の果て』(1947)などを発表した。ほかに、社会生活を一軒の家に同居する二人に凝縮して描く『ボロ家の春秋』(1954)で直木賞を受賞した。

♣ **武田泰淳**（たけだたいじゅん）（1912－1976）

東京帝国大学に入学したが、左翼活動を繰り返し、挫折を受け、

---

① ニーチェ：Friedrich Wilhelm Nietzsche、1844－1900。ドイツ哲学者。中国語訳「尼采」。
　キルケゴール：Søren Aabye Kierkegaard、1813－1855。デンマーク哲学者、思想家。実存主義の創始者。中国語訳「索伦·奥贝·基尔克果」または「祈克果」、「齐克果」、「克尔凯郭尔」。
　ドストエフスキー：Фёдор Михайлович Достоевский、1821－1881。ロシア小説家。中国訳「陀思妥耶夫斯基」。

② 実存主義：人間の実存を哲学の中心におく思想的立場。人間を「本質存在」ではなく、個別具体的かつ主体的な事実存在、すなわち「実存」としてとらえる立場で、合理主義・実証主義に対抗しておこる。20世紀、特に第二次大戦後に文学・芸術を含む思想運動として展開される。

東大も中退した。後に竹内好らと「中国文学研究会」を結成し、機関紙『中国文学月報』を創刊した。1937年7月盧溝橋事件が起こり、軍隊に召集され、2年後除隊された。帰国後に評伝『司馬遷』(1943)を発表した。上海で敗戦を迎える体験に基づいた『蝮のすゑ』(1947)、戦時中に起きた遭難船長の食人事件をテーマに『ひかりごけ』(1954)、太平洋戦争末期の富士北麓の精神病院を舞台にした『富士』(1971)などを書いた。戦前の転向体験や中国での戦争体験から思索を深め、極限的状況下での人間性の問題を追求した。

第二次戦後派

第一次戦後派の経験を有しない作家が多く、第一次と比べ、社会・政治より個人的な色彩がさらに濃い。代表作家には次のものがいる。

♣**三島由紀夫**(1925－1970)

自伝的作品『仮面の告白』(1949)で文壇での地位を得て以降、『金閣寺』(1956)など発表し、美的死生観、様式美への憧憬を昇華させて唯美的世界を構築した。ナショナリズムに傾斜し、「楯の会」を結成。長編『豊饒の海』(1965－1970)を書き上げたその日に自衛隊の駐屯地に入り、隊員に決起をうながす演説のあと割腹自殺した。戯曲『鹿鳴館』(1956)なども残した。

♣**安部公房**(1924－1993)

前衛的手法による『壁─S・カルマ氏の犯罪』(1951)で芥川賞を受賞し、以降、同様の手法で現代の人間関係や孤独を追及した。『砂の女』(1962)は世界各国に翻訳された。小説はほかに『燃え

つきた地図』(1967)、戯曲は『友達』(1967) などがある。

♣ 大岡昇平(おおおかしょうへい)（1909－1988）

第二次戦後派に属するが、作風には第一次戦後派作家に共通するところがある。戦争中召集されてフィリピンでアメリカ軍の捕虜となり、その経験を作品化した『俘虜記(ふりょき)』(1948)で横光賞を受け、作家としてデビューする。続いてフランス心理小説やスタンダールに倣った長編恋愛小説『武蔵野夫人』(1950)を発表する。『野火(のび)』(1951)はレイテ島での捕虜生活中に捕虜仲間から聞いた体験談に基づいて孤独な極限状況のなかで人肉食(じんにくしょく)や神の問題に直面する敗兵(はいへい)を描く。『レイテ戦記』①(1967－1969)はレイテ島での決戦を再現し戦争への厳しい批判を込める。二作とも戦争文学の代表作である。また、「ケンカ大岡」と呼ばれるほど文壇有数の論争家であり、言動が物議(ぶつぎ)を醸すものも少なくなかった。

♣ 島尾敏雄(しまおとしお)（1917－1986）

戦争体験を基に『出孤島記』(1949)を書き、第1回戦後文学賞を受賞した。戦争小説のほかに『死の棘(とげ)』(1960)など家庭生活を描いた作品もある。

♣ 堀田善衛(ほったよしえ)（1918－1988）

上海で終戦を迎え、その体験から『波の下』(1948)を発表した。アジア、アフリカ作家会議に出席し、インド、ソ連、中国、アフリカなどを歴訪し、国際的な視野に立った作家活動を展開した。

---

① レイテ：レイテ島。フィリピン東部諸島の一つ。中国語訳「莱特島」。

（二）三島由紀夫

三島由紀夫（1925－1970）は小説家、劇作家。独自の美的世界を構築すると同時にナショナリズム的色彩が強い作家で、海外にも翻訳紹介されている。

本名を平岡公威という。東京生まれ。祖父も父も官僚を務めた。父母は健在であったが、生まれてから学習院中等科（中学校相当）に上がるまで祖母に育てられた。その祖母の家は江戸幕府の徳川将軍と関係があり、大名家族意識の強い女性で、三島の幼少期は祖母の絶対的な影響下に置かれた。生まれつき病弱であり、5歳のときに血を吐き死に瀕した。それ以来祖母は三島由紀夫を厳格に管理し、外出を禁じて部屋に閉じ込め、過保護な教育を行う。その祖母は戯曲や小説を好み、後年三島の小説家、劇作家としての素養も培った。

10代に社会の激動期を経験した。1936年は二・二六事件[①]が起こり、1937年は盧溝橋事件が発生し、1941年は太平洋戦争が始まり、1945年は20歳で敗戦をむかえた。変動期の体験と、敗戦を何ものかの喪失と感じた時代感覚は、のちに三島の文学性を形づくる。

1944年学習院高等科を首席で卒業して東京帝国大学に入学した。1945年軍隊の入営通知を受け、三島は戦地で死ぬ覚悟をし、前もって遺書を書いていたが、入隊審査のとき軍医の誤診で戦争

---

① 二・二六事件：1936年、陸軍青年将校22人が昭和恐慌や貧窮する農村を背景に政治改革を目指し、下士官と兵1400人余を率いて起こした反乱である。

を免れ、帰郷となった。戦後の1946年、『煙草』を持って川端康成の家を訪れ、文壇に登場させてもらった。翌年東大を卒業して大蔵省(おおくらしょう)銀行局に勤務し、その傍ら創作を続けたが、両立が難しく、1年足らずで大蔵省を辞職して創作活動に専念した。

　自伝的小説『仮面の告白』(1949)は「私」の幼時から青年期までを、性の意識を中心にえがいた。「私」の生い立ち、祖母を中心とした家族との関わり、学友に対するに同性愛的思慕、友人の妹との恋愛と結婚への逡巡(しゅんじゅん)などの出来事が、戦中と戦後期の時代背景の中に描かれ、「私」の異常な性的傾向の告白、苦しむ自分、冷静な分析の論理的文章で綴られている。それからも『禁色(きんじき)』(1951)、『秘楽(ひぎょう)』(1953)など同性愛、不倫、死、破滅などが主題に現れる作品を書いたが、『潮騒(しおさい)』(1954)は若い無邪気な恋人同士の漁夫と海女(あま)がいくつもの障害や不運を乗り越え、成就するまでを描いた純愛物語として、異色の存在となっている。

　『金閣寺』(1956)は実際の事件を執筆契機として、美的死生観、様式美への憧憬を昇華させて唯美(ゆいび)的世界を構築した。割腹を理想化した短編小説『憂国(ゆうこく)』(1961)は二・二六事件から題材を取った作品である。事件で青島(あおしま)という中尉が割腹自殺してその妻も後追い自殺を図った。更に岡沢(おかざわ)という軍曹も、反乱軍を鎮圧しなければならない立場にいたが、その反乱軍の中に自分の恩師がいたため葛藤があり、拳銃自殺をした。三島由紀夫の『憂国』の主人公武山信二(たけやましんじ)は上記の二人をモデルに作られている。事件に際して、同じ軍人が反乱軍と鎮圧軍に分かれて戦いあうことに理不尽さを

近現代編

思い、割腹自殺を遂げ、妻も後を追って自殺するのである。物語の主題は武山の死に様(ざま)にあり、割腹の場面がリアルに描写されている。傑作とされる4部作の長編『豊饒(ほうじょう)の海(うみ)』(1965－1970)は貴族の恋愛、右翼的青年の行動、男女関係、少年と老人のせめぎ合いが扱われた。夢と輪廻転生(りんねてんしょう)にもとづいて書かれた作品である。

思想はナショナリズムに傾斜し、「楯(たて)の会」を組織するなど軍国的な行動も示した。1968年10月、民間人の編成による軍隊「楯の会」を結成した。会員は無給であるが制服や制帽、軍靴を支給された。会の運営費は三島由紀夫が負担した。1970年『豊饒(ほうじょう)の海(うみ)』を書き上げた日、三島由紀夫は「楯の会」の幹部格の学生森田、古賀などの4人を引き連れて陸上自衛隊駐屯地に籠城(ろうじょう)し、憲法改正を訴える演説(えんぜつ)をした。日本国憲法第9条がある限り自衛隊は違憲の存在であり、三島由紀夫は自衛隊が本当の国軍となって日本が目覚めることを説いた。演説の後、割腹し、森田が介錯(かいしゃく)した。その直後に森田が割腹し、古賀が介錯(か)した。民族主義に駆り立てられ、自衛隊を正式な軍にするべきだと主張した。これが三島事件である。

小説のほかに戯曲『鹿鳴館』(1956)なども残した。

三島由紀夫

『金閣寺』紹介

　1950年7月2日未明、金閣寺全焼事件が起こり、現場近くにいた若い僧侶を放火容疑で逮捕した。不愉快な感情を処理できず犯行に走ったと解釈された。この事件が契機となって長編『金閣寺』が作られた。

　三島の『金閣寺』の主人公は重度の吃音(きつおん)で劣等感を持ち、金閣寺の完璧な美に圧倒され、醜い自分を美しい金閣寺とともに破滅させれば同一次元に立てるという思いから、戦中の空襲を免れた金閣寺を放火して自分も一緒に死のうと考える。結局、放火後、仕事を終えた人のように、「生きよう」と思った。

　三島は金閣寺全焼という衝撃を執筆動機とし、美と破滅を中軸に虚構を作り上げた。代表的作品の一つで、戦中、戦後、金閣寺の幻影、友人の死、住職の背徳などの連続の中で、金閣寺を放火するに至るまでの学僧の心象を描く。硬質で精緻な文体の告白体の名文で綴った作品として、多くの評論家から日本文学を代表す

る傑作の一つと見なされている。

京都市にある金閣寺（鹿苑寺）

（三）安部公房

　安部公房（あべこうぼう）（1924－1993）は小説家、劇作家。海外でも翻訳紹介され、高く評価される。

　本名を安部公房（きみふさ）という。東京生まれ。父は中国医科大学（当時満州医科大学）の医師であり、安部公房は中国の瀋陽市（当時奉天市）で幼少期を過ごした。1943年東京帝国大学医学部に入学したが、その年文科系の学徒出陣（がくとしゅつじん）が実行されたが、安部公房は中国に行って開業医の父の手伝いをして終戦を迎えた。1946年帰国して1948年東大を卒業したが、国家医師試験を受験しなかった。

　シュルレアリスム[①]の手法を大胆に取り入れて文壇に新風を送った。短編『壁─S・カルマ氏の犯罪』（1951）を発表して芥川賞を受賞し、短編集『壁』を出版した。読売文学賞を受賞した『砂

---

① シュルレアリスム：シュールレアリスムともいう。超現実主義。

の女』(1962)は砂穴の底にいる女に遭遇し、そこから脱出を試みる男を描く。世界20ヶ国語に翻訳されて、フランス最優秀外国語文学賞を受賞し、安部公房の名声を高めた。『他人の顔』(1964)では爆発で顔を失った男が仮面をかぶり、人とのつながりを求める。『燃えつきた地図』(1967)は突然失踪した或るサラリーマンを捜索する探偵が、男の足取りを追跡しているうちに奇妙な事件に遭遇し、やがて探偵自身が自己を見失ってしまう物語。大都会の砂漠の中で次々と手がかりを失い、さまよう探偵の心象風景を通じ、都会人の孤独と不安が描かれている。『箱男』(1972)は浮浪者がダンボール箱を頭からかぶって街を徘徊する。『密会』(1977)は救急車に連れ去られた妻を求めて病院を探索する。戯曲に『友達』(1967)などがある。

また、1973年に「安部公房スタジオ」を結成して演劇活動を始めた。海外公演は好評であったが日本国内では好ましい評価が得られず、1980年に活動を停止した。文壇との付き合いも減っていって、80年代はほとんど作品を書かず、1993年急性心不全で死去した。

作品はいずれも奇妙な設定がなされ、前衛的である。奇想天外なアイデアは精緻な科学記述で裏付けられ、実在感を獲得している。その上で現代社会や人間への探求が文学的主題として据えられ、追求されるのである。現実を非日常的なものに置き換えて表現し、多重的な隠喩を用い、それぞれ読解しなければ本当の主題は見えてこない。

安部公房

『砂の女』紹介

　昆虫採集に来て迷い込んだ村で閉じ込められた教師を主人公に、脱出を図ろうとする主人公とそれを阻止しようとする村人の関係を描いた。主人公は砂漠の中の村で寡婦が住む家に滞在するように勧められる。村の家は一軒一軒砂丘に掘られた穴の底にあり、はしごでのみ地上と出入りできる。一夜明けるとはしごが村人によって取り外され、主人公は女とともに穴の下に閉じ込められ、同居を始める。村の家々は常に砂を穴の外に運び出さない限り、砂に埋もれてしまうため人手を欲していた。主人公は砂を掻きだす作業をしながら、さまざまな方法で脱出と抵抗を試みるのだが、一旦脱出するチャンスが目の前に現れると、その気力を失った。

　安部の他の作品と同様に隠喩が用いられ、現代社会の人間の象徴的姿を追求する作品である。砂掻き作業の重複と徒労は人間存在の虚無を象徴するもののようで、逃げ出そうとした主人公が脱出の気力を失うのは人間が環境や制度への適応性が現れ、その結

果によって求める自由はいったいどんなものか、自然に問われてくる。映画化もされており、また二十数国語で翻訳され、海外でも評価の高い作品である。

『砂の女』新潮社 2003 年版

五、第三の新人

（一）概要

　第一次戦後派、第二次戦後派と呼ばれた作家群につづいて現れたのは**第三の新人**で、第一次戦後派および後続の新人につづく 3 番目の新人群という含みをもって用いられた。昭和 20 年代後半の 1951 年から 1955 年にかけて文壇にデビューした新人作家たちで、戦後派が志向した長編小説とは対照的に短編小説を好んで書いた。戦後派と比べ、社会性や思想性が薄く、家庭と日常生活の再認識に向かい、非政治的な立場で日常性の危機を文学化した。私小説的に表現するところが特徴的で、近代日本文学の写実主義伝統への回帰をはかる傾向がある。芥川賞受賞で名声を高めた作家が多い。一般的には次のような作家が含まれる。

♣ 遠藤周作（1923－1996）

　日本人におけるキリスト教の信仰を主題にした作品で注目され、他の第三の新人らの傾向とは大きく異なっている。代表作に『白い人』(1955)、戦時下の捕虜臨床手術事件を題材にした『海と毒薬』(1958)、江戸初期の長崎を舞台にした『沈黙』(1966) などがある。『白い人』で芥川賞を受賞した。

♣ 安岡章太郎（1920－2013）

　悪友に憧憬して模倣する青年「僕」の心理・生活を描く『悪い仲間』(1953) と『陰気な愉しみ』(同年) で芥川賞を受賞した。旺盛な執筆活動を行い、多数の文学賞を受賞した。『志賀直哉私論』(1968) などの批評もある。

♣ 吉行淳之助（1924－1994）

　娼婦と交渉する独身のサラリーマンの感情葛藤を書く『驟雨』(1954) で芥川賞を受賞した。小説以外にもエッセイ、翻訳で活躍した。

♣ 庄野潤三（1921－2009）

　小市民のささやかな幸福の脆さを描く『プールサイド小景』(1954) で芥川賞を受賞した。1年のアメリカ生活を経てから、家庭生活を描く『静物』(1960) などを発表した。

♣ 小島信夫（1915－2006）

　英語教師の目線でアメリカに対する想いが込められている『アメリカン・スクール』(1955) で芥川賞を受賞した。大学教授を務める傍ら創作活動や翻訳に励み、多数の文学賞を受賞した。谷崎

潤一郎賞を受賞した『抱擁家族』(1965)の中で、妻の情事をきっかけに崩壊し始まった家庭のたて直しを計る夫は、なす術もなく悲喜劇を繰り返し、次第に自己を喪失する。戦前、父親を支柱とした家族制度は倫理的な社会を形成していたが、戦後は音も無く解けて行く現実を描いている。

♣阿川弘之(あがわひろゆき)(1920－)

戦記ものというテーマがあり、第三の新人の中で異色的な存在を示している。戦争中は海軍に従軍したが、戦後間もなく志賀直哉の推輓により文壇に登場して作家となった。処女作『春の城』(1952)で読売文学賞を受賞したほか、海軍提督を描いた3部作『山本五十六(やまもといそろく)』(1965)は新潮社文学賞、海軍大将『井上成美(いのうえしげよし)』(1986)日本文学大賞など、数多く受賞した。広島県名誉県民。日本芸術院会員。日本李登輝友の会名誉会長。文化功労者、文化勲章受章。

(二)遠藤周作

遠藤周作(1923－1996)は第三の新人としてよく知られる作家であるが、西洋宗教と日本文化というテーマが創作に貫いているのは他の作家と比べて特徴的なところである。

東京生まれ、3歳のとき銀行員の父の転勤にともない中国の大連に移った。兄は学業成績が優れていたが、遠藤周作の成績は好ましくなく、劣等意識を持った。やがて父に愛人が出来て、両親は離婚した。10歳のとき、遠藤周作は母、兄と帰国し、伯母の家で生活し始めた。伯母の影響を受けてカトリック教会に通うよう

になり、母の懇望によって洗礼を受けた。日本人と西洋宗教の関係への意識はこの頃に生成された。後年父親の元の家に移った。日本文化風土との矛盾を感じ続けたが、この信仰を一生捨てなかった。

　フランスのリヨン①大学での留学から帰国して、大学の先輩の安岡章太郎との付き合いを通じて、庄野潤三、吉行淳之介、小島信夫らを知り、交流する。処女作『アデンまで』(1954)は仲間内で好評を得て２作目『白い人』(1955)で芥川賞を受けた。作品の舞台は第二次世界大戦中のドイツ占領下のフランス南東部の都市リヨンである。主人公は母から厳格な宗教教育を受けたにもかかわらず、人を虐(しいた)げることに喜びを覚え、挙句の果てに友人の神学生を裏切ってナチスの拷問にかけるが、友人は最後まで信仰心を捨てない。白い人すなわち西洋人における善悪や神の問題を追究する。

　それ以降も日本の多神教と西洋の一神教(いっしんきょう)との比較、日本の文化風土とキリスト教を母胎とする西欧の文化風土の比較考察を続けた。物語の展開もドラマチックであり、多くの読者を持った。『海と毒薬』(1958)は太平洋戦争中に、捕虜となった米兵が臨床(りんしょう)実験の被験者として使用された事件に題材した小説である。医師たちは生体解剖(せいたいかいぼう)という悪を成してしまうが、それが日本人の中に神が不在であり、善と悪が行動原理ではなく、容易に周囲に同調して動くからであるとした。『沈黙』(1966)は

---

① リヨン：フランスの南東部に位置する都市、フランスの第２の都市。中国語訳「里昂」。

江戸時代初期の長崎を舞台にした歴史小説である。『侍』(1980)は藩主の命令で西欧を訪れた侍がキリスト教に触れ、自らも信者となり、それが原因で帰国後に処刑された物語である。江戸時代初期の武将が家臣をスペインに派遣したことが小説のモデルになっている。『深い河』(1993)は悲しみなどを背負った5人の日本人がインド旅行に参加し、ガンジス河に癒しを得るという筋書きである。キリスト教は唯一神(ゆいいつ)であるが、キリスト教は宗教の違いを越えてあらゆる人々を包み込み救済するという作者の思想が表されている。遠藤周作はこれを自己の文学の総決算とした。

　文学活動も精力的に行い、三田文学会理事長、芥川賞の選考委員と日本ペンクラブ第10代会長も務めた。文化勲章も授与され、海外から大学の名誉博士号を授与されたり講演に呼ばれたりと世界的な評価も高い。おしゃれで痩身長躯すらりとした体つきに豪放磊落(ごうほうらいらく)の態度で、「狐狸庵山人(こりあんさんじん)」の雅号を名乗り、ユーモアに富むエッセイも多く手掛けた。作家以外に、社会的活動、ユニークな活動にも数多く携わった。

遠藤周作

『沈黙』紹介

「ローマ教会に一つの報告がもたらされた。」という文で始まる。それは、ポルトガルから日本に派遣された信仰心の強い教父がキリスト教禁教令を断行する徳川幕府の拷問に耐えかねて、ついに棄教したという報告であった。教父を恩師とし、尊敬していた3人の若い司祭（しさい）は日本に潜入するが、捉えられ、過酷な拷問を受け、聖母マリアやキリストを彫った木板（もくはん）を踏むという踏み絵を迫られた。司祭らは、神はなぜ沈黙を続けているのかと疑問を胸に抱く。

事件や実在の人物など史実を元にしながら小説としてのおり、文壇から高い評価を得た。遠藤周作独自のキリスト教観がしっかり構築されていることも評された。キリストの描き方を巡って教会や信者から非難はされたが、『沈黙』は翻訳されて海外でも広く読まれ、遠藤周作の作品の中で最も多く翻訳された作品となった。

六、中間小説

（一）概要

中間小説は戦後から現在にいたる文学現象である。純文学と大衆文学の中間にある小説の意で、純文学作品の芸術性と大衆文学の娯楽性を合わせもとうとするものとされる。

純文学と大衆文学の接近は、大正時代に菊池寛（きくちかん）や久米正雄（くめまさお）が通俗小説へ転身する時期にもその気運が現れ始めた。戦後になると、無頼派や戦後派文学の勃興と並んで、丹羽文雄（にわふみお）、石坂洋次郎（いしざかようじろう）、

舟橋聖一、石川達三、井上友一郎らが純文学と大衆文学の中間の道を進み始めた。「中間小説」という言葉は戦後1947年の雑誌『新風』（大阪書房）4月号の座談会で、小説家、文芸評論家の林房雄の「日本の小説を発展させる道は純文学と大衆小説の中央にある」との発言に対して、久米正雄がそれを「中間小説」と呼んだのが最初とされる。この語は次第に広まっていった。

　井上靖や松本清張の活躍とともに、五木寛之、井上ひさし、三好徹、有吉佐和子、司馬遼太郎、佐藤愛子などが各自人気を集めた。

　渡辺淳一（1933－2014）という作家も中間小説に分類できる。医学部出身の経歴を生かし、医療現場を舞台にした問題作を数多く執筆して人気を得る。その後は濃密な性描写の恋愛小説を手がけ、ブームを起こす。『死化粧』（1965）で第12回新潮同人雑誌賞を受賞し文壇にデビューした。西南戦争で同様の傷を負い、対照的な後半生を歩む2人の軍人を描いた『光と影』（1970）で直木賞を受賞した。他に『遠き落日』（1979）、『うたかた』（1990）などがある。1995年『日本経済新聞』に『失楽園』を連載し、97年には映画・テレビ化され一大ブームを巻き起こした。「失楽園」は97年度の新語・流行語のグランプリも受賞した。2003年紫綬褒章[①]を受章した。

　現在において、中間小説と他の文学の厳密な区分けも存在しな

[①] 紫綬褒章：日本の褒章の一つ。第二次世界大戦後の1955年に褒章条例の一部が改正され、紫綬褒章を新設して、それまでは藍綬褒章に含まれていた学術、芸術、発明などの顕著な功績に対し、授与することになった。

い。純文学派の作家が大衆的な読物の効果をねらって執筆することも多いし、純文学の理念自身も明らかでなくなったこともあるし、娯楽を求める大衆小説自体の地位も向上しつつある。また個々の作家、作品については、歴史・時代小説、推理小説、恋愛小説、冒険小説などといった分類に従って呼ばれることが多い。

(二) 井上靖

井上 靖（いのうえやすし）(1907－1991) は新聞小説家として知られ[①]、特に歴史小説で新境地を開いた。中国で翻訳、紹介の早い作家の一人である。

北海道生まれ。父は軍医、母は医家の長女。中学受験、高校受験にそれぞれ一度失敗し、大学も九州大学を中退して京都大学に入る1936年に卒業したとき既に28歳である。早年、回り道の人生を経験した。

卒業した年、懸賞小説に応募し千葉亀雄（ちばかめお）賞を受賞した。これがきっかけで毎日新聞大阪本社に入社し、宗教記者、のちに美術記者として長く勤務した。戦時召集されたが、病気を患い帰国した。終戦後の1950年『闘牛』を発表し、社運を賭した闘牛大会の実現に奔走する中年の新聞記者の情熱と孤独を描いて芥川賞を受賞した。翌年、小説に専念するために新聞社を退社し、それ以降、取材を兼ねた旅行を通して多くの長編・短編小説、随筆、紀行文を書き、新聞小説家として地位を確立した。巧みな構成で物語性

---

① 新聞小説：新聞連載小説。「郵便報知新聞」が小説掲載を決断した1886年以来、長きにわたって新聞連載小説は、新聞社にとっては読者獲得の有効な手段であり、作家にとっては重要な作品発表の場でもあった。

豊かで詩情に溢れる作風は広く愛されている。

　小説は歴史に基づいたもの、現代を舞台とするものに加え、自伝的色彩の強いものに大別される。

　日本史に基づいた作品には、戦国時代を舞台にした『風林火山』(1953)、『真田軍記』(1955)、『淀どの日記』(1955－1960)、平安末期を舞台にした『後白河院』(1984)、『万葉集』の女流歌人を描く『額田女王』(1968) など、ほかには日本・ロシアの交渉史の『おろしや国酔夢譚』(1966) などがある。

　中国をはじめ外国を題材にした作品には、鑑真と日本の僧を描く『天平の甍』(1957)、大帝国を築くチンギスハンを描く『蒼き狼』(1959)、西域の歴史を描く『楼蘭』(1958)、『敦煌』(1959)、弟子の言葉を通して作者の孔子観を語っている『孔子』(1989) などがある。

　現代を舞台にした作品では、芥川賞の『闘牛』(1950) のほかに、恋愛心理小説『猟銃』(1949)、ザイルが切れて墜死した友人の死の謎を追う『氷壁』(1956) などがあり、自伝的作品には、静岡県伊豆湯ヶ島の幼年時代の『しろばんば』(1960)、柔道に明け暮れた青春時代の『北の海』(1968) などがある。

　晩年は日本ペンクラブ会長を務め、この間に国際ペン東京大会を開催し成功させた。歴史作品を中心に各国語に翻訳され、会長時代にはしばしばノーベル賞候補とされた。1976年には文化勲章を受けている。最晩年のがんを除けば病気らしい病気もしなかったといわれ、文壇の酒豪番付の横綱常連で、60代、70代になって

も酒量が増え続けるほどだったといわれる。

井上靖

『敦煌』紹介

　主人公の趙行徳は科挙試験に失敗して気を落としていたとき、ふとしたきっかけで西夏(せいか)の女を助け、女から西夏の文字が書かれた一枚の布切れを渡された。西夏の文字を学びたいと思って西域へと旅発つ趙行徳は読み書きができるということから西夏の漢人部隊の指揮官に重用されるようになる。その時代には、西域には異民族が跋扈(ばっこ)し、敦煌は砂漠の中で異民族に取り囲まれた孤立した島のような状態となってしまっている。そして、趙行徳たちを最後の証人として敦煌がついには西夏に滅ぼされてしまうというのである。

　後世に発見された敦煌文献の由来を主題とする。敦煌の千仏洞から発見された西夏文字の経典や仏画をモチーフとして、これらの経典がいかなる経緯を持ってこの千仏洞に隠されるに至ったかに思いをはせ、小説化した作品である。井上の一連の「西域小説」の代表作とされ、1960年に、本作と『楼蘭』によって毎日芸術賞

を受賞した。1988年映画化され、多数の受賞もした。

『敦煌』新潮社1965年版

（三）松本清張

松本清張（1909－1992）は社会派推理小説という新分野を開いた作家として知られている。

福岡県生まれ、[①]本名を松本清張という。1953年に『或る「小倉日記」伝』で芥川賞を受賞。以降しばらく、歴史小説・現代小説の短編を中心に執筆した。1958年には『点と線』、『眼の壁』を発表。以後、犯罪の動機を重視する作風の推理小説で知られる。ほか、『日本の黒い霧』（1960）、『昭和史発掘』（1964－1971）などノンフィクション[②]作品をはじめ、太平洋戦争直後に端を発する時代の傷痕が生んだ連続殺人事件を描く『ゼロの焦点』（1959）、ハンセン氏病を物語の背景として都会の或る殺人事件

---

① 清張自身の話により、広島県とも推察されている。
② ノンフィクション：虚構を用いず事実に即して作られること。

を発端に、刑事の捜査と犯罪者の動静を描く『砂の器』（1961）などがある。

　作品は犯罪の社会的な深層原因を掘り出し、犯罪動機の追究と人物性格の描写と結びつけ、背後にある現代社会の仕組みを描き出した。新型犯罪を起こす都市変化、工業社会の構造への関心が見られ、社会・政治の暗黒面を暴露する。作品はたびたびドラマ化、映画化されている。

　1963年から日本推理作家協会理事長を務めた。推理小説、歴史小説のほかに、近代史・現代史に取り組んだ諸作品を著し、森鷗外や菊池寛に関する評伝を残すなど、広い領域にまたがる創作活動を続けた。1998年、北九州市立の松本清張記念館はその生涯と作品を紹介する目的で開館された。

松本清張
（松本清張記念館の公式ウェブサイト掲載）

『日本の黒い霧』紹介

　第二次世界大戦終結以後、1945年から1952年までの間に日本

で起こった10の諸事件とその背景が論じられた。戦争に敗れ、アメリカ軍の占領下、日本国内では奇怪な事件が連発した。国鉄総裁が轢死体(れきしたい)で発見された「下山事件」、福岡県列車脱線転覆の「松川事件」、帝国銀行で毒物殺人の「帝銀事件」、民間飛行機「もく星」号の墜落後の隠蔽工作、昭電・造船汚職の二大疑獄事件、現職警部が札幌路上で射殺された「白鳥事件」、ソ連書記官が東京で行方不明になる「ラストヴォロフ事件」……こうした事件の捜査は、占領軍と日本側の権力筋の強権によって妨害され、その背後には、当時日本を占領していた米国が陰謀の限りを尽くし暗躍する姿がある。多くの資料と小説家ならではの構成力が生かされ、そこに隠蔽された真実へ迫る。連載中から大きな反響を呼び、様々に議論を引き起こし、「黒い霧」という財政界の不正を言う流行語までも生まれた。関係者遺族の抗議が起こり、出版差止め要求が提出されるほどの衝撃作である。

（四）司馬遼太郎

司馬遼太郎(しばりょうたろう)（1923－1996）は現在でも広く読まれる歴史小説家である。文壇デビューはは高度成長期からであるが、他の中間小説作家とあわせて解説する。

本名を福田定一(ふくだていいち)という。大阪出身。その筆名の由来は「司馬遷に遼（はるか）に及ばざる日本の者（故に太郎）」から来ているという。薬局の家に生まれ、中学校時代から読書を好み、古今東西のあらゆる分野の書物を読破する。1942年19歳のとき大阪外国語学校（今の大阪大学外国語学部）モンゴル語学科に入学し、ロ

シア文学や司馬遷を愛読した。1943年20歳で学徒出陣で戦争に駆り出され、戦後に復員して1946年新聞社に入り、のちに産経新聞に転職した。京都の寺社、京都学派の学者を取材するなど、後年の歴史小説やエッセイを執筆する種となる出会いがあった。

記者の仕事が9年ほど経ってから文学作品を書き始めた。忍術使いの『梟の城』(1959)で直木賞を受賞し、それをきっかけに産経新聞を退職し、専業作家の道を進んだ。戦国時代や幕末、明治などの変革期に題材をとった歴史小説を数多く執筆した。『燃えよ剣』(1964)は江戸時代末期の新撰組①の副長・土方歳三の生涯を描く。主人公は尊皇派の志士や新政府軍と戦って戦死した。『竜馬がゆく』(1963-1966)は幕末維新を先導した坂本龍馬(竜馬)を主人公とする。18歳のとき黒船来航に衝撃を受けた坂本龍馬が勝海舟に師事し、軍艦を手に入れようと奔走する姿を描いた。『国盗り物語』(1963-1966)は斎藤道三編・織田信長編の二編構成からなり、一介の油売りから身を起し美濃②一国を手に入れた斎藤道三、道三の娘婿であり、尾張③一国から天下布武を押し進めた織田信長を主人公とした作品。『竜馬がゆく』『国盗り物語』の両作で菊池寛賞を受賞した。それから歴史小説家として旺盛な活動を本格化した。『坂の上の雲』(1968-1972)は陸軍軍人の秋山好古、海軍軍人の秋山真之、正岡子規を主人

---

① 新撰組：幕末に、京都において反幕府勢力を取り締まる警察活動に従事した武力団体で、のちに旧幕府軍の一員として戊辰戦争を戦った。

② 美濃：今の岐阜県の南部。

③ 尾張：今の愛知県の西部にあたる。

公にして明治を近代日本の勃興期として描く。また、明治天皇の死に際して自殺した陸軍大将の乃木希典(のぎまれすけ)を通して日本人の精神を追究した『殉死(じゅんし)』(1967)で毎日芸術賞を受賞した。『飛ぶが如く』(1975－1976)は西郷隆盛(さいごうたかもり)を主人公に明治維新から西南戦争まで描く。古代中国にもとづいた『項羽(こうう)と劉邦(りゅうほう)』(1980)もある。他にも膨大な量の歴史小説を作成し、紀行文や随筆もある。**『街道をゆく』**(1971)などの紀行随筆で文明批評も行った。対談の名手で、各界の名士と日本史、日本語、日本人について独自の意見を述べる。1991年文化功労者として選ばれ、1993年文化勲章を受けた。

　司馬遼太郎は自ら歴史小説家と規定しており、その新しい視点と斬新な描写で彼自身の歴史観を作っていて、「**司馬史観**」といわれている。司馬は資料収集をとても重視する。創作する際に人物中心主義の流れを汲んでおり、それに作者が好意を持つ人物を主人公として取りあげる。歴史の大局的な叙述とともにゴシップを多用して登場人物を素描(そびょう)し、人物の内面描写にはそれほど深入りせずに客観的な描写が中心で、それまでの日本歴史小説の伝統から見れば特徴的である。司馬に肯定的な立場の評論家等は高い実証性を持った歴史小説の形式を確立したことを採り上げ、それまでの講談風のものと違って上質な娯楽として読むに足る物として高く評価されてきた。

　一方、司馬への批判も見られる。文章面において、物語と直接関係ないエピソードや自身の経験談をちりばめていくことから長

編の構成力が弱いことも指摘される。実証性の面からもしばしば批判されることがある。歴史認識の面において、「戦争、植民地支配を美化・正当化している」という批判があるが、その反面、「大東亜戦争を否定する自虐史観」という批判も見られる。このような論争は、司馬の作品をどう解釈するかという側面もある。ほかに、明治時代の肯定と昭和時代の否定に対して、偏向も指摘される。

日本の一般国民の中で、司馬の作品はよく読まれ、広い読者層を得た。ベストセラーかつロングセラーとなり、また多くがテレビドラマ化、映画化されている。普通民衆の持つ歴史上の人物像は司馬作品を通して作られた部分が大きいと言ってもいい。亡くなった以降、関連の記念財団や記念館が発足される。日本社会に広く影響を与えた「国民的作家」と言われているのは、近代日本の国家像の積極的なイメージを作り出したことによるところが大きいと言えよう。

『坂の上の雲』紹介

秋山好古、秋山真之の兄弟と正岡子規の３人を主人公に、松山出身の彼らが明治という近代日本の勃興期をいかに生きたかを描いた。贏弱（るいじゃく）な基盤しか持たない近代国家としての日本を支えるために、青年たちが自己と国家を同一視し、自ら国家の一分野を担う気概を持って各々の学問や専門的事象に取り組む明治期特有の人間像として表現している。好古における騎兵、真之における海軍戦術の研究、子規における短詩型文学と近代日本語による散文の改革運動など、それぞれが近代日本の勃興期の状況下で、代

表的な事例として丁寧に描かれている。日露戦争での秋山兄弟、他に他の将官や、各戦闘で中心的な役割を果たした師団と日本海海戦についての記述に紙幅が割かれている。著者の代表作の一つとされる人気作品で、読み手によりイデオロギーのさまざまな解釈が利き、発刊当時から議論や評価も幅広く起こした。

司馬遼太郎

司馬遼太郎記念館外観（大阪府東大阪市）

練習問題と研究課題

一、空欄を書き込めなさい。

1. 戦後の日本は多くの流派が文壇デビューした。1945年12月30日に民主主義文学の普及を目指して＿＿＿＿＿＿会が結成さ

れた。同じく戦後直前に出現したのは、既成文学全般への批判に基づき、反権威、反道徳的言動を示した＿＿＿＿派、戦争体験を軸に文学を創造する方向性を持ち、社会問題に積極的に発言した＿＿＿＿派がある。ついでに社会性や思想性が薄く、人間の喜怒哀楽を私小説に表現する＿＿＿＿＿＿の作家群がデビューし、短編小説を好んで書いた。一方、伝統的な私小説、純文学と大衆文学の間に位置づけた中間小説も発展を遂げた。

　2. 戦後いち早く動きを見せたのは元プロレタリア文学者によって発起された民主主義文学である。＿＿＿＿＿＿＿は『播州平野』、『二つの庭』、『道標』を発表した。＿＿＿＿＿＿は『妻よ眠れ』などを書いた。他に、この派に関係ある多くの女流作家も活躍している。＿＿＿＿＿＿の抒情溢れる『二十四の瞳』(1953)は反戦小説としてベストセラーになった。

　3. 無頼派は終戦直後に出現した文学流派で、＿＿＿＿＿は『斜陽』、『人間失格』を書いて世相への否定的な態度を表した。＿＿＿＿＿＿＿は随筆『堕落論』と小説『白痴』を発表して人気作家となる。＿＿＿＿＿＿は戦後に『黄金伝説』、『処女懐胎』、『焼跡のイエス』などを発表して無頼派作家となる。

　4. 戦後派には第一次戦後派と第二次戦後派がある。＿＿＿＿＿＿＿は『真空地帯』を書いて日本の軍国主義を批判した。＿＿＿＿＿＿＿は『深夜の酒宴』、『重き流れのなかに』で文壇に出た。＿＿＿＿＿＿は『桜島』、『日の果て』を発表した。大岡昇平は俘虜経験を作品化した＿＿＿＿＿＿＿、恋愛小説＿＿＿＿

＿＿＿＿＿、飢えた敗兵の人肉食と神の幻想を題材にした＿＿＿＿＿＿、レイテ島における死闘を題材にして再構築した＿＿＿＿＿＿＿を出した。＿＿＿＿＿＿は『仮面の告白』で文壇での地位を得て以降、『金閣寺』などの作品を発表した。＿＿＿＿＿＿＿は前衛的手法による『壁』、『砂の女』を出して世界各国に翻訳された。

5. 戦後派の続きとして、短編小説を好んで書いた第三の新人が登場した。＿＿＿＿＿＿は『悪い仲間』と『陰気な愉しみ』で芥川賞を受賞した。＿＿＿＿＿＿は『驟雨』で芥川賞を受賞した。遠藤周作は第三の新人の中で異色的な存在で、日本人におけるキリスト教の信仰を主題にした作品で注目された。ドイツ占領下のフランスの都市リヨンを舞台にした＿＿＿＿＿＿で芥川賞を受賞した。戦時下の大学医学部の医師が捕虜のアメリカ兵に臨床実験手術を施したという事件を題材にした小説＿＿＿＿＿＿、江戸時代初期の長崎を舞台にした禁教事件を書く＿＿＿＿＿＿、江戸時代初期の武将が家臣をスペインに派遣したことを元にした＿＿＿＿＿＿、5人の日本がインド旅行に参加してガンジス河に癒しを得る＿＿＿＿＿＿などがある。

6. 井上靖は1950年＿＿＿＿＿＿を発表して芥川賞を受賞した。中国などの周辺国家を題材にした作品には、鑑真と日本の僧を描く＿＿＿＿＿＿、大帝国を築くチンギスハンを描く＿＿＿＿＿＿、西夏と敦煌の歴史を描く＿＿＿＿＿＿などがある。日本史にもとづいた作品には、戦国時代を描く＿＿＿＿＿＿、＿

＿＿＿＿＿＿、『万葉集』の女流歌人を描く＿＿＿＿＿＿などがある。現代を舞台にした作品では、ザイルが切れて墜死した友人の死の謎を追う＿＿＿＿＿＿などがある。

　7．松本清張は＿＿＿に＿＿＿＿＿＿で＿＿＿を受賞した。＿＿＿＿＿＿、＿＿＿＿＿、＿＿＿＿＿＿など、犯罪の動機を重視する作風の＿＿＿＿＿で知られる。

　8．司馬遼太郎は＿＿＿＿＿＿で直木賞を受賞してから専業作家の道を進んだ。＿＿＿＿＿＿は幕末維新を先導した坂本龍馬（竜馬）を主人公とする。＿＿＿＿＿＿は斎藤道三、織田信長を主人公とした作品である。＿＿＿＿＿＿は明治を近代日本の勃興期として描く。小説以外に、紀行文や随筆もあり、＿＿＿＿＿＿などの紀行随筆で文明批評も行った。

　二、**質問に答えなさい。**

　1．新日本文学会とプロレタリア文学運動の関係を結びつけて論じなさい。

　2．無頼派の特徴は何ですか。

　3．太宰治は戦時下、どんな作品を書きましたか。

　4．戦後派の特徴は何ですか。

　5．三島由紀夫の死に対する考えはどのように作品に反映していますか。

　6．安部公房の文学の特徴を述べなさい。

　7．第三の新人の特徴は何ですか。

　8．遠藤周作の文学テーマを考えなさい。

9. 大江健三郎の文学の方向性について述べなさい。

10. 井上靖の記者生活は文学にどのような影響を与えていますか。

11. 松本清張の推理小説の特徴を簡単に述べなさい。

12. 司馬遼太郎の歴史観についてどう考えますか。

三、論文作成の手がかり

✽民主主義文学研究（戦後民主主義文学の発展、宮本百合子の反戦思想および女性自立意識、壺井栄文学の反戦思想）

✽無頼派研究（無頼派誕生の背景・特徴・意義、その文芸思想と戦後文学方向転換との関係、太宰治の作品に見る罪の意識とその人生観）

✽三島由紀夫の人と文学（幼少期の経験、美に対する考え、死に対する考え、死の感覚においての川端康成との比較、右傾的思想と作品）

✽安部公房研究（実存主義、鮮明な主題、超現実性、象徴性、各作品の解読、村上春樹との比較、大江健三郎との比較）

✽戦後派文学研究（戦争文学の主題分析、その盛衰の社会背景および日本文学への影響）

✽大江健三郎研究（実存主義の変容、文学における伝統と現代、叙事手法の考察、隠喩手法の考察、人道主義、川端康成との比較、中国の大江研究・翻訳）

✽井上靖の人と文学（職歴と小説の創作、歴史小説に見る中国像、歴史小説の悲劇的美意識、『蒼き狼』の心理描写、『孔子』に

見る儒学認識、森鴎外・芥川龍之介・井上靖の歴史小説の比較)
　❖松本清張研究（推理小説の社会意義、各作品の解読）
　❖司馬遼太郎研究（作品に見る日露戦争観、作品に見る歴史観・人間観・英雄観、作者に対する社会評価の背景）

現代文学（高度成長から）

一、社会、文学の発展

　日本の高度経済成長期から現在に至る文学を解説する。

高度経済成長期

　高度成長期は50年代半ばから1973年まで石油ショックの20年近く、飛躍的に成長を遂げた時期の日本経済をいう。1955－1964の昭和30年代を前期、1965－1973の昭和40年代を後期[①]とされる。

　高度成長前期、日本経済は目覚しい発展を遂げた。朝鮮戦争によってもたらされた経済復活を経て、1955年前後には、国民所得が戦前を上回る水準に達した。消費革命の時代が幕を開けようとしていた。「神武景気」（じんむけいき）（1954－1957）から「岩戸景気」（いわとけいき）（1958－1961）[②]にかけて、重化学工業をはじめとする民間の設備投資によって高度経済成長が支えられた。設備投資や技術革新は、新たな需要を生みだし、不足した労働力は地方から集団就職などによって補われました。とくに若年労働層は、第二次産業の基盤を支える「金の卵」ともてはやされるとともに、新しい市民として、都市文化の担い手となりました。テレビ・洗濯機・冷蔵庫の「三

---

　① 第1期、転型期、第2期に分ける説もある。第1期（設備投資主導型）は1955年から1961年12月まで、転型期は1962年1月から1965年にかけて、第2期（輸出・財政主導型）は1965年から1973年までという。

　② 神武景気：初代の神武天皇以来の好景気ということからの名。岩戸景気：神武景気を上回る好景気から、神武天皇よりさらに遡って「天照大神（あまてらすおおみかみ）が天の岩戸に隠れて以来の好景気」として名づけられた。

種の神器」をはじめとする耐久消費財が急速に普及し、結果として生活時間の配分にも大きな影響を与え、家事労働の低減化による女性の社会進出を可能とさせた。1960年、安保闘争で倒れた岸内閣の後を引き継いだ池田内閣は所得倍増計画を発表し豊かな生活を約束した。経済成長率を9%前後で持続し、10年間で国民総生産・国民所得ともに倍増させようという予想だったが、日本の経済成長はそれ以上に推移し、経済大国への道を歩み始めた。またこのころ相次いだ東京タワー建設・新幹線開通・東京オリンピック開催などの国家的イベントは、子供の好物の代名詞「巨人・大鵬・卵焼き」①とともに、日本人が「敗戦」の記憶を彼方に押しやり、経済大国に向かって躍進する日本のすがたを象徴するものだった。

東京タワー（1958年竣工）

東京オリンピック開会式で整列する各国競技団（1964）

① 巨人はプロ野球の巨人軍、大鵬は大相撲の横綱の大鵬、卵はまだ高価な食品。「巨人・大鵬・卵焼き」は当時の流行語で、時代の象徴とされている。

1965年から高度成長後期に入り、約5年の長期に及んだ「いざなぎ景気」(1965－1970)①は日本製品の盛んな海外輸出によって主導された。終身雇用・年功序列といった安定的な労使関係を基調とした日本型の雇用慣行は、「会社人間」、「企業戦士」と形容される勤勉なサラリーマン層を生み出し、より高度経済成長を加速化させました。国民総生産（GNP）が世界第2位へと躍進するとともに、階層間・地域間格差の縮小傾向を背景に、全国民の9割までが中流意識をもつに至り、社会は天下太平、奢侈安逸の「昭和元禄」のムードにあふれた。

大阪万博開催中の会場（1970）

　しかし、1973年第四次中東戦争の勃発にともない、OPEC（石油輸出国機構）加盟国は原油生産の削減・原油価格の大幅引き上げなどの石油戦略を打ち出し、第一次**オイルショック**が引き

---

① いざなぎ景気：神武景気や岩戸景気を上回る好況という意味を込めて名付けられた。「いざなぎ」とは日本神話で、天つ神の命をうけ日本列島をつくったとされる男神「伊弉諾尊」から。伊弉諾尊は天照大神・素戔嗚尊の父神。

起こされた。使用する石油のほとんど全てを輸入原油に依存してきた日本経済は、まともに直撃を受け、電力・ガス・石油化学製品などの値上げをうながすとともに、消費者の「買いだめ」や、売り手側・企業側の「売り惜しみ」等が派生するに及んで、激しい物価上昇が引き起こされた。日本の経済成長率は、高度成長期の9％以上の成長から5％台へ低下し、高度経済成長期は終焉を迎えた。

　高度成長期の日本経済は目覚しい発展を遂げた。太平洋沿岸にはコンビナートが立ち並び、財閥系企業もこの時期に立ち直った。所得の増加や耐久消費財の普及によって人々の生活水準を向上させ、現在の物質的に豊かな日本の原型となった1968年には国民総生産（GNP）が、当時の西ドイツを抜き第2位となった。終戦直後の復興から続く一連の経済成長は「東洋の奇跡」（英語では「Japanese miracle」）と言われ、日本人独特の「勤勉」、「和の文化」等が要因として挙げられた。一方では、高度成長の中で社会の歪みも次第に表面化していた。経済優先政策は社会公共投資や福祉支出という基盤整備を後回しにした。「集団就職」「通年出稼ぎ」等にみられるような農村から都市への大量の人口移出をもたらし、「三ちゃん農業（じいちゃん・ばあちゃん・かあちゃん）」の言葉とともに、今日につながる農村社会における過疎化・高齢化の原因を作り上げた。環境破壊も起こり、水俣病（みなまたびょう）・イタイイタイ病・四日市（よっかいち）ぜんそくをはじめとする各種の公害や、乱開発による住環境の悪化、ゴミの増加などをまねき、後々まで深い傷跡を

残した。**大江健三郎**などの作家、「**人間として**」、「**内向の世代**」はこの時代を背景に登場した作家で、社会的・人間的な思考を深め、さまざまな問題を意識して筆を執った。

安定成長、バブル経済以降

　高度成長後の1973年12月からバブル崩壊の1990年代初頭までは安定成長期とされる。

　1980年代後半、日本は円高が進んで日本の製品が高くなり、外国へ売りにくくなっていった。そして国は、お金を安く貸してくれるようになり、そして、借りられるうちに借りてしまおう、という人が増え、お金の使い道に困っていた。そこへ目についたのが、株や土地で、そして株も土地も値段が上がっていき、その絶頂期の1989年頃には投資が活発となり、「平成景気」と呼ばれるが、実体経済の成長では到底説明できないほどの資産価格上昇を伴うバブル経済であって、やがてバブル崩壊が発生した。1991年2月、不動産向け融資の総量規制をきっかけに、株や土地などの資産は下落し、利益を当てにして過大な投資をしていた企業や投機家が多大な損失を抱える事態となった。1973年12月より17年以上続いてきた安定成長期はこれで終焉を迎えた。経済成長率は、90年までの15年間は年平均4％以上で推移していたが、91年から大幅に鈍化し、92年以降はほぼ0から2％台を維持し、時々マイナスともなった。[①]

[①] 90年以降成長率がマイナスとなった年は1998、1999、2008、2009、2011年である。

ロックフェラー・センター（ニューヨーク）
1989年、三菱地所が約2000億円で購入した

　バブル崩壊以後、消費や雇用に悪影響を及ぼし、長期の不景気、デフレーションになった。そのような状況であった1990年代から2000年代初頭までの経済を「失われた10年」などと呼ばれ、その低迷が改善に向かわなかったため、失われた10年と2000年代以降の経済を併せて「失われた20年」と呼ばれるようになった。政府は消費税増税、構造改革など様々手を打って部分的に効果があったが、全面的回復はできなかった。1995年阪神淡路大震災、2011年東日本大震災、福島第一原子力発電所事故、米国債ショックなどが起こり、経済にも少なからず影響を与えた。現在でも不景気に陥ったままで、「失われた30年」になるか、将来の見込みが懸念されている。

近年消費税増税をめぐる議論

　現代の日本は、経済の高度的発展を経て貧困を駆逐し、豊かな社会を実現したように見える一方、孤独、疲弊(ひへい)、無気力、意欲喪失などさまざまな不安が日常を侵食している。この中で、表現も単純で娯楽性の強いミステリー小説が大流行し、過去の栄光への憧れから歴史・時代小説が根強い支持を受け、永遠の文学テーマを扱う恋愛小説も相当な人気を保っている。特に**村上春樹**、**村上龍**、**吉本ばなな**などの作家は人間や社会の直面する問題を意識しながら作品の中で現代人の空虚感、喪失感、無力感を描き、自分の視点から現代社会を表現している。メディアの発達によってもたらされたグローバル化のもとで、現代日本人の関心、抱える問題は世界的共通性を持つものとなり、日本の人気作家は海外でも大いに翻訳・研究され、国際化の時期も迎えた。

二、大江健三郎と同時代作家

（一）概要

　高度成長前期にあたる 1955 年から 1964 年までの昭和 30 年代

に、社会・政治への関心が強い作家群がデビューした。高度成長社会の経済支配体制とその秩序に対し思考を深め、思想性の強いところが第三の新人と異なり、戦後派と共通している。次のような作家が含まれる。

♣大江健三郎（1935－）

東京大学在学中に『飼育』（1958）で芥川賞を23歳で受賞した。1956年の石原慎太郎に続いて当時最年少での受賞となった。実存主義の影響を受けた作家として登場し、新しい文学の旗手として認められる。「個人的な体験」（1964）、「万延元年のフットボール」（1967）、「同時代ゲーム」（1979）などを相次いで発表、共同体と個人の関係、障害のある子との共生などのテーマをふかめ、豊かな想像力と独特な文体で現代的なテーマを描いている。戦後日本の閉塞感と恐怖をグロテスクな性のイメージを用いて描くのも特徴として挙げられる。1994年ノーベル文学賞を受賞した。戦後民主主義者を自認し、国家主義、特に日本における天皇制には一貫して批判的な立場を取っている。1960年訪中以来、中国訪問、アジア・アフリカ作家会議参加などの活動をした。近年の中日領土問題についても、過去に日本が侵略したものだと指摘する声明を発表した。

♣石原慎太郎（1932－）

大学生のときに『太陽の季節』（1955）で文壇に出て、翌年芥川賞を受賞した。23歳の学生作家の誕生にマスコミは騒ぎ立て、芥川賞の社会認知度も急上昇した。『太陽の季節』の登場人物は規制

の秩序を無視することから、無軌道に行動する青年男女を「太陽族」と呼んだ。ソニー前会長盛田昭夫との共著、『「No」と言える日本』(1989)はアメリカでも話題となった。1968年参議院選挙に当選した。1972年衆議院議員に転じ、環境庁長官、運輸大臣を歴任して1995年議員を辞職した。その後1999年東京都知事選挙に出馬して当選し、2012年10月辞職。2012年、次期衆議院選挙に出馬するため東京都知事を辞職。同年当選し17年ぶりに国政に復帰した。靖国神社参拝、中日領土権などの問題において中国と対立している。

♣ 開高 健(かいこうたけし) (1930－1989)

『裸の王様』(1957)で芥川賞を受賞した。専制の下で生きることの徒労、虚無感を記録した。ベトナム戦争に新聞社の特派員として参加し、その体験をもとに『輝ける闇』(1968)を発表し、毎日出版文化賞を受賞した。『玉、砕ける』(1978)で川端康成文学賞を受賞した。ほかに『パニック』(1957)、『日本三文オペラ(にほんさんもん)』(1959)などがある。ルポルタージュ、エッセイなども精力的に執筆し、社会問題を独自な文体で追究した。

開高健記念館の外観
(神奈川県茅ヶ崎市)

♣ 深沢七郎(ふかざわしちろう)(1914-1987)

放浪生活、ギター奏者という異色の経歴を持ち、姥捨山(うばすてやま)を主題にした『楢山節考(ならやまぶしこう)』(1956)が三島由紀夫、正宗白鳥らに絶賛されて文壇に出た。『風流夢譚(ふうりゅうむたん)』(1960)で天皇や皇族が殺害される場面を描き、右翼団体の猛烈な抗議を受けてからは創作から遠ざかった。「みちのくの人形たち」(1980)で谷崎潤一郎賞を受賞した。ほかに『笛吹川』(1958)『人間滅亡の唄』(1966)などがある。

ギター奏者としても活躍した深沢七郎

(二) 大江健三郎

大江健三郎(おおえけんざぶろう)(1935-)はサルトル①の実存主義の影響を受けた作家として登場し、新しい文学の旗手として認められる。多産の

---

① サルトル:Jean-Paul Charles Aymard Sartre、1905-1980。フランスの哲学者、小説家、劇作家。実存主義を主唱する。中国訳「薩特」。

作家で、ノーベル文学賞を受賞した二人目の日本人作家である。

　愛媛県の山村に生まれ、森林の大自然に囲まれて成長したことが人格や文学に大きな影響を与えた。小学校入学の年に太平洋戦争が始まり、中学入学の年に新憲法が施行された。大江健三郎は早くから戦後民主主義の支持者であった。1954年東京大学仏文科に入学し、サルトルの影響を受けた。在学中、『奇妙な仕事』(1957)を『東京大学新聞』に発表して平野謙(ひらのけん)らに絶賛され、『文学界』に『死者の奢り』(1957)を発表して川端康成、舟橋聖一(ふなはしせいいち)らに注目され、学生作家として華々しくデビューした。翌年『飼育』(1958)で芥川賞を受賞した。23歳の受賞で、1956年の石原慎太郎に続いて当時最年少での受賞となって話題になった。

　1963年、長男が知的障害を持って生まれた。我が子が知的障害を持つということへの拒絶感や現実逃避を経て最終的に受容して子供と共生する精神遍歴を『個人的な体験』(1964)で表現した。原爆の被害にあった広島を訪れ、世界原水爆禁止大会に出席し、原爆の悲劇を記録した『ヒロシマ・ノート』(1965)を書いた。多産の作家で次々と新作が創られている。『芽(め)むしり仔(こ)撃ち』(1958)は太平洋戦争の末期、山奥の村に集団疎開する感化院の少年たちを描いている。四国を舞台にする『万延元年のフットボール』(1967)は安保闘争の時代背景と大江の戦後民主主義的思想が強く投影し、戦後文学の代表作品にもされている。『洪水はわが魂に及び』(1973)は息子の影響を受けた作品群の一つである。『同時代ゲーム』(1979)は四国を舞台にする書簡体長編小説で、反

体制思想が押し出されている。『懐かしい年への手紙』(1987) は故郷である四国、安保闘争、障害児などが背景に置かれている。

　1994 年、「詩的な言語を用いて現実と神話の混交する世界を創造し、窮地にある現代人の姿を、見る者を当惑させるような絵図に描いた」という理由でノーベル文学賞を受賞し、基調講演は川端の「美しい日本の私」をもじった「あいまいな日本の私」というものであった。その後も精力的な創作欲を示し、故郷である四国の森を舞台に新興宗教めいた動きを描く**『燃え上がる緑の木』**(1993－1995)、新興宗教のリーダーと信者、協力者を描く『宙返り』(1999)、かけがえのない友の死を濾過（ろか）した**『取り替え子(チェンジリング)』**(2000)、戦時中に急逝した父親をモデルに、死の真相をさぐる形をとる**『水死』**(2009) などを発表するほか、随筆、文学評論も多く出している。創作のかたわら、文学活動にも尽力している。2006 年、次代の若き作家を対象とする大江健三郎賞が設立され、2014 年 8 回で終了した。

　作風として、文学の手法は谷崎潤一郎や川端康成らの日本の伝統的美学に拠るのではなく、大岡昇平や安部公房と同じく西欧の小説技術を模範としている。豊富な外国文学の読書経験などにより独特の文体を練り上げていき、豊かな想像力で現代的なテーマを扱っている。共同体と個人の関係、核や国家主義などの人類的な問題と、故郷である四国の森や、知的障害者である長男（作曲家の大江光）との交流といった自身の体験、さまざまな経験や思想を換骨奪胎して織り込み、それらを多重的に輻輳（ふくそう）させた世界観

を作り上げた。戦後日本の閉塞感と恐怖をグロテスクな性のイメージを用いて描くのも特徴として挙げられる。90年代あたりから文学の作風に変化が生じ、実験的、前衛的な傾向から身辺雑記的な題材を扱う私小説に傾く傾向が見られる。

大江健三郎

政治思想において、戦後民主主義者を自認し、国家主義、特に日本における天皇制には一貫して批判的な立場を取っている。ノーベル文学賞は「スウェーデン国民から贈られたと言えるもの」として賞を受けたが、その直後に天皇からの親授式を伴う文化勲章と文化功労賞のセット授与が決定した際には、「私は、戦後民主主義者であり、民主主義に勝る権威と価値観を認めない」として受章を拒否した。政治に積極的に関わり、安保反対運動、核兵器反対運動に参加し、自衛隊の存在に対して否定的である。1960年「中国訪問日本文学代表団」の一員として開高健らとともに中国を訪れ、毛沢東、周恩来らと会見し、帰国後に「新日本文学会」に加入した。2006年に中国社会科学院の招きで訪中した。そのほかにも中国訪問、アジア・アフリカ作家会議参加など、国際社会を視野に入れた活動に力を注いだ。近年の中日領土問題について、釣魚島は過去に日本が侵略したものだという立場を示した声明を、文化人1300人と共同で発表した。

『個人的な体験』紹介

主人公の鳥(バード)は、日常・婚姻を束縛と見てアフリカへの冒険旅行を夢みていた。わが子が頭部に異常をそなえて生れてきたと知らされて、鳥は、深甚な恐怖感に囚われた。激しい葛藤をし、嬰児の死を願って愛人の火見子と性の逸楽に耽ける背徳と絶望の日々を過ごしたが、最後にアフリカ旅行の夢を放棄し、今後の人生を障害児と共生しようという決意をした。かつて絶望の淵に瀕した主人公は再生の希望を見つけた。

大江健三郎の長男大江光が脳瘤(脳ヘルニア)のある障害者でありその実体験をもとに書いた作品とされる。暗澹たる地獄廻りの果てに自らの運命を引き受けるに至った人間の魂の遍歴を描破している。

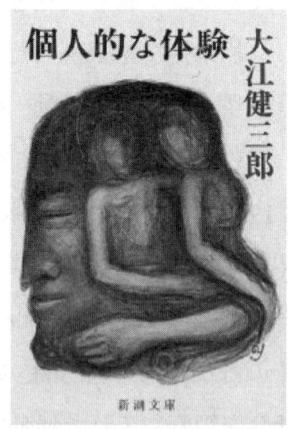

『個人的な体験』
新潮社1981年版

三、「人間として」

活躍時期はだいたい高度経済成長の後期にあたり、同人誌『人

間として』(1971－1972)に集まるこれらの文学者は「人間として」と名付けられ、挫折の世代とも言われる。この時期、豊かな市民社会が作られているが、日本は公害問題や農村過疎、都市過密などさまざまな問題を抱え始めた。「人間として」の文学者たちは創作活動によって政治・社会に向かって積極的に発言した。よく知識人、学生を主人公として、彼らの思想、認識と社会との衝突を描いている。代表作家は高橋和巳、小田実、真継伸彦、柴田翔らがある。

高橋和巳(1931－1971)は大阪市生まれ。京都大学中国文学科卒業。少年時代の戦争体験から第一次戦後派の文学に傾倒。1962年1人の刑法学者の破滅を通して人間の根本的悪を描破した『悲の器』が河出書房文芸賞当選、一躍注目を浴びる。続いて戦時下の精神を追究した『散華』(1963)、激烈な時代の変化に翻弄されながら、新たな己を見つけようとしながら破綻していく人生を描く『憂鬱なる党派』(1965)、ある新興宗教の教団を中心に昭和の精神史を描かんとした『邪宗門』(1965～66)など次々と刊行。評論家としても活躍した。また中国文学者としても有能で、1967年には京都大学文学部助教授となったが、おりからの大学紛争のなかで学生側を支持、やがて心身ともに疲労して辞職した。その際の彼の苦悩は『わが解体』(1969)にみることができる。文学の特色は、否定の精神に基づきながら知識人の運命と責任、その倫理を追究することにあった。夫人の高橋たかこも小説家である。

高橋和巳

　小田実（おだまこと）（1932－2007）は大阪生まれ。東京大学文学部言語学科卒業。小田実は戦争が日常的な光景だった戦時下に育った。1945年大阪大空襲を経て小田実の基本である「難死の思想」が生まれる。それは人々がまったく無意味な「難死」を遂げさせられることを拒否する立場にたって「殺すな」を明確化する思想だった。1958年にアメリカに留学し、北米、ヨーロッパ、中近東、インドをまわって帰国した。その旅の記録『何でも見てやろう』（1961）はベストセラーになって、世界を放浪する若者のバイブルになった。『アメリカ』（1962）では美化されたアメリカの幻像を破り、人種差別を抱える混沌（こんとん）としたアメリカ像を創造した。『現代史』（1968）では風俗や性をも含む現代日本の全体像を描いた。『ガ島』（1973）、『海冥（かいめい）』（1981）では太平洋戦争とは市民にとって何だったのかを明らかにした。10年の歳月をかけて取り組んだ『ベトナムから遠く離れて』（1991）は、すべての理想が崩壊した場所から出発して、世界の全体像を再構築しようとしたものである。この作品で小田実は人類の悲劇を包み込む壮大な喜劇を完成した。

老年を迎えた小田実は『「アボジ」を踏む』(1998)など身辺から素材を得た名短編を書き、川端康成文学賞を受賞した。阪神・淡路大震災における孤独死と、父と母の死をテーマにした連作『くだくうめく　わらう』(2001)などを発表し新境地を開いた。また、2004年井上ひさし、大江健三郎らとともに憲法改正に反対する「九条の会」よびかけ人となり、護憲運動を続けた。

小田実

　真継伸彦（まつぎのぶひこ）(1932-)は京都市生まれ。京都大学独文科卒業。思索型の青年に成長し、仏教への関心を深める。1950年代の学生運動に積極的に参加、革命運動内部においてはとくに困難な非暴力反戦思想の確立を志向する。大学講師などをするかたわら同人誌に小説を発表するうち、浄土真宗（じょうどしんしゅう）への信仰のなかに罪と救いの問題を追求した『鮫』（さめ）(1963)で、文芸賞を受賞。さらに『鮫』の連作である『無明』（むみょう）(1969)では、無明のなかに生きる救いのない信仰者の自由の自覚過程を描いて、罪と救いの問題を追求、発展させた。ほかに仏教に造詣（ぞうけい）が深く、多数の著書がある。また、宗教小説以外の代表作は『光る声』(1966)で、ハンガリー事件

を契機とした日本の知識人の思想的動揺と党細胞の瓦解(がかい)を描いたもの。1969年『週刊アンポ』の出版に参加、大学闘争、三島由紀夫の文化論、天皇制論などを批判し、自己の生存の軌跡をたどる作品として『死者への手紙』(1953)、『わが薄明の時』(1973)、『青空』(1983)などがある。

　　柴田 翔(しばたしょう)(1935-)は東京生まれ。東京大学文学部独文学科卒業後、大学院にも進む。『されどわれらが日々――』(1964)が『文学界』に転載され、さらに芥川賞を受ける。日本共産党の「六全協」(1955年の第6回全国協議会)転換の影響をまともに受けた青年知識人の生き方を正面から扱った作品として高く評価された。軽快で明るく平易な表現で、現代的なテーマをわかりやすく描き分ける点に特色の作品もある。他に『贈る言葉』(1966)『鳥の影』(1971)などがある。東京大学の教壇に立ち、文学部長にも就任し、ドイツ文学関係の学究活動でも有名である。評論に『ゲーテ「ファウスト」を読む』(1985)、訳書に『ファウスト』(1999)がある。

四、「内向の世代」

(一) 概要

　「内向(ないこう)の世代」とは、高度成長後期にほぼあたる1965年から1974年にかけて文壇に台頭した私小説の流れとされる一連の作家を指す。この言葉は1971年に文芸評論家の小田切秀雄(おだぎりひでお)が初めて

用いたとされる。①政治、社会より自我・内面的な問題に関心を持ち、現代の人間の不安定な内面に向かって鋭敏(えいびん)な筆力(ひつりょく)で独特な角度から追究し確かめるのは、この新しい世代の文学特質をなしている。

　「内向の世代」の作家群は、まず、文壇デビューの時期が他の新人作家と比べて相当遅れている。各文学賞受賞で主流評論界の注目を受け、文壇に登ったときはおおむね三十過ぎの年で仕事を持っている社会人身分で、普通の「新人作家」のイメージと異なっている。デビューしてから相次いで辞職し執筆に専念するようになり、当然、個人の社会経験が創作活動に投影している。それから、同人誌の創刊時期も他の流派と比べて相当遅れている。普通、気の合う作家が集まると同人誌を創刊する。同人誌の創刊は流派の成立を示すものである。それから、作者たちは各自の創作活動の中で自分なりの作風を養って、独立するか他の流派に加盟することによって、元の流派が自動的に解散する。しかし、「内向の世代」の同人誌『文体』（1977－1980）は流派形成後の6年目に創刊されたのである。文体が重視されているのがわかる。「内向の世代」の代表的な作家は、古井由吉(ふるいよしきち)のほかに黒井千次(くろいせんじ)、小川国夫(おがわくにお)などがいる。大庭(おおば)みな子を含む場合もある。

♣古井由吉（1937－）
『杏子(ようこ)』（1970）で芥川賞を受賞した。『槿(あさがお)』（1983）で谷崎潤

---

①　小田切は「60年代における学生運動の退潮や倦怠、嫌悪感から政治的イデオロギーから距離をおきはじめた（当時の）作家や評論家」と、主に自らの実存や在り方を内省的に模索したとされる。

一郎賞、『仮往生伝試文』(1990)で読売文学賞、『白髪の唄』(1996)で毎日芸術賞など、たびたび文学賞を受賞した。現代人の不安や狂気を独得の文体でえがくことから「内向の世代」の代表作家とされている。

✤黒井千次（1932－）

『時間』(1970)、『群棲』(1984)、『カーテンコール』(1995)、『羽根と翼』(2001)、『一日夢の柵』(2006)を書いてたびたび受賞する。日本芸術院部長、芥川賞をはじめ文学賞の選考委員を務め、他も文化放送番組審議会委員長、日本文藝家協会の理事長、日本中国文化交流協会の副会長・理事長などの職務を務める。

黒井千次

✤小川国夫（1927－2008）

ヨーロッパを放浪した体験を自伝風に描いた『アポロンの島』(1957)私家版を出した。売れないが、島尾敏雄に激賞され、作家として発つ。『逸民』(1986)で川端文学賞を受賞した。『悲しみの港』(1994)を出して、『ハシッシ・ギャング』(1999)で読売文学

賞を受賞した。日本芸術院会員に選ばれた。旭日中綬章(きょくじつちゅうじゅしょう)[1]も受章（2006）した。1990年から2005年は大阪芸術大学文芸学科教授に就任した。

小川国夫

✤ 大庭みな子（1930－2007）

夫の赴任先・アラスカで本格的に執筆をはじめ、『三匹の蟹』（1968）で群像新人賞・芥川賞を受賞した。1975年『がらくた博物館』で女流文学賞、1982年『寂兮寥兮』(かたちもなく)で谷崎潤一郎賞、1986年『啼く鳥の』で野間文芸賞、1991年評伝『津田梅子』で読売文学賞、2003年『浦安うた日記』で紫式部文学賞を受賞した。

（二）古井由吉

古井由吉(ふるいよしきち)は（1937－）は現代日本文学で特定の作風や文壇的派閥にかかわらない特異な位置を占める。一般には「内向の世代」の代表作家と言われる。

東京都出身、1956年東京大学文科二類入学、同文学部独文科卒。同大学院人文科学研究科独語独文学専攻修士課程修了。その後、金沢大学助手、同大学講師を経て、立教大学助教授に着任。大学

---

[1] 旭日中綬章：旭日章は日本勲章の一つ。旭日中綬章は勲三等にあたる。

教員の時期はすでに、『円陣を組む女たち』(1970)、『男たちの円居(まどい)』(1970) などを書いて評価を受けた。1970 年立教大学を退職して作家業に専念する。神経を病んだ女性・杏子と登山で出会った男を非現実的・幻想的なイメージを交えて描いた『杏子(ようこ)』(1970) を書いて、翌年 34 歳で芥川賞を受賞した。その後も延長線上にある作風を続け、ちょっとした病で会社を休んだ夫が、普段知らなかった、妻の日常の様子を描いた『妻隠(つまごみ)』①(1970)、および『行隠(ゆきがく)れ』(1972 年)、『櫛の火』(1974 年) などを経て、1977 年から責任編集者の一人として平凡社から季刊雑誌「文体」を刊行した。様々な媒体で旺盛に短篇を発表する。『聖(ひじり)』(1976)、『栖(すみか)』(1979)、『親』(1980) の三部作を出して、都会に投げ出された男女の生活を描く『栖』で日本文学大賞を受賞した。短編『椋鳥(むくどり)』(1980) は男と女の間に横たわる朦朧として執拗な愛憎の構図を、錯綜する人間の繋がりを通して夢現のなかに描きだしている。偶然出会った男女の間の濃密な性を描いた『槿(あさがお)』(1983) で谷崎潤一郎賞を受賞。『中山坂』(1986) で川端康成文学賞を受賞。1986 年には芥川賞選考委員に選出される。1990 年、往生伝を手がかりに、虚と実、死と生、夢と現の境界を果てしなく越境し、行き来する『仮往生伝試文(かりおうじょうでんしぶん)』(1990) で読売文学賞を受賞した。1991 年の入院体験が転機となり、『楽天記』(1992 年)、『白髪の唄(はくはつのうた)』(1996) と、老いの中で正気と狂気、生と死、現在と過去など様々な相克(そうこく)の間を継ぎ目なく往還する独特の作風に達する。『白髪の

---

① 妻隠：古語、男女いっしょに引きこもる意味。

唄』で1997年毎日芸術賞を受賞して以来、文学賞を一切辞退している。芥川賞選考委員も2005年に「執筆に専念する」として辞任した。朗読会や講演も多数行っているし、熱烈な競馬ファンとしても知られ、競馬にまつわる描写が作品に登場することも少なくない。

　古井は非社会的な場における男女の恋愛、生と死、過去と現在、古典や説話をモチーフとした私小説的な作品を数多く書く。隠微な日常性にあふれた描写と同時に情景と心理の曖昧とした内奥（ないおう）を幻想的に描く。文法・人称・時間軸などの構成を意図的に脱臼（だっきゅう）させ目まぐるしい想念（そうねん）の流れを映し出した眩惑（げんわく）的な文体を確立し、豊饒深遠（ほうじょうしんえん）な言語の空間を織り出した。

古井由吉

『杳子・妻隠』
新潮社1979年版

『椋鳥』から

　夢は隠すというが、これはもう露骨というぐらいなものだ、と

彼は眠りの中からつぶやく。夢の意味を摑んでいるわけではない。ただ、女の肌へ触れにいく時の自分の重たるさを、いつでも同じだな、と浮かべている。それにしても夢の中では自分が相も変わらず少年として現れることが、年を取った甲斐がなく、情けなく思われた。しかし若い頃と違って、今では悪夢めいた雰囲気がすっかり落ちている。荒涼として剥き出しなのだ。

友人の言葉の意味が分かる気がした。露呈した反復の中には、たしかに、奇妙な明るさがある。とうとう地に両膝を沈める、そしておごそかに罰が降りてくる、そんな救いめいたものの予感すら漂っている。いずれ、まやかしだ。道からふらりとはずれて、へたばりこんでしまいたい、という誘惑にすぎない。あるいは、羽目をはずしてしまいたい。同じことだ。

（中国語訳）

　　都说梦是隐藏的，但这个梦简直露骨，他在睡梦中呢喃。他并没有抓住梦的意义，只能些许忆起，自己去接触女人身体时总是觉得非常沉重。而且，在梦中，自己一直是个少年，这不由得让人感伤年华虚度，人生可哀。但是，和年轻时不同的是，现在噩梦般的感觉已经悄然褪去，裸露出的是无尽的荒凉。

　　他觉得自己好像能理解朋友的话了。在反复显露的过程中，确实有一种奇异的明朗。终于双膝着地，庄严的惩罚降临，甚至飘荡着一种获救的预感。而这一切都是虚幻。只不过是一种诱惑，引人一下子离开脚下的道路匍匐在地，或是引人肆情任性。总之

都一样。
五、安定成長以降の作家
（一）概要
　高度成長の後、安定成長、バブル経済と崩壊、長期低迷を経て、現代日本はすでに相当豊かな社会を実現したが、様々な問題も抱えている。人間として親しく安らいでいる在所（家と地域と自然）が喪失しつつあるため、安定した継続的な所属感を得ることが難しくなり、無所属の孤立・不安が高まる。自己の価値実現に追われ、「成功」という病が人々疲弊させるようになっている。無気力、意欲喪失などさまざまな不安が日常を侵食している。この中で、ミステリー、歴史・時代小説、恋愛小説を中心に、数多くの作家が文壇に出て活躍している。

ミステリー小説
　現代社会では、表現が単純で娯楽性も強いミステリー小説が大流行している。

♣赤川次郎（あかがわじろう）（1948－）
　処女作『幽霊列車』(1976)で作家デビューして以来、軽妙でユーモラスなライトミステリーを数多く手がける。『三毛猫ホームズ』シリーズなどほとんどがベストセラーとなり、赤川現象とよばれた。他に、三姉妹探偵団シリーズ、幽霊シリーズなどがある。2006年日本ミステリー文学大賞を受賞した。

♣東野圭吾（ひがしのけいご）（1958－）
　老若男女、幅広い世代から支持され、数々のヒット作を生み出

した人気推理小説家。映像化された作品が数多くて知名度が高い。『放課後』(1985)は江戸川乱歩賞を受賞し、小説家として本格的な活動を始めた。『秘密』(1998)や『白夜行(びゃくやこう)』(1999)などで6回も直木賞候補にあがり、結局『容疑者Xの献身』(2006)で直木賞を受賞した。内容は、殺人を犯してしまった母子に、隣人・石神が救いの手を差し伸べる。大学時代の友人で、互いに天才と謳われた物理学者・湯川と、数学者・石神の知の攻防、人間ドラマは一読の価値がある。ほかに、両親が惨殺された三兄妹が真犯人を追い詰める復讐劇『流星の絆』(2008)もある。2009年から日本推理作家協会理事長を務める。

♣伊坂幸太郎(いさかこうたろう) (1971−)

数々のヒット作品を生み出してきた人気推理小説家。新潮ミステリー倶楽部賞を受賞したデビュー作『オーデュボンの祈り』(2000)は不思議な島で真相を追う主人公の数日間を描く。『重力ピエロ』(2003)は連続放火事件の謎を解き明かす兄弟を描く。『ゴールデンスランバー』(2007)は首相暗殺の濡れ衣を着せられた男の逃亡劇を描いて本屋大賞を受賞し、同時に山本周五郎賞も受賞している。『マリアビートル』(2010)は元殺し屋が幼い息子に重傷を負わせた相手に復讐する物語。上手に張られる伏線、奇想天外なストーリー、個性的な登場人物が印象的で、映像化された作品も多い。

♣宮部みゆき(みやべ) (1960−)

人気の女性作家。ミステリー、時代物、SF、ファンタジーなど

の多彩な分野で活躍する。作品の多くは社会問題から生まれる犯罪を扱ったもので、犯罪被害者・加害者双方の心理、犯罪の背景などを丁寧に描写し、読む人に考えるきっかけを作る。クレジットカードの多重債務問題を扱った『火車（かしゃ）』(1992)で山本周五郎賞、高級マンションで起きた殺人事件を描く『理由』(1998)で直木賞、「天才」を自称する犯罪者の暴走を描く『模倣犯』(2001)で芸術選奨文部科学大臣賞を受賞した。物語のスピード感やエンタテイメント性が人気で、数多くの受賞歴があった。2008年から直木賞の選考委員を務める。

♣ 乙一（おついち）(1978-)

ミステリー、ホラーの分野で注目されている若手作家。『夏と花火と私の死体』(1996)でジャンプ小説・ノンフィクション大賞を受賞し、17歳という若さでデビューした。作品は、残酷さや凄惨さを基調とした黒々としたストーリーと、切なさや繊細さを基調とした清々しいストーリーの、2つの傾向が存在している。

歴史・時代小説

ミステリー以外、過去の栄光への憧れから歴史・時代小説が根強い支持を受けている。

♣ 佐伯泰英（さえきやすひで）(1942-)

前述した司馬遼太郎のほかに、書き下ろしの時代小説家として人気を博している。初の書き下ろし時代小説『瑠璃の寺』(1999、文庫化の際に『悲愁の剣』に改題)を発表してヒットとなり、以後、『密命』シリーズをはじめ、10以上ものシリーズを

年に数巻ずつ書き下ろし、「月刊佐伯」の異名をとるほどのハイペースで作品を発表する人気時代小説作家となる。主な作品は、ほかに『鎌倉河岸捕物控』シリーズ、『居眠り磐音　江戸双紙』シリーズなどがある。読みやすい作風は老若男女から支持を受けている。

❖山本兼一（1956－2014）

　出版社、編集プロダクション勤務、フリーライターを経て作家デビュー。『火天の城』(2004)で松本清張賞を受賞。同作は翌年、直木賞候補となる。『利休にたずねよ』(2008)で直木賞を受賞した。他の著作に『戦国秘録　白鷹伝』(2002)、『千両花嫁　とびきり屋見立て帖』(2008)などがある。2013年12月肺腺癌の病状が悪化して入院し、病床でも執筆を続けた。2014年2月肺がんで死去した。

　ほかに宮部みゆき、伊坂幸太郎も時代物を手がけ、定評を受けている。

恋愛小説

　永遠の文学テーマとして、恋愛小説も相当な人気を保っている。この分野で女性作家の活躍が目立っている。

❖江国香織（1964－）

　小説だけに留まらず、エッセイ・絵本・詩集にもその才能を発揮している人気の女性作家。童話作家として評価された後、詩的でみずみずしい作風の恋愛小説で若い女性を中心に支持を得る。「こうばしい日々」(1990)で産経児童出版文化賞、坪田譲治文学

賞以来、アルコール依存症気味の妻と同性愛者の夫、そして夫の恋人とをめぐる3人の奇妙な三角関係を描く『きらきらひかる』（1991）は紫式部文学賞、書き下ろし短編集『泳ぐのに、安全でも適切でもありません』（2002）で山本周五郎賞、失われていく恋を描いた『号泣する準備はできていた』（2003）で直木賞、『真昼なのに昏い部屋』（2010）で中央公論文芸賞など、数多く受賞した。『落下する夕方』（1996）、『冷静と情熱のあいだ』（1999）、『東京タワー』（2001）、『間宮兄弟』（2004）、『スイートリトルライズ』（2010）など、映像化された作品も多い。

♣ 山田詠美（やまだえいみ）（1959－）

たびたび映像化される人気女性作家。漫画から小説に転じ、大胆な描写で男女関係の深部をえぐる恋愛小説を執筆し、話題を呼ぶ。少女時代ソウルミュージックに触れ、多くの黒人作家の小説や黒人が登場する小説を読んでいて、初期には黒人の登場する作品が多い。黒人との恋愛を赤裸々に描いたデビュー作の『ベッドタイムアイズ』（1985）は大きな話題を呼び、文藝賞を受賞した。男女の性愛、少年少女の心理を大胆かつ繊細にえがき、『ソウル・ミュージック・ラバーズ・オンリー』（1987）で直木賞を受賞した。女流文学賞の『トラッシュ』（1991）、泉鏡花文学賞の『アニマル・ロジック』（1996）、読売文学賞の『A2Z』（2000）、谷崎潤一郎賞の『風味絶佳』（2005）、野間文芸賞の『ジェントルマン』（2011）という一連の受賞作のほかに、勉強はできないが女の子には人気がある男子高校生が主人公の連作短編集『ぼくは勉強ができない』

(1993)は映像化もされ、人気を呼んでいる。

他の分野

ほかにも様々な分野で作家たちが活躍している。

♣ 林 真理子(はやしまりこ)(1954－)

人間の内面に潜む、ねたみ・嫉妬などを痛快に描く小説・エッセイが人気の女性作家。ファッション誌から男性週刊誌まで多数の連載を持つ。コピーライターを経て、現代女性の心理に焦点を当てたエッセイ集『ルンルンを買っておうちに帰ろう』(1982)でデビューし、ベストセラーとなった。『最終便に間に合えば』(1985)、『京都まで』(同年)で直木賞を受賞。現在は直木賞の選考委員のほか複数の賞の選考委員にも就任している。

♣ 有川浩(ありかわひろ)(1972－)

SF・ミリタリーなどの分野で、ライトノベルを主として活躍する女性作家。作品は、軍事色の強いストーリーの中に甘い恋愛模様が絡められているのが特徴的である。『塩の街』(2004)をはじめ「自衛隊三部作」とされる初期の作品が有名。

この時期、特に紹介したいのは**村上春樹**(むらかみはるき)、**村上 龍**(むらかみりゅう)、**吉本ばなな**などの作家である。人間や社会の直面する問題を意識しながら作品の中で現代人の空虚感、喪失感、無力感を描き、自分の視点から現代社会を表現している。

(二)村上春樹

村上春樹(むらかみはるき)(1949－)はプロ作家から一般読者まで読者層の幅広い人気作家で、海外でも広く翻訳・研究されている。

京都市生まれ。両親は国語教師で読書を愛し、その影響で村上も小さい頃からたくさんの本を読むが、日本文学をよく口にした両親に反して、日本文学に縁が遠く、外国文学を愛読した。中学校時代から欧米翻訳文学、特にアメリカ人作家の平易な言葉で心を響かせ、のちに小説を書くときに反映された。1968年19歳の時、早稲田大学第一文学部に入学して演劇科へ進んだ。映画脚本家を目指してシナリオも書いていたが、アルバイトをしながらジャズ喫茶に入り浸る毎日を送る。在学中の22歳で結婚し、1974年25歳から夫婦でジャズ喫茶「ピーター・キャット」を開店した。店名は以前飼っていた猫の名前に由来する。

　1975年、7年間在籍した早稲田大学を卒業した。喫茶店経営のかたわら、小説を書いた。それが処女作の中編小説『**風の歌を聴け**』(1979)であり、大学生で帰省中の「僕」が偶然にめぐり合った小指のない女の子との交流と、友人の「鼠」の経歴を織り交ぜて描かれた。この作で30歳で群像新人文学賞を受賞して文壇登場となった。第2作『**1973年のピンボール**』(1980)は長編小説、「僕」の話であるとともに友人の「鼠」の話で、ピンボールについての小説という形をとり、二つの物語系列が平行に進行していく。両作品はそれぞれ芥川賞の候補になった。

　1982年33歳の時、専業作家になる決意をして店を人に譲り、それから次々と話題作を発表した。『**羊をめぐる冒険**』(1982)は長編小説、野間文芸新人賞を受賞した。「僕」がある大物右翼「先生」の秘書に、「背中に星型の斑紋がある羊」を探せと、脅迫され

る。友人である消息不明の「鼠」によって北海道から送られてきた「羊」の写真を手がかりに、「僕」はガール・フレンドとともに北海道へ渡って「羊をめぐる冒険」を始める。『風の歌を聴け』、『1973年のピンボール』、『羊をめぐる冒険』の三作はいずれも鼠という人物がストーリーに登場する。内容的には連続性がないが、青春の感傷というテーマ上のつながりも見られ、「僕と鼠シリーズ」として青春三部作と取り扱われている。『世界の終わりとハードボイルド・ワンダーランド』(1985)は谷川潤一郎賞を受賞した。「世界の終り」と「ハードボイルド・ワンダーランド」の章に分かれており、世界を異にする一人称視点、即ち「僕」と「私」からの叙述が、章ごとに交互に入れ替わりながら、平行に進行する。『ノルウェイの森』(1987)は一番知られている代表作で、主人公「ワタナベ」と「直子」との感情を軸に、恋愛、思春期の葛藤、人間模様、喪失感にとらわれた若者像をせつなく描いた。三部作の長編小説『ねじまき鳥クロニカル』(1994-1995)は読売新聞賞を受賞した。会社を辞めて家事を営んでいた「僕」が、妻の失踪してしまう真相を突き止めていく経歴を描いた。『海辺のカフカ』(2002)は主人公15歳の少年、カフカの旅と、猫と話ができる老人ナカタの猫探しが交互的に描かれている。その一方で、もうひとつの物語では60年ほど前に起きた事件について、文書公開や証言者告白により実態が浮き彫りとなっていく。重層的なメタファー、すなわち隠喩が駆け巡り、読者に様々な解釈を引き起こす。『１Ｑ８４』三部作(2009-2010)は青豆と天吾が1984

年4月に個別に1Q84年の世界に入り込み、さまざまな出来事、試練に遭遇したのち、12月に再会、手に手を携えて1984年の世界に戻る物語である。作品は海外で広く翻訳され、たびたび賞を受け、2006年にチェコの文学賞、フランツ・カフカ賞を受賞し、2009年の時イスラエルの最高文学賞、エルサレム賞を受賞した。小説のほかに、アメリカ文学中心の翻訳も行われており、随筆や紀行文なども多数書かれる。

村上作品の特徴は、まずは平易で親しみやすい文章である。長句や難解な言葉を使わない、曖昧を避けてすっきりしている、すらすらと読みやすい文章は村上がデビュー当時から意識して行ったこと。軽妙な文体に独自なレトリックを加え、人気を博した。村上によれば、このような「敷居の低さ」で「心に訴えかける」文章はアメリカ人作家からの影響だという。

ついでに、物語の魅力。思いがけないストーリーや場面に魅力が感じられる。隠喩がちりばめられ、ファンタジーが導入され、不思議な気配が漂い、多様な解釈が可能となるため、物語自身は豊富でチャーミング的なものとなる。小説の主題を語るため非日常を取り入れ、そこでは日常と非日常、現実と非現実が連続している。読者にとって読んで斬新な体験が感じられる。

それから、人物設定の共通性が挙げられる。主人公は主流社会と距離を保って独自の価値観を持つ人物に設定することが多い。このような人物においての社会認識、自己の内面認識、他人との関係などの問題はどの社会においても共通に見られるも

のと考えられる。主要人物の年齢設定も20代、30代の青年が多く、青春の悩みや騒動も世界共通のものとして表現することができる。

　さらに、環境設定の普遍性も挙げられる。作家自身の趣味もあるが、欧米流行音楽など多量な非日本的要素が導入されている。日本の若者にとっても馴染み深いもので、世界の若者にとっても共感が感じられるものである。そのため、従来の日本文学と対比してしばしばアメリカ的、国際的、無国籍的と評され、その世界的普遍性が高く評価されてもいる。これもアメリカ文化が世界を席巻（せっけん）する今日に見られる現象であろう。

村上春樹

『ノルウェイの森』冒頭

　僕は三十七歳で、そのときボーイング747のシートに座っていた。その巨大な飛行機はぶ厚い雨雲をくぐり抜けて降下し、ハンブルク空港に着陸しようとしているところだった。十一月の冷ややかな雨が大地を暗く染め、雨合羽を着た整備工たちや、のっぺりとした空港ビルの上に立った旗や、BMWの広告板やそんな何

もかもをフランドル派の陰うつな絵の背景のように見せていた。やれやれ、またドイツか、と僕は思った。

　飛行機が着地を完了すると禁煙のサインが消え、天井のスピーカーから小さな音でBGMが流れはじめた。それはどこかのオーケストラが甘く演奏するビートルズの　『ノルウェイの森』だった。そしてそのメロディーはいつものように僕を混乱させた。いや、いつもとは比べものにならないくらい激しく僕を混乱させ揺り動かした。

　僕は頭がはりさけてしまわないように身をかがめて両手で顔を覆い、そのままじっとしていた。やがてドイツ人のスチュワーデスがやってきて、気分がわるいのかと英語で訊いた。大丈夫、少し目まいがしただけだと僕は答えた。

「本当に大丈夫？」

「大丈夫です、ありがとう」と僕は言った。スチュワーデスはにっこりと笑って行ってしまい、音楽はビリー・ジョエルの曲に変った。僕は顔を上げて北海の上空に浮かんだ暗い雲を眺め、自分がこれまでの人生の過程で失ってきた多くのもののことを考えた。失われた時間、死にあるいは去っていった人々、もう戻ることのない想い。

　飛行機が完全にストップして、人々がシートベルトを外し、物入れの中からバッグやら上着やらをとりだし始めるまで、僕はずっとあの草原の中にいた。僕は草の匂いをかぎ、肌に風を感じ、鳥の声を聴いた。それは一九六九年の秋で、僕はもうすぐ二十歳

になろうとしていた。

（中国語訳）

　　那年我三十七岁，当时正坐在波音 747 的客舱里。庞大的机体穿过厚厚的积雨云，俯下机身向汉堡机场降落。十一月的冷雨，将大地笼罩在一片昏暗中。身着雨披的地勤工，竖在平板板的候机楼上的旗子，BMW 的大广告牌，这一切的一切，看去如同法兰德斯派的阴郁画幅的背景一般。罢了罢了，又是德国，我想。

　　飞机着陆了，禁烟提示倏然消失，天花板扩音器中播放出轻柔的背景音乐。不知是哪个管弦乐队，正在优美地演奏着甲壳虫乐队的《挪威的森林》。那旋律一如既往地使我难以自已，不，它比以往任何时候都更强烈地震撼着我的心。

　　为了不使头脑胀裂开，我弯下腰，双手捂住脸，保持着这个姿势，一动不动。很快，一位德国空中小姐走过来，用英语问我是不是不大舒服。我回答说不要紧，只是有点头晕。

　　"真的不要紧吗？"

　　"不要紧的，谢谢。"我说。于是她莞尔一笑，转身离去，音乐变成彼利·乔的曲子。我抬起头，望着北海上空的阴云，想着自己在过去的人生旅途中失却的许多东西——那些逝去的时光，死去或离去的人们，无可追回的情感。

　　直到飞机完全停稳，旅客们纷纷解开安全带，从行李架中取出皮包和外衣的时候，我一直置身于那片草原。我呼吸着草的芬芳，感受着风的气息，倾听着鸟儿的啼啭。那是 1969 年秋天，我快满二十岁的时候。

映画『ノルウェイの森』(2010)

(三) 村上龍

村上龍(むらかみりゅう) (1952－) は村上春樹と並ぶ人気作家であるが、作風がまったく異なっている。

本名を村上龍之助(りゅうのすけ)という。長崎県出身。小学校と中学校は米軍基地の近くに位置していて、少年時代に男女の接触や暴力などを目撃して、後の創作に投影(とうえい)した。青春時代の1960年代後半は学園紛争が起こった時期、村上は自分の高校の紛争の首謀者で謹慎処分を受けた。

1972年20歳のとき、武蔵野美術大学に入った。在学中の1976年、麻薬とセックスに溺れる自堕落な若者たちを描いた『限りなく透明に近いブルー』(1976)で群像新人文学賞、及び芥川賞を受賞。荒廃していく若い男女を描いたために、よく石原慎太郎の『太陽の季節』と対比される。24歳の学生受賞も石原慎太郎(いしはらしんたろう)を彷彿させる出来事となり、ベストセラーを記録した。一方、ヒッピー文化の影響を強く受けた作家として、村上春樹と共に時代を代表

する作家と目される。同時期に登場し、いずれも人気作家となったことから「W村上」とも呼ばれる。縁戚関係もなく、互いの作風も特別に共通点があるわけではなが、同時代人として同じ空気感を背負っている。

　現代社会に関心を持ち、多くの問題作を発表している。創作のテーマは戦争、政治、経済、暴力、犯罪、セックス、人間性などと、範囲がとても広い。よく衝撃的な内容を題材として捉える。『限りなく透明に近いブルー』のほか、『コインロッカー・ベイビーズ』(1980)は野間文芸新人賞を受賞した。実際の事件を題材にし、コインロッカーに遺棄された孤児の成長後の破壊衝動を描いた。短編集『悲しき熱帯』(1984)①、自伝的作品『69 sixty nine』(1987)もある。政治経済小説『愛と幻想のファシズム』(1987)は、狩猟を生活の一部としていた鈴原冬二（すずはらとうじ）が政治結社「狩猟社」を結成し大衆の支持を集め、最終的には実質的な日本の独裁者になり、米ソと対等の地位を手に入れ、世界からも一目置かれるようになるまでを描いた。『五分後の世界』(1994)は、第二次世界大戦から現代に至るまで米軍を中心とする連合軍と戦争を継続している平行世界の日本を描くことで、現代日本に対する強烈なメッセージを秘めた作品である。引きこもりの青年が戦争に魅了されていく様を描いた『共生虫』(2000)を発表、谷崎潤一郎賞を受賞した。『希望の国のエクソダス』(同年)は、経済の停滞した日本社会に絶望した中学生たちが北海道に土地を購入し、そこに

---

① 『悲しき熱帯』：1988年に『Summer in the city』に改題、単行本化した。

日本から独立した街を作り上げる物語である。外国人犯罪をテーマにしたサイコホラー①風の作品『インザ・ミソスープ』(1998年)で読売文学賞を受賞した。日本への北朝鮮侵攻を描いた『半島を出よ』(2005)を発表、毎日出版文化賞、野間文芸賞を受賞した。小説のほかに、恋愛や経済についてのエッセイも多く書いている。

社会への関心が強く、文壇以外の世界にも積極的に関わっている。金融と経済を主要論題とするメールマガジンを主宰したり、中学生向けの職業紹介の絵本を出したりするほか、電子書籍会社も作り、テレビ番組の司会者も務める。自分の映画への興味から自作の小説を元に映画製作も行い、21歳の女性を主人公とした『KYOKO』は1995年出版、1996年映画化した。

村上龍

『限りなく透明に近いブルー』紹介

東京都西部の福生市、米軍基地に近い原色の街。ここにあるアパートの一室、通称ハウス。主人公リュウや複数の男女はクスリ、LSD、セックス、暴力、兵士との交流などに明け暮れた生活をし

---

① サイコホラー：心理的（サイコ）に迫り来る恐怖（ホラー）を描いた内容。

ている。明日、何か変わったことがおこるわけでも、何か探していたり、期待しているわけでもない。リュウは仲間達の行為を客観的に見続ける。彼らはハウスを中心にひたすら荒廃していくが、そしていつの間にかハウスから仲間達が去っていった。空虚感に包まれたリュウはガラスで自分の腕を切ったが、彼の目には、自分の血がついたガラスの切れを通して「限りなく透明に近いブルー」が見える。

登場人物について、様々な人物が現れるが、その人物が一体いつどのように現れたのかは明示されず、そしていつの間にか消えてしまっている。「存在感の無い」人物にふさわしい表現になる。「僕」が物事を常に客観視する中で、感情移入を排したフラットな表現でセックスや暴力を描き、衝撃的な内容を題材として捉えていながら、その文章自体は非常に平易である。

（四）吉本ばなな（よしもとばなな）

よしもとばなな（1964－）は若い女性を中心に人気を博す女性作家で、海外でも広く翻訳・紹介されている。

本名を吉本真秀子（よしもとまほこ）という。東京都出身。日本大学藝術学部文芸学科卒。父は批評家・詩人で姉は漫画家。本人が作家になるきっかけについて、姉は絵が上手で、「それなら私は文章だ」と五歳ごろから思い込んでいた、と言っている。また、バナナの花が好きなのでそれをペンネームにした。2003 年ごろ旧 筆名（きゅうひつめい）の「吉本ばなな」から「よしもとばなな」と平仮名に変えたのは、子が生まれるにあたり、子供の名前を姓名判断で考えていたら、自分の名

前こそがよくないとわかったから改名したという。

　23歳の時、『キッチン』(1987)で海燕(かいえん)新人文学賞を受賞。両親を早くに失い、唯一の肉親であった祖母の死によって天涯孤独となった大学生・みかげと、祖母の知人の青年・雄一、雄一の母との交流を描く。それ以来、次々と作品を出した。『ムーンライト・シャドウ』(1988)で泉鏡花(いずみきょうか)文学賞を受賞。交通事故で恋人を失った少女が、川で亡くなった恋人と再会し別れを告げ、もう一度人生に向き直った過程を描く。『TUGUMI』(1989)で山本周五郎賞を受賞。病弱な少女つぐみが、夏に帰省してきた従姉妹の「まりあ」と町で遭遇する出来事を描く。三部作からなる『白河夜船(しらかわよふね)』(1989)は生きるなかでの閉塞感を「夜」に投影した。『N・P』(1990)、初の短編集『とかげ』(1993)以降、『アムリタ』(1994)で紫式部文学賞を受賞。父親と早くに死別した朔美は、母の再婚、弟が生まれてからの離婚、妹の死などを経て、ある日頭を打ち、記憶を失った。切れ切れになった記憶を持ちながら流されそうになる日常の出来事の中で、かつての自分を取り戻せないまま高知に旅に出る。『不倫と南米』(2000)でドゥマゴ文学賞を受賞した。作品の海外翻訳も盛んに行われているから海外受賞もたびたびあり、1996年から2011年、イタリアの文学賞を三回ほど受賞した。

　小説は、愛と死亡を一貫するテーマとしながら、その中で孤独の癒し、人間の温もりの中での再生が描かれる。温もりの具象化したものとしておいしい食べ物が登場し、新時代の家庭構造、倫理意識の変貌も表現されている。文章表現は簡潔で口語的で、生活的な場面が中心になっているが、超能力も身近なものとして登

場し、性転換・不倫など、前衛的・禁忌的な要素も見られるため、普通の恋愛小説と比べてより神秘的な力を備え、少女たちを中心に広く愛読されている。

吉本ばなな

『キッチン』冒頭

　わたしがこの世でいちばん好きな場所は台所だと思う。

　どこのでも、どんなのでも、それが台所であれば食事を作る場所であれば私はつらくない。できれば機能的でよく使い込んであるといいと思う。乾いた清潔なふきんが何枚もあって白いタイルがぴかぴか輝く。

　ものすごく汚い台所だって、たまらなく好きだ。

　床に野菜くずが散らかっていて、スリッパの裏が真っ黒になるぐらい汚いそこは、異様に広いといい。ひと冬軽く越せるような食料が並ぶ巨大な冷蔵庫がそびえ立ち、その銀の扉に私はもたれかかる。油が飛び散ったガス台や、さびのついた包丁からふと目を上げると、窓の外には淋しく星が光る。

　私と台所が残る。自分しかいないと思っているよりは、ほんの少しましな思想だと思う。

　本当に疲れ果てた時、私はよくうっとりと思う。いつか死ぬ時がきたら、台所で息絶えたい。ひとり寒いところでも、誰かがい

てあたたかいところでも、私はおびえずにちゃんと見つめたい。台所なら、いいなと思う。

（中国語訳）

　在这个世界上，我最爱的地方就是厨房。

　无论在什么地方，无论是什么样子，只要是厨房，是做饭的地方，我就会觉得心里安适。如果可能，它最好功能齐全，而且经常使用。要有几条洁净干爽的毛巾，洁白的瓷砖闪闪发亮。

　即使是又脏又乱的厨房，我也喜欢得不得了。

　地板上散落着蔬菜的碎屑，拖鞋底儿脏得黑乎乎的，没关系，只要宽敞就好。高大的冰箱矗立在那里，里面塞满了食物，凭着它足可以轻轻松松地度过整个冬天。冰箱的拉门银光闪亮，我就那样倚靠着它，目光掠过溅满油星的灶台，锈迹斑驳的菜刀，抬眼望去，窗外星光寥落。

　这个世界上只剩下我和厨房了。毕竟好过只剩我独自一人，我认为。

　精疲力竭的时候，我会神思恍惚地想：如果死亡来临，我愿意在厨房度过我生命中最后的时刻。不管是孤零零地忍受着寒冷，还是和谁在一起享受着温暖，只要是在厨房，我就能无所畏惧地直面死亡。只要是厨房，就好。

映画『キッチン』
（1989・DVD 表紙）

練習問題と研究課題

一、空欄を書き込めなさい。

1. 高度成長期前期、社会・政治へ関心を持ち、思想性の強い作家が出ており、ノーベル文学賞を受賞した＿＿＿＿＿をはじめとする作家が活躍した。その後期、同人誌『＿＿＿＿』によって名づけられ、挫折の一代ともいう作家たちが活躍した。代表作家は＿＿＿＿＿、＿＿＿＿＿、＿＿＿＿＿、＿＿＿＿＿などがいる。一方、1965年から1974年にかけて文壇に台頭した、私小説の流れとされる一連の作家は「＿＿＿＿＿」という。代表的な作家は＿＿＿＿＿、＿＿＿＿、＿＿＿＿＿などがいる。80年代に入って、「W村上」などとも呼ばれる＿＿＿＿＿、＿＿＿＿＿が時代の空気を上手に把握し、人気作家として登場した。愛と死亡をテーマとする＿＿＿＿＿が少女たちを中心に広く愛読された。

2. 大江健三郎は東大在学中に＿＿＿＿＿で芥川賞を受賞し、学生作家となる。我が子が知的障害を持つということに対する拒絶感や逃避を経て現実を受け入れるまでの精神遍歴を＿＿＿＿＿で表現した。広島を訪れて原爆の悲劇を記録した＿＿＿＿＿を書いた。多産の作家で毎年新作を創り、1994年ノーベル賞を受賞して「＿＿＿＿＿」の基調講演をした。石原慎太郎は大学生のときに＿＿＿＿＿で芥川賞を受賞し文壇に出た。開高健は＿＿＿＿＿で芥川賞を受賞した。

3. 高橋和巳は1962年1人の刑法学者の破滅を通して人間の根本的悪を描いた＿＿＿＿＿が河出書房文芸賞に当選して、一躍注目を浴びる。ほかに、『憂鬱なる党派』や新興宗教の教団を中心に昭和の精神史を描く＿＿＿＿＿などもある。

4. 小田実は1958年にアメリカに留学し、北米、ヨーロッパ、

中近東、インドをまわって帰国した。その旅の記録＿＿＿＿＿＿＿＿はベストセラーになって、いちやく名作家になった。10年の歳月をかけて取り組んだ＿＿＿＿＿＿＿＿は世界の全体像を再構築しようとしたものであり、人類の悲劇を包み込む壮大な喜劇を完成した。老年を迎えた小田実は＿＿＿＿＿＿＿＿という短編を書き、川端康成文学賞を受賞した。

5. 真継伸彦は浄土真宗への信仰のなかに罪と救いの問題を追求した＿＿＿＿＿＿で文芸賞を受賞した。宗教小説以外の代表作は＿＿＿＿＿＿で、ハンガリー事件を契機とした日本の知識人の思想的動揺と党細胞の瓦解を描いた。

6. 柴田翔は＿＿＿＿＿＿＿＿が『文学界』に転載され、さらに芥川賞を受ける。ほかにドイツ文学関係の活動でも有名である。

7.「内向の世代」の代表作家古井由吉は神経を病んだ女性と登山で出会った男を非現実的・幻想的なイメージを交えて描いた＿＿＿＿＿＿＿を書いて芥川賞を受賞した。＿＿＿＿＿＿＿で谷崎潤一郎賞を受賞した。＿＿＿＿＿＿＿で川端康成文学賞を受賞した。往生伝を手がかりに、虚と実、死と生、夢と現の境界を果てしなく越境し、行き来する＿＿＿＿＿＿＿で読売文学賞を受賞した。入院体験が転機となり、独特の作風に達する＿＿＿＿＿＿＿は1997年毎日芸術賞を受賞した。それ以来、文学賞を一切辞退している。1986年には芥川賞選考委員に選出されたが、2005年にその選考委員も辞任した。

8. 村上春樹は1979年処女作＿＿＿＿＿＿＿＿で群像新人文学賞を受賞して文壇登場となった。1982年北海道での羊を探す冒険を描く＿＿＿＿＿＿＿で野間文芸新人賞を受賞した。1987年、主人公「ワタナベ」と「直子」との感情を軸に若者像をせつなく描いた＿＿＿＿＿＿＿を発表してベストセラーになった。1994

－1995年、「僕」が妻の失踪してしまう真相を突き止めていく経歴を描く三部作の長編小説＿＿＿＿＿＿で読売新聞賞を受賞した。ほかには、15歳の少年、カフカの旅と、猫と話ができる老人ナカタの猫探しが交互的に描かれた＿＿＿＿＿＿、二人が20年後の別の世界に入り込み、さまざまな出来事、試練に遭遇した＿＿＿＿＿＿などがある。

9. 村上龍は在学中の1976年、麻薬とセックスに溺れる自堕落な若者たちを描いた＿＿＿＿＿＿で群像新人文学賞、及び芥川龍之介賞を受賞した。コインロッカーに遺棄された孤児の成長後の破壊衝動を描いた＿＿＿＿＿＿、狩猟を生活の一部としていた主人公は日本の独裁者になる＿＿＿＿＿＿、第二次世界大戦から現代に至るまで米軍を中心とする連合軍と戦争を継続している平行世界の日本を描く＿＿＿＿＿＿、北海道に土地を購入し、そこに日本から独立した街を作り上げる＿＿＿＿＿＿、外国人犯罪をテーマにしたサイコホラー風の＿＿＿＿＿＿、日本への北朝鮮侵攻を描いた＿＿＿＿＿＿などが挙げられる。ほかに、恋愛や経済についてのエッセイも多く書いている。

10. 吉本ばななは1987年、肉親を失ったみかげと祖母の知人の青年の一家との交流を描く＿＿＿＿＿＿で海燕新人文学賞を受賞した。1989年、病弱な少女が夏に帰省してきた従姉妹と町で遭遇する出来事を描く＿＿＿＿＿＿で山本周五郎賞を受賞した。1995年、記憶を失った朔美の日常と旅を描く＿＿＿＿＿＿で紫式部文学賞を受賞した。海外でもたびたび受賞し、世界で広く読まれる日本人作家である。

二、**質問に答えなさい。**

1.「人間として」の文学の特徴は何ですか。例をあげて説明し

なさい。
　2.「内向の世代」の文学の特質を述べなさい。
　3. 古井由吉の作風を簡単に述べなさい。
　4. アメリカ文学は村上春樹の文学にどのような影響を与えましたか。
　5. 村上龍の社会との関わりについて説明しなさい。
　6. 吉本ばななの作風の特徴を考えなさい。
　三、論文作成の手がかり
　❖「人間として」研究（知識人の社会責任感、文学における宗教思想、文学における政治思想）
　❖「内向の世代」研究（時代背景、人生体験、芸術主張と実践、古井由吉の叙事方法・言語特徴、黒井千次文学の家庭意識、小川国夫文学の自然や神と人間との関わり、大庭みな子文学の主題）
　❖村上春樹文学研究（主人公の自我意識と孤独意識、救いと探索、非現実要素と現実テーマ、村上文学のポストモダン、村上文学とアメリカ文学の関連、村上文学に含まれる日本伝統文化意識、中国での翻訳・伝播・研究）
　❖村上龍文学研究（アメリカ文化の受容意識、頽廃的美意識、社会に疎外される人物像、現実的テーマ）
　❖吉本ばなな文学研究（愛と死、孤独、癒し、救い、成長、変質の家庭像、超現実要素、中国での翻訳・伝播）

主要参考文献

秋山虔・三好行雄編著　『ビジュアル解説　原色シグマ　新日本文学史』文英堂　2000 年

朝尾直弘ら編集　『岩波講座　日本歴史』　岩波書店　1975－1977 年

市古貞次、長谷川泉ら編著　『新編日本文学史』（改訂新版）　明治書院　1988 年

市古貞次　『日本文学史概説』　秀英出版　1988 年

遠藤嘉基、池垣武郎著　『注解日本文学史』（九訂版）　中央図書　1996 年

加藤周一　『日本文学史序説』　筑摩書房　1980 年

久保田淳編　『日本文学史』　株式会社おうふう　1997 年

篠田一士　『伝統と文学』　筑摩書房　1986 年

『新日本古典文学大系』　岩波書店　1989－1991 年

戸谷高明監修　『要点の学習　日本文学史』　中央図書　1992 年

ドナルド・キーン著　土井政雄、徳岡孝夫ら訳　『日本文学の歴史』　中央公論新社　1994－1997 年

新村出編　『広辞苑』（第五版電子辞典）　岩波書店

西尾実・猪野謙二・秋山虔編著　『新版日本文学史』　秀英出版　1971 年

『日本現代文学全集』　講談社　1962－1969 年

三好行雄編　『近代日本文学史』　有斐閣双書　1975 年

矢代静一　『含羞の人――私の太宰治』　河出書房新社　1986 年

高鵬飞、[日] 平山崇著　《日本文学史》　苏州大学出版社 2011 年

肖霞编著　《日本文学史》　山东大学出版社 2008 年

吕元明著　《日本文学史》　吉林人民出版社 1987 年

王长新编著　《日本文学史》　外语教学与研究出版社 1982 年

王晓平著　《近代中日文学交流史稿》　湖南文艺出版社 1987 年

王向远著 《中日现代文学比较论》 湖南教育出版社 1998年

叶渭渠、唐月梅著 《东方文化集成 日本文学史》（古代卷、近古卷） 昆仑出版社 2004年

叶渭渠、唐月梅著 《东方文化集成 日本文学史》（近代卷、现代卷） 经济日报出版社 2000年

叶渭渠著 《日本文学思潮史》 北京大学出版社 2009年

严绍璗著 《中日古代文学关系史稿》 湖南文艺出版社 1987年

于荣胜、翁家慧、李强编著 《日本文学简史》 北京大学出版社 2011年